PARA RANDI

CONTENIDO

CONTENIDO

INTRODUCCIÓN

MI RECORRIDO

Un día de primavera del año 2000, la responsable de selección de personal de una empresa emergente de Silicon Valley me hizo una llamada a puerta fría. Buscaba un candidato para cubrir una vacante de unos meses y creía que mi perfil era el adecuado. Por aquel entonces, apenas llevaba un año como consultor de estrategia en Washington D. C. Nunca había oído hablar de esa empresa, Vividence, ni conocía a nadie en California. Sin embargo, supe que era una buena oportunidad y no quise desaprovecharla.

La noche antes de tomar el vuelo, compré un ejemplar de la obra de Michael Lewis sobre Silicon Valley, *The New New Thing*, para saber más sobre esa región que me parecía apasionante, pero al mismo tiempo desconcertante.

Nada más aterrizar, la empresa hizo todo lo posible para que aceptara el puesto. Vividence contaba con los mejores inversores de capital riesgo y mucho dinero. ¿Cómo no iba a tener éxito? Era una compañía fascinante y en plena expansión, que contrataba a gente nueva cada semana. En la cafetería siempre había cosas para picar y se organizaban cenas gratuitas a diario. Además, tendría mi propio equipo, un cargo más importante y la posibilidad de ganar mucho dinero.

¿Cómo podía negarme?

Un mes más tarde ya trabajaba en Silicon Valley, lejos de mi familia y amigos. La prosperidad del valle y la creatividad que allí reinaba me atraparon enseguida. Había lujosas fiestas en las que se prometía cambiarlo todo, desde nuestra forma de comprar o divertirnos hasta la de aprender o la de relacionarnos; todo ello respaldado por una gran inversión de capital riesgo y mucha gente ansiosa por aprovechar esa nueva «fiebre del oro». Así que ejercí de inmediato mis opciones de compra de acciones. Nunca dudé de su rentabilidad, solo me preocupaba saber cuándo empezaría a ganar dinero.

Los servicios de Vividence estaban orientados a mejorar el rendimiento de los sitios web de nuestros clientes. En teoría, queríamos ser una empresa de software que incrementara el valor de mercado de las puntocom; pero, en la práctica, malgastamos decenas de millones de dólares (como muchos de nuestros clientes) en construir algo insostenible hasta que el flujo de dinero se interrumpió, el capital riesgo se agotó… y tratamos de adaptarnos, sin éxito, a la nueva situación.

En cuestión de meses pasamos de ser una prometedora empresa emergente, financiada con generosidad por las firmas más prestigiosas de capital riesgo, a un negocio en crisis que despedía a sus empleados con la misma facilidad con que los había contratado. Durante esa etapa vi a algunas de las personas más inteligentes y generosas que he conocido, obligadas a dejar atrás todo aquello por lo que habían luchado.

Como me preocupaban el futuro de la empresa y el de mi puesto, visitaba con frecuencia el portal FuckedCompany.com, una web donde se vaticinaba la quiebra de las empresas y se especulaba sobre la horrible gestión que las había llevado a esa situación. En nuestro caso, las predicciones de aquel portal sobre el nefasto destino que nos aguardaba resultaban hasta cierto punto reconfortantes, porque, lejos de estar solos, nos dimos cuenta de que muchas otras compañías padecían el mismo mal.

El imparable colapso económico de Silicon Valley estalló cuando se produjo la tragedia: el 11 de septiembre de 2001, Estados Unidos sufrió un ataque terrorista que se llevó casi 3000 vidas humanas y cambió para siempre el carácter de nuestra nación. Jeremy Glick, un colega de Vividence, regresaba a la sede de la empresa en el vuelo 93 de United Airlines. A pesar de encontrarse en una situación extrema, Jeremy luchó codo con codo con los demás pasajeros para frustrar el plan de los terroristas. Sin apenas tiempo ni recursos, se enfrentaron a los secuestradores con lo poco que tenían a mano; y salvaron muchas vidas, porque lograron estrellar el avión en un lugar deshabitado, lejos de cualquier centro urbano.

La resaca del 11 de Septiembre nos hizo reflexionar sobre nuestras vidas. En mi caso, me pregunté a qué dedicaba mi tiempo y cuáles eran mis pretensiones. Estaba preparado para cambiar y sabía que mi trabajo no tenía mucho futuro.

Entonces empecé un doctorado en Comportamiento Organizacional en la Universidad Estatal de Míchigan. Cuando llegué, los profesores estaban metidos de lleno en su propia crisis existencial posterior al 11 de Septiembre; se encontraban desarrollando el programa «Organizaciones Positivas», cuyo objetivo era hallar el modo de obtener el máximo potencial tanto de las personas como de las empresas a través de la búsqueda de propósitos individuales y colectivos. Y es que el éxito profesional y el dinero son fundamentales, pero también lo es tener una vida satisfactoria y provechosa, así como crear empresas sostenibles que de verdad cambien las cosas. Por fin me di cuenta de que estaba en el lugar idóneo para dar respuesta a algunas de las preguntas que me había planteado en los últimos dos años:

¿Por qué ciertas personas y empresas triunfan con escasos recursos, mientras que otras fracasan teniéndolo todo a su favor?

¿Por qué nos empeñamos en perseguir lo que no tenemos?

¿Cómo es posible llegar a construir empresas más prósperas, carreras profesionales más enriquecedoras y vidas más satisfactorias con lo que tenemos a nuestro alcance?

Quince años después de dejar Vividence, los individuos y las empresas siguen tropezando con las mismas piedras con las que yo me topé en la era de las puntocom. Nuestra última crisis económica —provocada por consumidores y empresas que se endeudaron en exceso para mantener un estilo de vida o financiar operaciones por encima de sus posibilidades— causó estragos: la economía nacional sufrió pérdidas por valor de 19,2 billones de dólares, se destruyeron 8,8 millones de empleos y se perdió la confianza en las principales instituciones de nuestro país, incluidos los bancos, muchas empresas y la propia Administración.

En la actualidad, seguimos creyendo que necesitamos más recursos para lograr mejores resultados, así que es igual de probable que pasemos por alto la abundancia que tenemos delante de nuestras narices. Desde la crisis del petróleo hasta el avance tecnológico más reciente de Silicon Valley, la historia no ha dejado de repetirse. Y, como no intervengamos, se repetirá de nuevo.

En los siguientes capítulos utilizaré los resultados de más de una década de investigación propia para enseñarte las formas más creativas de incrementar el rendimiento. Te presentaré una nueva y potente forma de pensar y un conjunto de aptitudes que te permitirán trabajar con los recursos que tienes a mano para lograr el éxito y la satisfacción en tu vida personal y profesional. Una vez que aprendas a aceptar y aprovechar al máximo el valor de lo que ya posees, sin agotarlo, descubrirás tus fascinantes posibilidades para lograr lo que nunca habías imaginado.

UNO

LA HISTORIA DE DOS CERVECERAS

===

TRABAJA CON LO QUE TIENES

En el otoño de 1961, un testarudo adolescente llamado Dick salió de su pueblo de Pensilvania para ir a 250 km de allí, a una academia militar en la que sus padres habían decidido internarlo. En ese lugar, la rigidez de los horarios y la severidad de las normas obligaban a los alumnos a madrugar mucho, llevar uniforme y saludar de manera apropiada a sus instructores. Aquello era muy distinto de su pueblo natal, donde sus amigos lo llamaban *el rey de la fiesta*, un apodo ideal para el hijo del dueño de una cervecera local que, además, trabajaba apilando cajas de cerveza en el almacén de la empresa de la familia.

Al cabo de un mes, sus padres lo visitaron y Dick les suplicó que lo dejaran volver a casa; quería dirigir el negocio familiar. Pero se negaron en redondo. El sector de la cerveza no estaba en su mejor momento y ellos esperaban que su nuevo entorno académico le permitiera aspirar a un futuro más prometedor.

Pero Dick tenía otros planes. Un día cambió el uniforme militar por la ropa de civil de un empleado de mantenimiento, trepó a un árbol y saltó el muro que rodeaba el campus de 40 hectáreas. Luego se subió a un autobús e hizo autostop para regresar a su pueblo. Aquella ingeniosa vuelta a casa, con apenas lo puesto, no fue más que un anticipo de la forma en que Dick acabaría transformando la empresa familiar en una de las principales productoras de cerveza del país. Ese joven atrevido llegó a ser un hombre multimillonario justo a la vez que su principal competidor desperdiciaba unos recursos que podrían haberlo convertido en el dueño de un negocio de 9000 millones de dólares.

Los antepasados alemanes de Dick fundaron la Eagle Brewery en 1829. Cuando, en 1985, este heredó la empresa de su padre, enfermo de gravedad, ya habían superado a decenas de otras cerveceras. Por aquel entonces, sus tres principales competidores (Anheuser-Busch, Miller y Stroh) controlaban el 70% del mercado nacional; la cervecera de Dick solo producía 137.000 barriles anuales, es decir, una pequeña parte de un mercado que rozaba los 200 millones de barriles cada año. Ante semejante competencia, un pequeño productor de cerveza solo podía tomar dos caminos: ser absorbido o crecer con rapidez mediante la adquisición de pequeñas productoras.

Pero Dick rechazó ambas opciones. No quería vender ni comprar. En lugar de eso, encontró otra forma de trabajar para generar un negocio próspero que colmara sus aspiraciones.

Aunque lo habitual es que una gran inversión en marketing incremente las ventas, Dick ideó una estrategia más modesta que se amoldaba a su presupuesto: creó una nueva imagen de marca aprovechando la rica, pero olvidada, historia de la empresa. Y es que ser la cervecera más antigua de EE. UU. tenía un atractivo que la diferenciaba de sus tres principales competidores.

Además, en vez de pretender entrar en todos los mercados, limitó las ventas a un número reducido de zonas y generó una sensación de escasez que provocó una mayor demanda del producto. Grupos de aficionados a la cerveza cruzaban las fronteras estatales para comprar la suya y, de ese modo, mitificaban la marca. Tal era su entusiasmo que algunos de esos aficionados se convirtieron, de manera involuntaria, en los mejores agentes publicitarios para la empresa, e incluso emprendieron campañas para llevar la marca a sus estados.

A medida que el negocio crecía, Dick adquirió tanques de almacenamiento, embotelladoras y etiquetadoras de segunda mano para aprovechar los recursos que tenía a su disposición.

En 1996, el esfuerzo por sacar el máximo rendimiento a su fábrica (de más de 150 años de antigüedad) obtuvo su recompensa: la planta, diseñada para producir 200.000 barriles, había doblado la producción y alcanzado, por fin, su máximo potencial.

Pero entonces, antes de invertir en la construcción de otra planta, Dick se reunió con sus cuatro hijas, las socias principales de la compañía. Solo el 3% de las empresas familiares sobrevive más allá de la cuarta generación, pero Dick quería que su pasión por la cerveza llegara a la sexta generación. Y por eso siguió adelante con sus propósitos de expansión solo tras asegurarse de que a sus sucesoras les entusiasmaba el proyecto.

Por fin, D. G. Yuengling & Son se convirtió en la mayor productora de cerveza de Estados Unidos. Sin embargo, como él mismo dice: «Ser el mayor productor nacional de cerveza nunca fue mi meta; quería perdurar. Ahora la empresa está en manos de mis hijas, y queremos que algún día sus hijos puedan hacerse cargo de ella. Esa es nuestra misión».

Forbes estima que el dueño del gigante cervecero, que sigue vistiendo tejanos y zapatillas deportivas, posee un patrimonio neto cercano a los 2000 millones de dólares. A pesar de eso, conduce un coche barato y se asegura de dejar apagadas las luces de las oficinas cuando se marcha. «Dicen que soy tacaño», me dijo, «pero yo creo que más bien soy ahorrador».

Su lema, «trabajar con lo que tengo y sacarle el máximo partido», le ayudó a cumplir ese objetivo utópico de crear un negocio próspero y sostenible que disfruta dirigiendo junto a sus hijas.

Pero ¿por qué Dick tuvo éxito y ha llegado a estar satisfecho con su negocio mientras que otros muchos productores de cerveza fracasaron en el intento e incluso quebraron?

Como científico social y profesor de la Universidad de Rice, he analizado durante más de una década las razones por las que una empresa es próspera y sus trabajadores están satisfechos. En este tiempo he ejercido como investigador, asesor o empleado para compañías de sectores tan distintos como el tecnológico, el bancario, el energético, el sanitario, el industrial o el de la venta al por menor, y he invertido mucho tiempo en hablar con los máximos responsables de las empresas de la lista Fortune 500, con nuevos emprendedores, personal de atención al público y otros perfiles. Además, he tenido el privilegio de trasmitir mis conocimientos a miles de personas de todo el mundo, desde ejecutivos, ingenieros o profesores hasta médicos, padres de familia o jóvenes que están iniciando su carrera profesional.

Y el resultado de mi investigación, cuyas conclusiones están avaladas por recientes evidencias científicas, es que nuestra forma de pensar y de emplear los recursos ejerce una influencia decisiva en el éxito profesional, la satisfacción personal y el funcionamiento de las empresas. *El problema no reside tanto en que, en general, sobrestimemos la importancia de adquirir recursos, sino en que solemos subestimar nuestra capacidad para sacar partido de lo que ya tenemos.*

Tanto para afrontar grandes cambios o cumplir con tus rutinas como para labrarte una carrera profesional o dar sentido a tu vida, los resultados de mi investigación pueden serte útiles, porque explican de qué modo individuos y empresas pueden aprovechar mejor sus recursos, es decir, cómo pueden «estirar» (*stretch*, como reza el título del libro) tales recursos para alcanzar las metas que se marquen. En otras palabras, gracias a este libro aprenderás un conjunto de comportamientos y habilidades que se derivan del sencillo, pero potente, cambio de mentalidad que se produce cuando en vez de aspirar a tener más recursos decides aprovechar las posibilidades de los que ya posees.

Pero antes de empezar es básico dejar atrás los hábitos que nos llevan a tomar malas decisiones. Cuando ponemos todo nuestro empeño en algún proyecto, desde formar una familia o fundar un negocio hasta orientar nuestra carrera profesional o ser felices, nuestro primer impulso es seguir esta regla básica:

Si dispones de más recursos = Obtienes mejores resultados

Esta lógica se aplica en cualquier escenario: ¿quieres acelerar un proyecto para acabarlo antes? Contrata a más personal. ¿Pretendes ser más influyente en tu trabajo? Busca la manera de ascender o de tener un despacho más grande. ¿Te gustaría obtener más rentabilidad de un producto? Invierte más en publicidad. ¿Deseas mejorar el rendimiento escolar? Contrata a más docentes. ¿La Administración pretende modernizar su gestión? Pues debería ampliar su presupuesto. ¿Quieres renovar tu relación de pareja? Cómprale un regalo caro.

Esta lógica produce una sensación reconfortante, porque solemos creer que tener más recursos implica un mayor margen de maniobra, y eso nos da tranquilidad. Pero, por muy atractiva que parezca esta lógica, en realidad no garantiza mejores resultados; lo que hace es acostumbrarnos a desear lo que no necesitamos y, al mismo tiempo, nos impide apreciar el potencial de los recursos que tenemos a nuestro alcance.

Cuando Dick Yuengling amplió su cervecera, su principal competidor se dejó llevar por la tradicional idea de que «cuantos *más recursos,* mejores resultados». Así, por ejemplo, la cervecera de Detroit, fundada en 1849 por el inmigrante alemán Bernhard Stroh, creció hasta llegar a ser una de las más grandes y prestigiosas de EE.UU. Cuando alcanzó su apogeo era la tercera cervecera del país, con una producción cercana a los 31 millones de barriles anuales.

Peter Stroh, bisnieto del fundador de la compañía y formado en Princeton, llegó a la presidencia en 1967. Su familia fue determinante en el devenir de la empresa familiar: a pesar de que muchos de sus miembros no tenían un cargo en la compañía, todos cobraban hasta 400.000 dólares en dividendos anuales (el equivalente actual, más o menos, a un millón de dólares). Como explica Frances Stroh en sus recientes memorias: «Durante décadas, nadamos en la abundancia y los Stroh vivían como reyes».

La filosofía de Peter, «crecer o desaparecer», no podía ser más distinta a la de Dick, que se basaba en el lema: «Trabaja con lo que tienes a mano». Peter solía comentar a sus socios que necesitaban «crecer tanto como fuera posible». «*Necesitamos* seguir adquiriendo otras productoras», decía, y para ello solicitó varios créditos por un montante de millones de dólares.

Al mismo tiempo, los miembros de la familia seguían despilfarrando los beneficios de la empresa para mantener su estilo de vida. Sin embargo, las deudas y la incapacidad para aprovechar todo su potencial hicieron que la empresa empezara a perder cuota de mercado con rapidez. Greg Stroh, extrabajador y miembro de la quinta generación de la familia, dijo: «Aquello era como ir a un tiroteo con un cuchillo».

Al final, la cervecera tuvo que cerrar su enorme fábrica de Detroit porque Peter no fue capaz de encontrar una salida adecuada: «Con ningún tipo de ayuda pública, ni siquiera combinada con capital privado, se podía renovar la anticuada fábrica de Detroit para que fuera rentable», dijo.

Así, sin margen de maniobra para recuperar la rentabilidad de la empresa, en 1989 Stroh se propuso venderla a Molson Coors. Pero, poco después de llegar a un acuerdo, esta se echó atrás. Una década más tarde de esa venta fallida, la empresa de Stroh cerró de forma definitiva tras haber despilfarrado una fortuna familiar valorada en 9000 millones de dólares. Como dijo Dick: «Habían crecido tanto y se habían hecho tan grandes que no pudieron asimilarlo».

Además, la presión existente en el sector de la cerveza impidió que los demás productores se aprovecharan de las desgracias de Stroh. Todos, excepto uno:

Dick Yuengling compró en aquel momento, por un precio muy inferior a su valor de mercado, una antigua fábrica de Stroh en Tampa, Florida. La nueva adquisición le permitió mantener el desarrollo de su cervecera mientras que su antiguo competidor sucumbía al peso de un crecimiento desmedido. Luego, con una inversión muy inferior a la necesaria para construir una nueva fábrica, Dick modernizó la planta y la dejó operativa en apenas tres meses. Además, bajo su dirección la fábrica de Tampa requería menos personal que otra similar. Por último, sacó partido de los desamparados trabajadores de Stroh, que le ayudaron con sus ideas a solventar los problemas de la fábrica.

En teoría, como Stroh era una de las tres principales compañías del sector, disponía de muchos más recursos para sortear las turbulencias del mercado que cualquier otra empresa pequeña y vulnerable, como la de Dick. Sin embargo, Stroh no halló ninguna solución porque sus directivos no fueron capaces de capear el temporal con los recursos que tenían a su disposición. En resumen, la agresiva política de crecimiento, basada en la adquisición de competidores, marcas y trabajadores, truncó el desmesurado desarrollo de la empresa y lo transformó en una rápida desaceleración que acabó con ella.

========

Sin duda, disponer de buenos recursos es un factor clave; sin un equipo con talento, habilidades y conocimientos, y una buena infraestructura es difícil sacar adelante cualquier proyecto. Pero si siempre pretendes hacerte con los recursos que poseen los demás te resultará complicado sacar el máximo partido de los tuyos. Además, creer que nunca tienes suficiente es una sensación terrible.

El espíritu que subyace a la política de Stroh es un ejemplo perfecto de lo que denomino «estrategia de acumulación de recursos» (*chasing*). Esta estrategia (y quienes dependen de ella, es decir, los acumuladores o *chasers*) se orienta a la adquisición constante de nuevos recursos y obvia el modo de estirar (*stretch*) los que ya se poseen. En principio, la idea es razonable, pero en este libro mostraré las terribles consecuencias que puede tener, hasta tal punto que condena al fracaso a quienes deciden ponerla en práctica.

Para evitar la acumulación de recursos hay que hallar un enfoque alternativo, pero esto suele resultar difícil: estamos rodeados de gente que intenta convencernos de que obtendremos mejores resultados en cualquier ámbito de la vida si tenemos «mucho» de todo. Este es el primer escollo a superar. Por eso, mi meta principal es convencerte de que los tipos como Dick Yuengling, y las empresas como la suya, tienen más éxito si apuestan por «estirar» al máximo lo que ya poseen, en lugar de centrarse en obtener más. Para este tipo de personas, el modo de utilizar los propios recursos es lo que marca la diferencia.

Un mejor uso de los recursos = incrementa los resultados

Para evidenciar los beneficios de este enfoque expondré distintos estudios e historias que sirven de ejemplo de que el éxito y la satisfacción son difíciles de alcanzar mediante una estrategia de acumulación de recursos. En cambio, quienes por costumbre aprovechan lo que tienen, los *estiradores*, se preguntan qué más pueden hacer con lo que tienen en lugar de preguntarse qué les falta.

LA NECESIDAD DE TENER MÁS RECURSOS

En 1978, un equipo de geólogos halló en Siberia a una familia de seis miembros que había desaparecido hacía 42 años. Los Lykov, huyendo de la persecución religiosa que los amenazaba de muerte, se adentraron en una zona deshabitada y peligrosa de los montes Sayanes, cuya extensión supera los 8 millones de km². Antes de aquello, su vida no era para nada opulenta, pero sobrevivir en ese remoto exilio, a más de 250 km de cualquier rastro de civilización, superó con creces cualquier reto al que se hubieran enfrentado jamás. De hecho, no llegaron a enterarse de la Segunda Guerra Mundial. Por otro lado, las condiciones climatológicas de su improvisado hogar, con temperaturas que rondaban los −30 °C, rivalizaban con el enorme desafío que ya implicaba vivir aislados. En verano, para llegar hasta la familia Lykov era necesario un trayecto de una semana en canoa; en invierno, las duras condiciones de la zona hacían imposible acercarse sin un helicóptero.

La pareja, Karp y Akulina, tenía dos hijos, Savin y Dimitri, y dos hijas, Natalia y Agafia. Los más pequeños, Dimitri y Agafia, nacieron en aquel paraje, por lo que, más allá de sus padres y hermanos, nunca llegaron a tener contacto con otros seres humanos hasta la aparición de los geólogos.

De este modo, lejos de la civilización durante décadas y sin que las modernas comodidades o las interacciones sociales influyeran en su estilo de vida, los Lykov no tuvieron más remedio que conformarse con lo que tenían. Privados de lo que la mayoría consideraría imprescindible, se construyeron una casa de dos pisos y cubrieron el suelo con mondas de patata y cáscaras de piñones. Para confeccionarse la ropa usaron raíces de cáñamo, y para el calzado, corteza de abedul. Tampoco contaban con utensilios para cazar, así que Dimitri perseguía descalzo a sus presas, a veces durante días, hasta que los animales sucumbían por agotamiento.

La familia Lykov aprendió, pues, a adaptarse a las limitaciones del entorno y halló la forma de transformar los pocos recursos a su alcance para subsistir. Pero ellos no tuvieron elección; su supervivencia dependía de actuar así. Aunque nos maraville su ingenio y nos sintamos afortunados por vivir en mejores condiciones, lo que demuestra, en esencia, el exilio de los Lykov es que la gente, en tiempos de necesidad, puede lograr cosas increíbles e inimaginables gracias al ingenio.

Nadie está libre de limitaciones o restricciones y cada cual tiene sus prioridades para los objetivos a largo plazo (como lograr el éxito profesional, emprender un negocio, encontrar un trabajo estimulante, conciliar la vida laboral y familiar, o educar a los hijos) y a corto plazo (como acabar un proyecto, aprender algo nuevo, coordinar una reunión o hacer los deberes con sus hijos).

De igual modo, cada persona cuenta con sus propios recursos para lograr esos fines: por ejemplo, tiempo, dinero, conocimientos, habilidades o contactos.

Además, con frecuencia los recursos a nuestra disposición están muy lejos de satisfacer las exigencias de nuestros objetivos o prioridades. Para algunas personas, las limitaciones pueden ser económicas; para otras, en cambio, pueden estar relacionadas con sus contactos profesionales, aptitudes, equipo de trabajo o información disponible. Sin embargo, quienes tienen el suficiente ingenio siempre salen adelante a pesar de las limitaciones y se preguntan: ¿cómo puedo utilizar lo que tengo para cumplir mis objetivos?

Nos queda mucho que aprender de quienes superan sus limitaciones, ya que estas pueden estimular nuestro ingenio y nuestra creatividad para resolver mejor los problemas. Pero es incluso más importante aprender a estirar los recursos en cualquier momento o situación, para descubrir su auténtico potencial y tomar las mejores decisiones, tanto en los negocios o el trabajo como en la vida personal.

LA DECISIÓN DE ESTIRAR TUS RECURSOS

El antropólogo francés Claude Lévi-Strauss observó que las personas suelen usar dos tipos de enfoque para alcanzar sus metas: la *ingeniería* y el *bricolaje*.

Según Lévi-Strauss, la ingeniería se basa en la búsqueda constante de una herramienta específica. En nuestro caso, los acumuladores de recursos encarnan este tipo de pensamiento porque poseen una visión limitada del potencial de los recursos que ya disponen. Por ejemplo, si necesitan clavar un clavo se limitan a comprar un martillo; pero si este no tiene el tamaño, la forma o el peso adecuados, entonces ese tipo de pensamiento empieza a resquebrajarse. Para afrontar cualquier desafío, los acumuladores de recursos intentan reunir tantas herramientas como sea posible, incluso las que no satisfacen una necesidad inmediata. Y, con el tiempo, su caja de herramientas se llena de más y más objetos, hasta que es casi imposible saber a ciencia cierta qué contiene.

En cambio, el enfoque bricolaje, representado en nuestro caso por las personas que aprovechan sus recursos, es la estrategia consistente en sacar el mejor partido posible a las herramientas que ya se tienen; estos individuos experimentan con ellas y tienen en cuenta sus limitaciones. Por ejemplo, si lo único que tienen a mano es una piedra o una lata de refresco, no dudarán en usarla para clavar el clavo.

Está claro que, para clavar un clavo en la pared, cada cual es libre de usar el enfoque que crea oportuno. Sin embargo, la elección de un método u otro conlleva consecuencias muy dispares. La solución que prefieren los ingenieros parece elegante y tranquilizadora, porque encaja con el método clásico para clavar un clavo. Sin duda, sería raro que un carpintero se presentara en tu casa con un pincel. Pero ¿qué ocurre cuando aplicamos este razonamiento a muchas de nuestras decisiones habituales? Si lo piensas, necesitarías muchos recursos para garantizar que cuentas con las herramientas adecuadas a cada tarea. Es decir, en lugar de centrarte en clavar el clavo, invertirías la mayor parte de tu tiempo y energía en encontrar la herramienta adecuada. Y, en caso de que no la encontraras, ya no sabrías qué hacer. Además, si otras personas cuentan con una caja de herramientas mejor surtida te convencerías de que no puedes lograr tu objetivo con menos de eso.

Si eres *bricoleur*, el reto consiste en librarte de las trampas mentales que te empujan a usar siempre el martillo, incluso cuando no tienes uno. Es probable que usar las herramientas de una forma distinta a la habitual nos provoque cierto malestar psicológico, que refuerza a su vez ese primer instinto de salir a comprar un martillo, y que solo recurramos al bricolaje como última opción; por ejemplo, si la ferretería está cerrada. Pero ¿qué ocurrirá si evitamos a propósito ir a la ferretería y nos esforzamos en sacar el máximo partido de lo que tenemos a mano? Sin duda, eso cambiaría nuestra perspectiva por una más tranquila y agradable, aprenderíamos a usar mejor lo que tenemos y nos provocaría una mayor satisfacción. Por esta razón, estirar los recursos implica mucho más que recurrir al ingenio para superar las limitaciones: es una mentalidad que no solo influye en nuestra forma de resolver los problemas, sino también en la de alcanzar nuestras metas y sentirnos mejor.

———

Van Man (que es como lo llaman sus amistades) vive en una desvencijada furgoneta Volkswagen Westfalia de 1979, a la que llamó Shaggy en honor al personaje de *Scooby Doo*. Es un hombre austero. Por ejemplo, cuando falla el motor de su furgoneta lo repara con cinta adhesiva para evitarse las molestias y el coste que supondría llevarla al mecánico, y para prepararse la comida se apaña con un infernillo.

En 2015, su furgoneta estuvo aparcada un tiempo detrás del basurero de un Walmart en Dunedin, Florida; lo hizo para tener un supermercado cerca de la que era su casa. Durante el día, hacía ejercicio para mantenerse en forma con una barra fija integrada en su carrito de la compra. Y aunque su furgoneta, Shaggy, no era muy espaciosa, Van Man no tenía problemas para guardar su único par de tejanos, el saco de dormir y los diarios que escribía por las tardes, cuando no estaba leyendo alguna novela.

En definitiva, a pesar de su, en cierto modo, anómala existencia, Van Man disfruta de la vida porque sabe apreciar lo que tiene sin fijarse en las posesiones de los demás. Además, ese estilo de vida también le permite gozar de primera mano de los paisajes que tanto admira.

Cuando los clientes del Walmart dejaban el coche en el aparcamiento solían preguntarse por qué había una persona tan extraña viviendo en una furgoneta. A algunos les daba lástima y le ofrecían comida o dinero, que él siempre rechazaba con educación. Y cuando los curiosos clientes se paraban a hablar un rato con él, además, descubrían algo bastante sorprendente: Van Man es en realidad un hombre rico. Podría permitirse vivir en cualquier casa del barrio. No eligió ese lugar, el aparcamiento del Walmart, porque no tuviera dinero para comprarse una vivienda, sino porque era el mejor para poner en práctica el reto de estirar sus recursos y cumplir sus sueños. «Cuando vives en una furgoneta», dice, «no te queda otra que apreciar lo que tienes». Su lema es: «Para mí, la vida es como el mar; tiene olas buenas y malas, pero al final del día aprovecharás la que venga, sea cual sea».

El aparcamiento del Walmart también tenía otra ventaja: estaba cerca de su trabajo, donde aparcaba con orgullo su furgoneta junto a los descapotables y los ostentosos todoterreno de sus compañeros. Así, tras disfrutar de un café preparado en su infernillo, iba a cumplir con sus obligaciones en un empleo que muchos niños aspiran a tener cuando sean mayores.

Porque Van Man es Daniel Norris, jugador profesional de béisbol.

En 2011, Norris fue elegido en la segunda ronda del *draft* por los Toronto Blue Jays. Tras firmar un contrato de 2 millones de dólares, hizo lo que suele hacer la mayoría de la gente cuando tiene dinero: irse de compras. Uno de sus nuevos compañeros de equipo, que también acababa de firmar, organizó una excursión a un centro comercial. Los colegas de Norris se gastaron decenas de miles de dólares, pero la única compra que hizo él fue una camiseta Converse que le costó 14 dólares. Porque, como bien dice: «Tener más dinero no implica poseer más cosas de las que necesitas».

Cuando firmó ese gran contrato, a Norris le preocupaba que el dinero arruinara su estilo de vida y lo distrajera de su trabajo y su auténtica pasión: el béisbol. Por ese motivo, ordenó a sus asesores financieros que depositaran solo 800 dólares al mes en su cuenta corriente, para cubrir sus gastos, y que invirtieran el resto de su sueldo de forma responsable. Así, sus ingresos mensuales apenas llegaban a la mitad del salario de un trabajador medio a jornada completa.

Norris provenía de una familia humilde y, cuando era niño, veía que a sus amigos les compraban unos guantes y un bate de béisbol nuevos cada temporada, mientras que él seguía utilizando los de siempre. Pero eso no le generaba ningún tipo de resentimiento hacia sus padres. «Nunca tuve todo lo que necesitaba», asegura. «Cuando eres pequeño siempre deseas más de lo que tienes. Pero, poco a poco, aprendí a apreciar las cosas que conseguía por mí mismo. Estoy muy agradecido de que me hayan criado así».

Además, pese a ganar millones de dólares, Norris optó por hacer algo que muchos de sus compañeros de equipo considerarían un disparate: buscó un segundo empleo. Al finalizar la temporada de béisbol, Norris trabajaba 40 horas semanales en una tienda de ropa de su ciudad natal, en Tennessee. No necesitaba ese dinero para vivir, pero le gustaba mantenerse ocupado. Por eso, además, de vez en cuando se escapaba a Nicaragua para hacer senderismo por la selva. Al principio, esta conducta les resultó desconcertante a los directivos de su nuevo club; se preguntaban por qué la estrella en ciernes del equipo no se comportaba como sus compañeros, es decir, por qué no hacía viajes de lujo o asistía a las fiestas más exclusivas de South Beach, Florida. Pero al final comprendieron que ese estilo de vida lo mantenía concentrado en lo que de verdad le importaba: jugar al béisbol.

Para Daniel Norris, aprovechar la vida significa alcanzar su máximo potencial como lanzador de béisbol y disfrutar de la naturaleza. Y nada de eso requiere gastar millones de dólares. Refugiándose en su furgoneta, Norris renuncia a la idea de acumular más y más recursos, actitud que, a la larga, conduce a muchas estrellas del deporte a la bancarrota y a estados depresivos.

En el verano de 2015, los Blue Jays traspasaron a Norris a los Detroit Tigers. Pocas semanas después, se enfundó la camiseta de su nuevo equipo y debutó como bateador en la segunda entrada. Era la primera vez que bateaba desde que iba al instituto, pero sacó la pelota del estadio. Esa hazaña lo convirtió en el primer lanzador de las Grandes Ligas que lograba un *homerun* en el Wrigley Field de Chicago, así como en el decimonoveno en hacerlo en su debut como bateador.

Cuando he empezado a contarte la historia de Daniel Norris, es posible que no te imaginaras que estaba hablando de un multimillonario o una estrella del deporte. Asimismo, tal vez no creyeras que el valor del imperio cervecero de Dick Yuengling pudiera llegar a superar el millón de dólares. Porque las estrellas del deporte suelen conducir coches de lujo, los negocios han de crecer con rapidez y los multimillonarios deberían vivir en magníficas mansiones. La gente cree que invertir mucho dinero en publicidad genera muchos más beneficios y que hay que comprar cualquier cosa por el simple hecho de que puedes hacerlo. Tal vez tengamos la impresión de que las ingeniosas fórmulas que usaron Dick Yuengling y Daniel Norris para estructurar su vida y su trabajo solo les sirven a quienes cuentan con pocos recursos. Pero lo que ellos aprendieron antes que nadie —y podrían enseñar al resto del mundo— es que la de estirar los recursos es una perspectiva que nos permite aprovechar al máximo lo que tenemos a nuestro alcance y obtener grandes resultados sin importar lo mucho o lo poco que poseamos.

Sacar partido a lo disponible es lo que solemos hacer cuando estamos entre la espada y la pared, pero mi primer objetivo es convencerte de que estirar los recursos es una buena estrategia también para los buenos momentos. Mi segundo fin es enseñarte a evitar el comportamiento típico del acumulador de recursos y convencerte de que apuestes por aprovechar lo que tengas, sin que para ello te veas en la obligación de vivir en una furgoneta. Porque estirar tus recursos es mucho más que una estrategia para solventar problemas puntuales. En realidad, se trata de otra forma de entender la vida y el trabajo que te permitirá tener éxito y satisfacción con tu vida.

EVITA LA AUTOCOMPLACENCIA

Cuando tenemos éxito y estamos satisfechos, nuestro instinto nos dicta mantener el rumbo. Es decir, seguimos con las mismas rutinas porque nos han dado buenos resultados en el pasado. Pero mientras hacemos eso el mundo no deja de transformarse: los trabajos evolucionan, los gustos de los consumidores cambian, nuestra competencia crece o desaparece, las familias envejecen y la tecnología avanza. Y así, frente a estos constantes cambios, nuestros antes valiosos recursos van perdiendo valor y se vuelven improductivos. Este fue el caso de una empresa emergente, con sede en Suecia, llamada Facit. En poco tiempo, Facit se convirtió en un prestigioso fabricante de máquinas y mobiliario de oficina. Era rentable y tenía un gran catálogo de productos. Sin embargo, sus directivos creyeron que el futuro de la compañía dependía en exclusiva de su producto estrella: las calculadoras.

Y resulta que… tenían razón.

Facit llegó a dominar de tal manera el sector que sus directivos descartaron la posibilidad de entrar en otros mercados. Por eso, invirtieron sus recursos en aumentar la calidad de sus calculadoras y reducir los costes de producción. De este modo, la empresa asumió una gran cantidad de deuda para mejorar el proceso de fabricación y los resultados fueron tan buenos que sus productos eran casi perfectos.

Llegados a ese punto, la clientela estaba encantada, la directiva, feliz, y los empleados, contentos con su trabajo.

En ocho años, la plantilla aumentó en un 70% y los beneficios superaron con creces el doble de los que tenían antes. En su mejor momento, Facit llegó a contar con 14.000 empleados y 20 fábricas en cinco países, y sus delegaciones cubrían las necesidades de más de 15 naciones.

Pero entonces, sin previo aviso, estalló una crisis. Como consecuencia, los ingresos se redujeron de manera significativa, el equipo directivo renunció y los empleados se quedaron sin trabajo. Aunque la calidad de sus productos seguía siendo alta —algunos dirían que no había otros mejores— nadie quería ya una calculadora Facit. Simplemente, la gente prefería las de otras empresas.

Por tanto, en apenas unos años Facit pasó de tener mucho éxito a rozar la bancarrota, hasta tal punto que sus directivos tuvieron que vender a toda prisa sus acciones a la competencia.

Facit era un estupendo fabricante de calculadoras, de calculadoras *mecánicas*, analógicas. Y en la década de los sesenta el mercado para las empresas de ese sector era excelente. Los logros de esta compañía convencieron a sus directivos de que el rumbo que habían tomado era el correcto. Sabían muy bien lo que hacían. Pero, en la siguiente década, las empresas japonesas comenzaron a producir en masa calculadoras electrónicas. Los dirigentes de Facit ignoraron ese mercado emergente y consideraron que la nueva tecnología supondría solo una distracción para su negocio de calculadoras mecánicas. Aun así, por muy buenas que fueran estas, no podían competir con las prestaciones de una calculadora electrónica.

Lo que acabo de relatar es un ejemplo de que el éxito nos ciega y refuerza las fórmulas que nos catapultaron hacia él. Nos aferramos a lo que conocemos y dominamos, repitiendo el lema: «Si algo funciona, no lo cambies». De hecho, muchos estudios demuestran que la gente suele preferir mantener el *statu quo*. Y hacerlo —conservar un trabajo, poner el piloto automático o explotar un mercado que ya tenga éxito— puede funcionar a corto plazo. Pero, claro, cuando esta fórmula funciona, como lo hizo para Facit, es muy difícil renunciar a ella.

El problema —como Facit por desgracia descubrió— es que, a pesar de nuestra autocomplacencia, el mundo no deja de moverse. Los recursos que una vez fueron valiosos (poseer unas capacidades profesionales competitivas, tener una gran plantilla, un producto original o la mejor calculadora mecánica) pueden quedarse obsoletos en un abrir y cerrar de ojos.

En otras palabras: quedarnos inmóviles mientras el mundo se transforma nos convierte en víctimas del progreso. Y eso me lleva al tercer objetivo de este libro: a medida que aumenta la incertidumbre en un negocio, en el trabajo o en la vida, la necesidad de aprovechar al máximo lo que tenemos a mano se vuelve más evidente. Por eso, intentaré mostrar cómo la capacidad para estirar los recursos nos permite desarrollar las cualidades necesarias para adaptarnos y cambiar cuando nos enfrentamos a un conjunto de circunstancias impredecibles.

EL PROCESO PARA APROVECHAR LOS RECURSOS

En el intento de alcanzar nuestras metas, muy pocas veces contamos con todo lo necesario. Por eso estirar los recursos conduce al éxito a todo tipo de individuos, con independencia de su clase social, y también a la satisfacción con su labor, bien sea esta dirigir una empresa, desempeñar un trabajo, formar una familia o hacer servicios a la comunidad. Así que déjame mostrarte el camino.

La primera parte del libro tiene el propósito de cambiar esa mentalidad de acumulación de recursos por otra con la que estirar los que tengas a mano. Para eso, antes que nada, debes romper con tu forma tradicional de entender los recursos. En esta parte del libro te presentaré a todo tipo de gente que logró aprovechar al máximo lo que poseía: desde quienes empezaron con muy pocos recursos hasta los que tenían demasiados. Para hallar patrones de conducta, estudiaremos tanto su forma de llegar al éxito como sus rutinas cotidianas. Además, analizaremos las evidencias científicas que explican cómo los acumuladores caen en el círculo vicioso de buscar siempre más recursos y cómo esa costumbre, con el tiempo, disminuye su ingenio y su capacidad para cumplir sus propósitos y lograr la satisfacción con su vida. Si cambias esa forma de ver las cosas, podrás apreciar mejor lo que tienes y reconocerás su auténtico valor.

La parte central de este libro presenta un conjunto de aptitudes que activa el potencial para aprovechar o estirar los recursos; se trata de cualidades que todo el mundo posee, pero que a veces somos incapaces de reconocer o de sentirnos con la autoridad de usar. Veremos, pues, el valor de trabajar con menos recursos y aprenderemos que, en ocasiones, es más inteligente formar un equipo en el que se exija más a quienes tienen menos conocimientos. A continuación, descubriremos que una planificación demasiado estricta hace más difícil cumplir objetivos y que quienes aprovechan lo que tienen se desenvuelven mejor sin un guion rígido o muy detallado. Además, también te mostraré cómo potenciar el talento de tu equipo con algo tan sencillo como incrementar las expectativas. Por último, en esta sección examinaremos el modo en que quienes exprimen el potencial de lo que tienen son capaces de utilizar recursos que parecen incompatibles y de combinar la competencia y la amistad, la vida laboral y personal o el desarrollo económico y la conciencia medioambiental.

Ahora bien, como cualquier otro enfoque científico, estirar los recursos también presenta algunas limitaciones. Por esta razón, en la última parte del libro analizaré las desventajas de hacerlo demasiado (actuando, por ejemplo, con excesiva austeridad o desorganización, o muy rápido, combinando de modo erróneo los recursos o teniendo demasiadas expectativas). Por último, el libro presenta unos sencillos pero útiles ejercicios para fortalecer esta capacidad de estirar los recursos.

Renunciar a la acumulación de recursos y aprender a aprovecharlos está, sin duda, a tu alcance. De hecho, es muy probable que hayas actuado así en alguna ocasión. Por ejemplo, ¿has abierto una carta con las llaves en vez de usar un abrecartas? ¿Has trabajado más de lo que te correspondía para ganar influencia en tu empresa? ¿Has logrado acabar un proyecto cuando nadie pensaba que fuera posible? Todas estas situaciones son ejemplos de que, en el pasado, has aprovechado los recursos disponibles.

Mi pretensión es que incrementes la frecuencia de estas experiencias, además de mostrarte que estirar los recursos es algo así como un estilo de vida, una forma de ser que te permite alcanzar tus metas, descubrir nuevas oportunidades y vivir mejor aprovechando lo que tienes a mano.

DoS

TU JARDÍN SIEMPRE ES EL MÁS VERDE

CAUSAS Y CONSECUENCIAS DE ACUMULAR RECURSOS

Oculta en algún lugar de Silicon Valley se encuentra Woodside, una encantadora y elegante ciudad de unos 5000 habitantes, rodeada de rutas ecuestres y bosques de secuoyas. El comercio local se concentra en un pequeño barrio y su entorno rural es muy distinto al de los cercanos megacomplejos comerciales, que albergan las sedes de algunas de las más grandes y prestigiosas empresas tecnológicas del país. El atractivo de esta pequeña comunidad ha cautivado a personalidades como Steve Jobs, Larry Ellison o Neil Young. Cuenta con enormes mansiones construidas en la cima de algunas lomas, donde lucen exuberantes jardines y resplandecientes piscinas, dignas de aparecer en el *Architectural Digest.* La renta media por hogar se acerca a los 200.000 dólares, lo que la convierte en una de las zonas más prósperas de Estados Unidos. Sin embargo, tanta opulencia esconde una gran ironía.

Su gran riqueza contrasta con la escasez de un recurso natural imprescindible: el agua. Ni la terrible sequía que sufre California en la actualidad ha logrado que los vecinos de la zona cambien su estilo de vida y renuncien a gastar millones de litros de agua para mantener el esplendor de sus jardines. Se calcula que solo 300 mansiones del vecindario gastan en total 300.000 litros de agua al mes. En cambio, en la cercana ciudad de East Palo Alto, mucho más modesta, los hogares gastan un promedio de 6000 litros al mes. Algunas familias de Woodside han hecho caso omiso a esta crisis, pero otras se las han ingeniado para aprovechar mejor el agua y han optado por diferentes formas de consumo, desde reciclar las aguas residuales para fregar el suelo hasta aplicar una capa de espray a su césped para que luzca más verde.

De todas formas, no es la primera vez que algunos californianos pudientes ignoran una crisis hídrica. La última gran sequía que vivió el estado (que tuvo su apogeo en 1990) provocó que el multimillonario Harold Simmons —quien se hizo muy popular gracias a la campaña mediática que desbarató las ilusiones presidenciales de John Kerry en 2004— entrara en conflicto con el municipio por el uso desmedido que aquel hacía de este recurso. En ese caso en particular, el magnate de los negocios llegó a pagar 25.000 dólares en multas por consumir una cantidad ingente de agua en una finca que raras veces visitaba. El agua que malgastó podría haber abastecido a una familia durante casi tres décadas. Entonces, cuando el Ayuntamiento le «cerró el grifo», el multimillonario contrató camiones cisterna para mantener sus jardines floridos.

Lo más probable es que California sea el epicentro de la actual crisis del agua, pero en muchas otras zonas del país la gente se empeña en tener amplias extensiones de césped en su vivienda. ¿Por qué?

TU JARDÍN SIEMPRE ES EL MÁS VERDE

Investigadores de la Universidad Vanderbilt entrevistaron a un grupo de residentes (representativo desde el punto de vista demográfico) del área metropolitana de Nashville (Tennessee) acerca de sus costumbres en el cuidado del césped. Los resultados del estudio, teniendo en cuenta edad, nivel de estudios y valor de la propiedad, revelaron que la competencia vecinal potenciaba la inversión de recursos para lograr un césped más verde. La casa familiar es un indicador de éxito social y el lugar ideal para mostrarlo a los demás; en otras palabras, la calidad del césped refleja la riqueza de sus propietarios.

Se podría decir que un detalle en apariencia insignificante como el cuidado del césped explica muchas cosas de nuestro comportamiento y de las decisiones que tomamos. Cuando alguien tiene tendencia a acumular recursos, es muy fácil que se vea atrapado en esa espiral de querer a toda costa lo que poseen los demás. Pero, cuando los recursos escasean, ese anhelo cada vez es más caro, estresante, inútil y difícil de alcanzar. Y en ocasiones la fuente se seca (en este caso, de forma literal) y el flujo de recursos se agota.

En este capítulo, examinaremos los principios psicológicos que fomentan la acumulación de recursos, la cual no solo afecta a la calidad del césped, sino que influye en muchos otros aspectos del bienestar y las perspectivas de éxito. Empezaremos con las comparaciones sociales que nos «condenan» a desear lo que tiene el prójimo y a subestimar lo propio. Luego, trataremos un fenómeno psicológico denominado «fijación funcional», que nos impide ver el potencial de nuestros recursos y nos fuerza a adquirir tanto como sea posible para afrontar retos o aprovechar oportunidades; en consecuencia, nos distrae de nuestros objetivos. Por último, explicaremos por qué existe esa tendencia a acumular más y más recursos, y veremos que es esa acumulación lo que nos impide aprovecharlos. Entender cómo funciona esta mentalidad es básico para que comprendas tu comportamiento y el primer paso para llegar a *estirar tus recursos*.

TODO ES RELATIVO

Cada cuatro años, los mejores deportistas del mundo se reúnen en una ciudad distinta para disputar los Juegos Olímpicos. Cuando el *Daily Mail* fotografió a los medallistas olímpicos en Londres 2012, el equipo del periódico descubrió un curioso patrón que repetían algunas de estas personas: por ejemplo, los nadadores estadounidenses Nathan Adrian, Michael Phelps, Cullen Jones y Ryan Lochte mostraban con expresión resignada sus medallas de los relevos 4 x 100 en estilo libre; el ciclista colombiano Rigoberto Urán Urán también parecía insatisfecho; el rostro de la gimnasta estadounidense McKayla Maroney apenas mostraba signos de alegría por la medalla; el triatleta español Javier Gómez parecía muy triste; y la estrella china del bádminton, Wang Yihan, luchaba por contener las lágrimas al recibir su galardón.

Pero, aparte de sus sentimientos, ¿qué tenían en común esos campeones?

Que sus medallas… eran de plata.

Esta circunstancia no sorprendió a Victoria Medvec, investigadora de la Universidad Northwestern, ni al equipo que analizó las grabaciones que hizo la NBC de los Juegos Olímpicos de Barcelona 92. En primer lugar, seleccionaron las reacciones de los deportistas cuando terminaban de competir y durante la entrega de medallas. Luego, el equipo de investigación mostró las imágenes a 20 universitarios que desconocían los resultados de la competición y les pidieron que valorasen, en una escala de diez puntos que iba desde la angustia al éxtasis, las emociones que expresaban esas personas al finalizar sus pruebas y, en caso de que fuera relevante, durante la ceremonia de imposición de medallas.

Los resultados del estudio mostraron que, aunque los medallistas de bronce habían obtenido, de forma objetiva, peores resultados que los de plata, mostraban mucha más satisfacción que ellos. Para explicarlo, se solicitó el resto del material audiovisual de la NBC, donde aparecían las entrevistas que habían concedido los medallistas después de sus respectivas competiciones. A continuación, pidieron a otros diez estudiantes que valoraran si los sentimientos o los pensamientos expresados en las entrevistas tendían a la fórmula «por lo menos he conseguido...» o más bien a la de «casi consigo...». Si empleaban la primera, eso significaba que habían centrado su atención en el logro, mientras que si usaban la otra, entonces hacían hincapié en lo que se les había escapado. Además, los participantes también evaluaron si los medallistas se comparaban de forma explícita con sus rivales que habían obtenido peores resultados o con quienes obtuvieron mejores marcas, o si no hicieron ninguna mención al respecto.

Los resultados revelaron que, en comparación con los medallistas de bronce, los de plata se centraban más en destacar los errores que habían cometido. Además, hicieron comparaciones más explícitas con quienes habían ganado el oro y se recrearon en lo que, consideraban, había sido un mal rendimiento en la competición. Por el contrario, los medallistas de bronce —que, de forma objetiva, habían obtenido peores resultados— concentraron sus comentarios en lo que habían logrado, es decir, ganar una medalla.

Las raíces de la explicación de comportamientos como intentar tener el césped más verde del vecindario o despreciar una medalla de plata pueden hallarse en el trabajo de uno de los más prestigiosos psicólogos de la historia, Leon Festinger. En 1954, Festinger postuló que las personas tienen tendencia a querer saber en qué posición están respecto de los demás. Pero nos resulta muy difícil autoevaluarnos si nos consideramos de manera aislada. Por eso necesitamos observar a los demás, ver cómo son, para obtener una imagen completa de nosotros mismos o de ciertos aspectos que nos preocupen, como, por ejemplo, nuestra riqueza, inteligencia o estatus. Los indicadores «visibles» de nuestra posición se pueden medir con facilidad: el precio del coche, el tamaño del despacho, las cifras de un presupuesto, el verdor de un césped o, incluso, el color de una medalla olímpica. En otras palabras, un despacho de 50 m² es grande si la mayoría de los despachos tienen 40 m². En cambio, si la mayoría tienen 70 m², sin duda, aquel será minúsculo. Así, cuanto más fácil de medir sea el recurso, más comunes se vuelven estas comparaciones. Según Festinger, tal conducta, consistente en valorar lo que tienen otros y compararse con ellos, se denomina «comparación social ascendente».

Aunque, en ocasiones, fijarnos en los éxitos ajenos puede funcionar como estímulo, las comparaciones sociales ascendentes son peligrosas si se centra la atención en la disparidad de recursos, porque puede generar frustración. Por ejemplo, pensamos que el presupuesto de nuestro departamento no está mal... hasta que nos damos cuenta de que otro departamento dispone de uno más generoso. El aumento de sueldo te parece estupendo hasta que descubres que a un compañero le han concedido uno mayor. Es decir, si nos comparamos todo el tiempo con quienes tienen más, es probable que no seamos capaces de apreciar muchos de los logros obtenidos con nuestros recursos*.

Lo bueno de las comparaciones sociales ascendentes es que ayudan a responder a preguntas básicas sobre la propia situación. Por eso es tan difícil evitarlas o renunciar a ellas. Sin embargo, como contrapartida limitan la autopercepción y la percepción del resto de personas. Además, impiden que nos planteemos qué podemos hacer para tener una vida feliz y provechosa con lo que poseemos. Por ejemplo, Gary Kremen, fundador de Match.com, describió su

---

* A veces, para reforzar nuestra autoestima, recurrimos a las comparaciones sociales descendentes, que no es otra cosa que comparar nuestros recursos con los de quienes creemos que están peor que nosotros. Por ejemplo, para sentirte importante en el trabajo puedes salir de tu despacho y darte una vuelta por los cubículos donde trabajan otras personas de inferior rango, en vez de visitar el despacho de tu responsable, que será más grande que el tuyo. Además, la comparación social descendente también puede funcionar como estímulo. Recientemente, el psicólogo de las organizaciones Dave Mayer ha publicado los resultados de su investigación sobre la llamada «envidia benigna» Ver: www.fastcompany.com/3060994

propia situación en Silicon Valley con estas sombrías palabras: «Aquí no eres nadie si tienes solo 10 millones de dólares». Cuando hacemos comparaciones sociales ascendentes sobre los recursos ajenos, incluso gente como Gary Kremen se siente decepcionada con lo que tiene. Para describir este tipo de experiencias, la psicología emplea la metáfora de la cinta de correr: «Lo único que conseguimos al acumular recursos es incrementar la velocidad de la cinta». Por tanto, para aguantar en la cinta tendremos que correr más rápido, pero sin avanzar en absoluto. Es decir, si te comparas con otra persona mejor, remplazarás tus valores por otros que te dejen en mal lugar. Así, los medallistas de plata se comparan con los de oro, y estos con las grandes leyendas del deporte; los millonarios envidian a los multimillonarios y los residentes de Woodside, California, no pueden dejar de compararse con sus vecinos para ver quién tiene más éxito. No importa si se trata de una medalla de plata o de la calidad del césped; las comparaciones sociales ascendentes hacen que la gente esté insatisfecha con su suerte y necesite obtener más recursos. Pero, si lo consiguen, intensifican las comparaciones ascendentes y, como describe la metáfora anterior, incrementan la velocidad de su cinta de correr… para mantenerse en el mismo lugar.

Aunque poca gente reside en un barrio lujoso, a la mayoría nos rodean personas que, al menos en algún aspecto, tienen algo que nosotros no tenemos. Además, el impacto de las redes sociales permite que estas comparaciones sociales ascendentes funcionen las veinticuatro horas del día, con lo cual ahora forman parte de nuestra vida cotidiana. De repente descubrimos que nuestros amigos de Facebook hacen alpinismo, visten ropa cara y se compran los mejores dispositivos electrónicos, pero ignoramos los detalles más mundanos de su vida, como el tiempo que pasan esperando en la consulta del médico, los recibos de la luz que deben pagar, los informes que tienen pendientes de entrega o si han de cambiarle el aceite al coche. En el ámbito profesional, LinkedIn proporciona una información parecida sobre nuestros empleos, ascensos o titulaciones académicas. Las empresas, grandes y pequeñas, también suelen emplear las redes sociales para presumir de sus éxitos. Pero estas imágenes o mensajes, diseñados de forma específica para el consumo público, a menudo provocan de forma involuntaria (o todo lo contrario) que la gente haga comparaciones que solo generan malestar.

Para entender qué tipo de influencia ejercen las redes sociales en la promoción de esta perspectiva acumuladora de recursos, un grupo de investigadores planteó un experimento en el que se enviaban cinco mensajes al día durante dos semanas a 82 participantes de distintos contextos sociales. Los mensajes se mandaban desde las 10 de la mañana hasta la medianoche, y cada uno contenía un enlace a una encuesta con preguntas como: «¿Cómo te sientes?», «¿Tienes alguna preocupación en este momento?», «¿Te sientes solo o sola ahora mismo?», «¿Te has conectado a Facebook desde la última vez que te mandamos un mensaje»?» o «¿Con cuántas personas has interactuado desde el último mensaje?».

El equipo de psicólogos evaluó el grado de bienestar y satisfacción de los participantes y descubrió que, cuanto más tiempo invertían en Facebook, peor se sentían. Entonces, llegaron a la conclusión de que la disminución de la felicidad tenía su origen en las comparaciones sociales ascendentes.

Pero ¿por qué las redes sociales estimulan el tipo de comparaciones sociales que mengua nuestra felicidad? En la práctica, el 78 % de los usuarios de Facebook lo emplean para compartir buenas noticias, mientras que solo el 36 % publica malas noticias. Es decir, la gente suele anunciar sus éxitos, no sus fracasos.

Por otro lado, la estrategia de acumulación de recursos, además de reducir nuestra felicidad, merma la capacidad de estirar los que tenemos; nos impide apreciar los recursos más allá de lo que ofrecen a simple vista. En cambio, un espíritu de aprovechamiento permite explotar su potencial oculto; justo como lo hacía uno de mis héroes de la infancia.

CUANDO UN BARÓMETRO SE CONVIERTE EN UN METRO

Cuando era niño, me encantaba una serie de televisión de los ochenta llamada *MacGyver*. El protagonista, Angus MacGyver, era un agente secreto que podía resolver casi cualquier problema (y salvar vidas) con poco más que una navaja, cinta adhesiva o cualquier objeto cotidiano que encontrara por ahí. A pesar de la escasez de recursos, Mac, como solían llamarlo sus amigos, siempre averiguaba la forma de usar cualquier cosa para dar con una solución ingeniosa a los complicados problemas que se le presentaban: desde desactivar una bomba con un clip hasta usar aceite de motor para mirar a través de vidrio esmerilado. Para enfrentarse a ladrones y criminales, Mac evitaba las tácticas habituales de los héroes de acción y usaba la ciencia para transformar los objetos cotidianos en herramientas versátiles.

Todo el mundo se acuerda de Mac por su navaja y sus habilidades para desactivar explosivos, pero con el tiempo también aplicó ese ingenio a otros ámbitos de la vida. Sin ir más lejos, en un episodio se hizo cargo de un equipo de hockey sobre hielo y tuvo que ingeniárselas para tratar con la estrella del equipo, que era incapaz de gestionar de manera adecuada sus extraordinarias aptitudes físicas por su escasa madurez. Durante los partidos, las frecuentes peleas en las que se enzarzaba lo llevaban continuamente al área de penalización; y a veces sus acciones eran tan salvajes que acababan con sus oponentes en el hospital. Además, un ojeador sin escrúpulos pretendía reforzar su equipo con ese joven prodigio; quería ganar a cualquier precio y estaba convencido de que el juego violento de ese chaval intimidaría a los rivales. El capítulo finaliza con un abrazo entre Mac y el joven talento para mostrar que su conducta violenta ocultaba en realidad una naturaleza muy distinta: nuestro héroe lo había ayudado a replantearse el significado del éxito y a convertirse en una persona mejor, dentro y fuera de la pista.

En definitiva, sin importar la gravedad de la situación —ya fuera no disponer de las herramientas apropiadas o lidiar con una estrella problemática—, MacGyver siempre centraba sus esfuerzos en aprovechar el máximo potencial de lo que tenía a su alrededor. En cambio, los acumuladores de recursos poseen un enfoque muy distinto: como están atrapados en la creencia de que «cuantos más recursos, mejores resultados», consideran que cada cosa se puede emplear de una forma limitada, así que se ven en la obligación de adquirir tantas como puedan permitirse. El problema es que, cuando cualquier obstáculo impide hacerse con nuevos recursos —ya que, al fin y al cabo, no siempre es posible tener un despacho más grande o contratar a más personal— los proyectos u objetivos de estas personas se quedan atascados.

En otras palabras: la cuestión que impide que los acumuladores de recursos logren los mismos resultados que Mac tiene su origen en su concepción de aquellos: para estos individuos, los recursos tienen usos limitados y muy específicos. Por ejemplo, un clip sirve para sujetar varias hojas de papel, un competidor es alguien que amenaza tu negocio y un mapa solo tiene valor si proporciona direcciones precisas. En cambio, para las personas que estiran sus recursos, como Mac, todos ellos pueden usarse de formas poco convencionales; es decir, un clip puede ser útil para coser una herida, las ideas de la competencia pueden servir para ampliar la oferta de productos de tu empresa o, incluso, un mapa incompleto puede guiarte hacia el destino correcto.

Para entender mejor de qué forma el bloqueo psicológico que sufren los acumuladores de recursos limita, en la práctica, las posibilidades de cualquier recurso, describiré la parábola que cuenta el profesor y científico Alexander Calandra. Imagina que estudias en la universidad y estás colaborando en un proyecto con tu profesor de Física. Trabajas duro y aprendes mucho de él. Entonces, un día este profesor te llama a su despacho para evaluar tus conocimientos sobre el tema. El problema que te plantea es el siguiente: «¿Cómo medir la altura de un edificio usando un barómetro?». El profesor ha dedicado muchas horas a este problema y está convencido de que solo hay una respuesta correcta: debe compararse la presión atmosférica del primer piso con la del último.

Sin embargo, tú hallas varias soluciones: puedes atar el barómetro a una cuerda y medir la longitud del edificio; puedes subir las escaleras usando el barómetro como si fuera un metro... o puedes sonsacarle al jefe de mantenimiento la altura del edificio ofreciéndole el barómetro a cambio.

Estos usos poco convencionales de un recurso muestran cómo actuaría una persona que es capaz de abrir la mente. El profesor de esta historia, en cambio, no puede renunciar al uso convencional del barómetro y pasa por alto otras posibles soluciones. Y, al igual que él, los acumuladores de recursos suelen usar los barómetros, o cualquier otra herramienta, solo para su uso tradicional.

Esta incapacidad para utilizar un recurso más allá de lo convencional es lo que los psicólogos llaman «fijación funcional». Poco a poco, al envejecer, abrazamos los convencionalismos y perdemos la capacidad de imaginar otras aplicaciones para nuestros recursos. Por eso un colectivo que se suele mostrar bastante escéptico con los convencionalismos son los niños, porque todavía no han sido educados para saber cómo se utilizan *de manera apropiada* los recursos. En un experimento, los investigadores Tim German y Greta Defeyter entregaron a un grupo de niños unos bloques de construcción, un lápiz, un borrador, una pelota, un imán, un coche de juguete y una caja de madera. Entonces les explicaron que Bobo (un oso de peluche) quería su león de juguete, pero este se hallaba en un estante muy alto. Bobo no podía saltar, porque tenía las piernas muy cortas. Por eso necesitaba que ellos lo ayudaran con los objetos que les habían proporcionado.

Cuando los niños crecen, sus capacidades cognitivas se desarrollan precisamente para que puedan resolver problemas de este tipo, dar con la manera de llegar hasta el león de Bobo. De hecho, los de mayor edad (6-7 años) hallaron la solución correcta —es decir, utilizar la caja de madera para apuntalar los bloques— con mayor rapidez que los más pequeños (de 5 años).

Sin embargo, cuando los investigadores cambiaron una de las condiciones del experimento, los más pequeños lograron mejores resultados. ¿Acaso eran más listos que los mayores? En absoluto. Todo se debió a un sutil cambio en la presentación de los recursos: en lugar de colocarlos todos sobre la mesa, los investigadores utilizaron la caja de madera como contenedor para guardar el resto, como el imán o el lápiz. Esta disposición provocó que los niños de mayor edad vieran la caja como un simple contenedor. Sin embargo, para los más pequeños esa misma caja seguía siendo un elemento con usos ilimitados.

Conforme crecemos y adquirimos más experiencia en el uso de los recursos de una manera familiar, convencional, nos resulta más difícil librarnos de la fijación funcional. En el trabajo, en el colegio o en la calle, las normas imponen un uso concreto de cada recurso y no nos permiten apreciar el potencial de lo que nos rodea o buscar nuevas posibilidades. Solo cuando logremos modificar nuestra forma de pensar, es decir, al final del próximo capítulo, seremos capaces de romper ese patrón.

Las empresas también son víctimas de la fijación funcional. Un año antes de que mi esposa, Randi, empezara a trabajar para la librería Borders, la compañía firmó un acuerdo para externalizar el proceso de venta online y centrarse en incrementar las ventas en librerías. Su idea era ganar cuota de mercado frente a su principal rival, Barnes & Noble, y para ello pensaban abrir alguna tienda más.

En realidad, era un proyecto con bastante estrechez de miras. Todos los elementos de la ecuación —el personal, los productos, los procesos y las tiendas— se focalizarían en la venta presencial de libros. La directiva estaba convencida de que el perfil de su cliente era el de una persona que entra en una librería y sale de ella con un libro bajo el brazo. Así había sido siempre, pero esa forma de pensar era como usar una caja simplemente como contenedor.

Cuando llegaron a un acuerdo para externalizar la venta por Internet, el director general de Borders, Greg Josefowicz, dijo: «Mientras que la mejor compañía de Internet cubre las necesidades de nuestros clientes digitales, nosotros seguiremos ofreciendo lo que mejor sabemos hacer: ofrecer libros, música y películas en un ambiente inmejorable».

No obstante, ocurrió algo sorprendente: los clientes de Borders quedaron tan satisfechos por el servicio de venta online que una gran parte dejó de ir a las tiendas y optó siempre por esa modalidad, de la que se encargaba su nuevo socio. Pero ¿quién era este socio?

Era Amazon.com.

Jeff Bezos, CEO de Amazon, recibió con los brazos abiertos a la clientela de Borders y tuvo la oportunidad de recabar una gran cantidad de información sobre sus hábitos de compra que, con el tiempo, servirían para ampliar la gama de productos de su empresa. Bezos estaba tan entusiasmado con el acuerdo que incluso envió una caja de champán a los directivos de Borders para que lo bebieran a su salud.

Cinco años después de firmar un acuerdo que mucha gente piensa que condenó al desastre a la empresa, Borders se topó con otra oportunidad para relanzar el negocio. Por aquel entonces, Randi se encargaba de explorar posibles formatos para libros digitales. A pesar de que Amazon empezaba ya a controlar el mercado de la venta de libros por Internet, la tecnología avanzaba tan rápido que se vio la posibilidad de cambiar el formato de distribución tradicional y pasar a un sistema del todo digital. Randi y su equipo habían trabajado mucho para asegurar un acuerdo exclusivo con Sony Reader, que prometía ser el primer dispositivo de lectura digital del mundo, por delante del Kindle de Amazon y del iPad de Apple.

Randi se presentó en la oficina de George Jones, que acababa de ser nombrado director general, para hacer una demostración del dispositivo. George se quedó deslumbrado, pero Randi tuvo la impresión de que quería seguir centrándose en el negocio tradicional de la venta de libros físicos. Borders obtuvo beneficios por última vez en 2006. Randi abandonó la empresa poco después, frustrada por su estrechez de miras. Cinco años más tarde, la compañía entró en bancarrota.

¿POR QUÉ TRABAJAMOS TAN DURO?

Hasta el momento, hemos examinado dos principios fundamentales que caracterizan la acumulación de recursos: las comparaciones y la fijación funcional. El primero depende de la cantidad de recursos que tenemos en relación con los demás. Esta comparación nos suele provocar insatisfacción y nos empuja a acumular en vez de apreciar lo que tenemos. El segundo establece un uso convencional de los recursos y limita nuestra capacidad para descubrir nuevas posibilidades; en consecuencia, nos conduce también a adquirir más recursos. Veamos ahora un tercer principio que fomenta la acumulación de recursos sin sentido: cuando lo único que nos importa es obtener más y más, acumulamos no en función de un objetivo, sino por el simple hecho de poseer más.

A través de un ingenioso estudio, el profesor de la Universidad de Chicago Christopher Hsee y sus colegas pretendían comprobar si la gente era capaz de acumular más recursos de los necesarios incluso a expensas de su propia felicidad. Los participantes solo tenían que escuchar música, una actividad que todo el mundo suele disfrutar. Además de eso, podían ganar onzas de chocolate si hacían un pequeño esfuerzo: pulsar un botón. Cuando lo hacían, la música se interrumpía y en su lugar se oía el ruido de una motosierra cortando madera. Los investigadores clasificaron de forma aleatoria a los participantes en dos grupos: *los de alto poder adquisitivo*, es decir, quienes cuando apretaban el botón recibían más porciones de chocolate, y *los de bajo poder adquisitivo*, que obtenían menos. Los participantes del primer grupo necesitaban apretar el botón 20 veces para lograr una onza de chocolate, mientras que el segundo tenía que hacerlo 120 veces para obtener el mismo resultado. Por último, los investigadores advirtieron a sus participantes que no podrían llevarse el chocolate que no se hubieran comido al terminar el experimento. Por lógica, quienes integraban el grupo de alto poder adquisitivo obtuvieron una media de 10,7 onzas de chocolate, en comparación con el grupo de bajo poder adquisitivo, que solo consiguió una media de 2,5 onzas.

Al finalizar el experimento los participantes podían comerse el chocolate que hubieran obtenido. El primer grupo se comió una media de 4,3 onzas y el segundo, es decir, el de bajo poder adquisitivo, una media de 1,7. Ambos grupos acumularon más chocolate del que podían consumir, pero los del primer grupo, es decir, los de alto poder adquisitivo, adquirieron mucho más de lo que podían aprovechar. Básicamente, se concentraron en acumular la mayor cantidad de chocolate sin tener en cuenta si querían, o incluso podían, comérselo todo.

Pero Hsee quería constatar, además, si se podía minimizar la tendencia a acumular chocolate de forma inconsciente, irracional. Por eso, en un segundo experimento comunicó a algunos participantes que solo podían hacerse con un máximo de 12 onzas. Los resultados revelaron que quienes contaban con esta información solo presionaron el botón hasta obtener 8,8 porciones, mientras que quienes carecían de ese límite consiguieron 14,6. Es decir, al limitar las posibles ganancias se logró que algunos participantes distinguieran mejor entre lo que «querían» y lo que «necesitaban». Al final, cada participante (de ambos grupos) consumió de media unas 6,7 onzas de chocolate; en otras palabras, poner un límite a sus ganancias provocó que la cantidad de chocolate que adquirían se acercara mucho más a la de su consumo real.

Para las personas acumuladoras de recursos, la cantidad que poseen al final es la medida que regula su necesidad; esto es, si consiguen más chocolate se supone que obtienen mejores resultados. Sin embargo, aunque esa acumulación sin sentido provocó que el grupo sin limitaciones ganara más chocolate, su satisfacción fue menor, tanto al evaluar la cantidad de chocolate que habían conseguido como al comérselo.

En cambio, los participantes de alto poder adquisitivo que tenían un límite de ganancias fueron los que más satisfechos quedaron con el resultado. Esto nos muestra que la acumulación nos lleva a obtener recursos que en realidad no necesitamos para nuestros fines y que, con frecuencia, acaban abrumándonos más que otra cosa.

Por eso, la pregunta clave es: en realidad, ¿qué queremos lograr?

—————————

A los 27 años, Joshua Millburn nunca se había hecho esa pregunta. Se había convertido en el director ejecutivo más joven de Cincinnati Bell, una empresa local de telefonía que facturaba miles de millones de dólares. Sin titulación universitaria había logrado ascender de comercial a director de operaciones y tenía bajo su responsabilidad 150 tiendas. A medida que el éxito profesional y personal de Millburn aumentaba, su entorno también se veía afectado: en concreto, pasó de compartir su tiempo con otros comerciales a estar rodeado de colegas con un expediente académico y una trayectoria profesional impresionantes, y un poder adquisitivo mucho mayor que el suyo.

Ya hemos visto que, cuando existe una gran diferencia entre lo que tenemos y lo que tienen los demás, se pone en marcha el afán por acumular recursos. Esa distancia es el detonante de tal comportamiento. Millburn tenía un buen sueldo, pero el de sus compañeros era más alto. En consecuencia, puso todo su empeño en ganar más.

Aun así, corrían buenos tiempos para Joshua Millburn: tenía un sueldo de seis cifras, coches de lujo y una casa enorme repleta de valiosas pertenencias que confirmaban su éxito. Como su objetivo siempre había sido convertirse en un alto ejecutivo (lo que en inglés se conoce como *C-suite*), pensó que estaba viviendo el sueño americano, sobre el que, paradójicamente, George Carlin decía, con cierta ironía, que «lo llaman el sueño americano porque tienes que estar dormido para creértelo». El matiz no carece de importancia. De hecho, una encuesta realizada en 2014 a 1821 estadounidenses mostró que Carlin no estaba tan equivocado: el 80% de las personas encuestadas creía que el sueño americano era en ese momento más difícil de alcanzar que una década antes. Por consiguiente, los éxitos de Millburn eran más impresionantes todavía.

Durante esa época, mientras acumulaba ascensos y aumentos de sueldo, Millburn nunca se preguntó qué quería hacer con su vida, por qué quería ganar más dinero o qué significaba en realidad vivir el sueño americano. No se lo preguntó hasta que las tragedias llamaron a su puerta: con apenas unas semanas de diferencia, su madre falleció y él se divorció. La gravedad de tales hechos detuvo en seco su escalada acumulativa; él «aprovechó» esas dos desgracias para huir de la miserable vida que hasta entonces lo había empujado a acumular sin motivo y, en su lugar, se centró en buscar la satisfacción personal sacando partido a lo que tenía a mano.

Por primera vez, Millburn reflexionó sobre el rumbo que había tomado su vida, una vida en la que las comparaciones sociales lo impulsaban de forma muy peligrosa a acumular recursos sin ton ni son. Solo entonces se percató de que el camino hacia el sueño americano es muy estrecho; fija unas expectativas altísimas e induce a la gente a buscar y obtener cosas que no necesita o que ni siquiera desea, mientras que pasa por alto los costes de dicha búsqueda.

El ansia por acumular obligó a Joshua Millburn a desear siempre un poco más, pero al final le dejó con mucho menos. Porque, pese a contar con todos los ingredientes para disfrutar de una vida profesional y personal de gran éxito, la infelicidad lo consumía. Empezó a medicarse para calmar los nervios, pero su afán por ascender seguía intacto porque, en teoría, sería más feliz cuando pudiera permitirse más lujos. La automedicación y el consumismo desenfrenado empeoraron su situación. Además, cada vez tenía más deudas, porque gastaba más de lo que ganaba. Por otro lado, como se esforzaba por ir al día con el trabajo y le dedicaba demasiadas horas, su salud mental y física empezó a resentirse y sus relaciones personales también se vieron afectadas. En resumen, aquel estilo de vida le arrebató la vitalidad y el entusiasmo. «Nunca pensaba en las cosas importantes de verdad; trabajaba entre 70 y 80 horas semanales, 362 días al año. Renuncié a mi vida y a mi matrimonio. No odiaba el trabajo, pero todo lo demás me sabía a poco».

Para estudiar al detalle las palabras de Millburn, un grupo de investigadores llevó a cabo un seguimiento, durante siete años, de varias personas que, tras estudiar un máster, se marcharon a trabajar a Europa. En el experimento participaron 825 mujeres y 1105 hombres que respondieron a una encuesta sobre su tendencia a acumular recursos; el cuestionario indagaba en cuestiones como, por ejemplo, «querer ganar más dinero» o «tener una mejor reputación en el trabajo». Para saber cuánto ganaban, los investigadores se entrevistaron con ellos en dos ocasiones: la primera, tres años después de graduarse, y la segunda, al cabo de siete. Y, aunque esa necesidad de obtener un mejor salario cosechó mejores resultados a corto plazo, no fue concluyente para gozar de un sueldo mejor siete años después. Además, y de forma sorprendente, la necesidad de tener una carrera profesional de éxito se relacionaba con una menor satisfacción a largo plazo. Al final, los investigadores llegaron a la conclusión de que unas expectativas muy elevadas acaban generando insatisfacción en quienes comparan su éxito con el de los demás. En otras palabras: la gente trabaja muy duro por las razones equivocadas y no logra ser feliz justo por eso.

Del mismo modo, las empresas se esfuerzan sin sentido por obtener más y más recursos. Y tal vez esto pueda entenderse mejor con una de las peores tragedias económicas de la historia.

CÓMO UN BOOM ECONÓMICO PUEDE CONVERTIRSE EN UN AUTÉNTICO DESASTRE

A principios del siglo XXI, Silicon Valley era el epicentro de la última fiebre del oro en California. El auge de las puntocom generó grandes perspectivas de riqueza y trabajo bien remunerado. Semana tras semana, nuevas empresas hacían ofertas públicas de venta (OPV) y recompensaban con generosidad a sus inversores y trabajadores. Bastaba una idea brillante y una buena campaña de publicidad para que cualquier empresa emergente se convirtiera en un gigante bursátil cuyo valor podía llegar al millón de dólares.

Pets.com fue el «niño prodigio» de la era de las puntocom. En su primer año, la compañía invirtió casi 12 millones de dólares en publicidad para generar la friolera de… 619.000 dólares en ventas. En su segundo año (el último que estuvo operativa) se gastó más de un millón de dólares en un anuncio de 30 segundos para la Super Bowl, con el fin de impulsar su web de ofertas. Sobre el papel, sus fundadores y los trabajadores más veteranos de la empresa valían millones de dólares, al menos por un corto periodo. Sin embargo, la empresa acabó malgastando un flujo financiero de 300 millones de dólares y, en apenas 268 días, pasó de una OPV de 11 dólares por acción a un precio de cierre de 22 centavos por acción.

Las puntocom tenían un apetito insaciable de recursos, sobre todo de capital y de ingenieros de telecomunicaciones. Su modus operandi seguía el principio que ya hemos visto: si tienes más recursos, obtendrás mejores resultados. Por eso adquirían tanto como podían, lo gastaban y salían a buscar más.

Como durante la época dorada de Silicon Valley los recursos eran en apariencia ilimitados, poner en marcha un negocio suponía crecer con tanta rapidez como fuera posible (sin importar los costes) y recompensar el exceso de trabajo de los empleados con masajes gratis o fiestas, así como con la suculenta promesa de grandes beneficios futuros. El incesante flujo de dinero era tan estimulante como esas recompensas y opciones sobre acciones, que revitalizaban a la plantilla. El constante movimiento de recursos sostenía el estilo de vida de Silicon Valley. Aquel era un lugar espléndido para empresas y trabajadores. Pero un día los recursos dejaron de fluir… y quienes dependían de ellos tuvieron que adaptarse para sobrevivir.

De cara a facilitar que se entendiera mejor este momento histórico para el tejido empresarial estadounidense, el profesor David Kirsch, de la Universidad de Maryland, creó el Digital Archive of the Birth of the Dot Com Era, que recopila millones de correos electrónicos, memorandos, presentaciones, imágenes y bases de datos de miles de empresas emergentes. Y, aunque cuando estalló la burbuja de las puntocom muchas de estas empresas quedaron fuera del negocio, los datos del profesor Kirsch muestran que casi la mitad de ellas sobrevivió.

Y lo lograron porque pusieron en marcha la misma estrategia: ignorar el discurso imperante en el ámbito de los negocios, ese que se oía en todas las reuniones, formales e informales. Es decir, renunciaron a la idea de *crecer con rapidez*, a la búsqueda frenética de más capital, ingenieros, publicidad o clientes, y optaron por un crecimiento más moderado, paulatino y estable. Como descubrió el profesor Kirsch, este tipo de crecimiento lento y continuado que utilizaron las empresas para capear con éxito el desastre económico es difícil de seguir cuando, como ocurre hoy en día, pervive una forma de pensar que nos machaca con la idea de que «cuantos más recursos, mejores resultados».

Ahora bien, si crees que aquella perspectiva típica de las puntocom se esfumó hace tiempo, solo tienes que acercarte a un edificio de oficinas del SOMA (South of Market). Este barrio de San Francisco, situado a pocos minutos de la famosa Union Square, era la zona de oficinas de las puntocom; ahora está repleto de clubes nocturnos y lujosas tiendas que atraen a hordas de turistas. En la época dorada de las puntocom, el precio del alquiler de oficinas como las de Pets.com rondaba los 60 dólares por m^2. Cuando estalló la burbuja, el valor del metro cuadrado se desplomó.

Sin embargo, en la actualidad, el auge de las redes sociales ha favorecido el surgimiento de una nueva generación de empresas que acumulan más y más recursos; estas se han instalado de nuevo en el barrio, por lo que los precios del alquiler han vuelto a los picos de la época puntocom. Jeffrey Moeller trabaja para empresas que buscan locales en la zona. Es un superviviente de aquella crisis y fue testigo de los errores que cometieron esas compañías, desde alquilar oficinas demasiado grandes hasta firmar contratos de alquiler de muy larga duración. Hoy en día las empresas, además de afrontar el incremento en el precio del alquiler, han equipado muy bien sus oficinas para hacerlas más atractivas; ahora sirven lo mismo de local de ensayo para una banda de rock que de espacio para organizar un taller de chupitos. «Cuando acumulas mucho dinero», dice el empresario Justin Kan, «es muy fácil tratar de resolver tus problemas gastando más».

Lo mismo ocurre con todas las empresas que se establecen en Silicon Valley: nunca se libran de ese viejo hábito que supone depender de más recursos. Sin ir más lejos, cuando Marissa Mayer trabajaba en Google era famosa por el cartel que colgaba en la puerta de su despacho, con la siguiente leyenda: «Los ingresos resuelven todos los problemas». Asimismo, Dylan Casey, un directivo de Yahoo, solía insistir en este lema: «Cuando dispones de una fuente inagotable de dinero, ¿qué más dan los problemas?».

Pero su misión actual, que es ser la empresa más sofisticada —y que las lleva a dotar sus oficinas de las últimas comodidades y a reformar el espacio para que sea más atractivo—, también es una carrera imposible de ganar. Las empresas invierten cada vez más en contratar a los mayores talentos técnicos, tener las oficinas más lujosas u ofrecer las mejores prestaciones a sus trabajadores, sin preocuparse por el incremento de costes que eso supone. Bill Demas, un antiguo jefe mío en Vividence, fue CEO de la plataforma de publicidad digital Turn (empresa que recaudó más de 100 millones de dólares en financiación) y me contó que lo presionaban de manera constante para crecer lo más rápido posible. Y es que los inversores se fijan en las proyecciones de crecimiento y obvian parámetros más tradicionales, como la rentabilidad. En cuanto a los trabajadores, consideran que merecen grandes sueldos o generosos paquetes de acciones. Eso significa que, si la empresa no tiene el suficiente éxito, pueden abandonar el barco y aprovechar la siguiente gran oportunidad que se les presente. Demas asegura que esa tendencia a «querer más» —dinero, clientes, inversión, etc.— no permite desarrollar el ingenio necesario para que muchas de esas empresas sobrevivan. «Al contrario, anula la creatividad y la disciplina, y solo se centra en crecer mucho en poco tiempo», dice.

Quizá ninguna otra empresa haya mostrado el mismo afán de crecimiento que la que fundó Jason Golberg en 2010, Fab.com. Este osado CEO se jactaba de que su compañía estaba «aplastando» a sus competidores y que «incluso las madres de los inversores» hacían cola para ofrecerle fajos de billetes. Tras once rondas de financiación recaudó más de 335 millones de dólares. Sin embargo, Goldberg hizo lo que suelen hacer quienes acumulan recursos: derrochó esa cantidad enseguida contratando más personal, abriendo 90 centros de distribución adicionales y gastando 14 millones de dólares en efectivo… al mes.

Conforme Goldberg obtenía más capital de los inversores, el valor de su compañía subía de forma casi milagrosa. Y, cuanto más dinero gastaba, más gente parecía dispuesta a recompensarle por ello, hasta tal punto que el valor de la empresa llegó al billón de dólares. El lema de Goldberg, «crece ahora y resuelve los problemas más tarde», funcionó mientras el flujo de dinero era constante y los grandes inversores le entregaban con entusiasmo su dinero tras escuchar su simple pero convincente discurso: «Hay cuatro empresas de venta online en el mundo que valen más de 10.000 millones de dólares. ¿Por qué no puede haber una quinta?».

A medida que el valor de su compañía crecía sobre el papel, el orgulloso hombre de negocios compartía en Facebook fotos en las que aparecía al volante de su flamante BMW o volando en helicóptero. Incluso llegó a publicar en sus redes sociales que un pasajero de primera clase se había negado a cederle el asiento a cambio de cien dólares; al parecer, aquel río de dinero que era su vida le daba derecho a comprar el cálido asiento de otro pasajero.

Pero, a diferencia de Joshua Millburn, Golberg no renunció a acumular más y más recursos hasta que fue demasiado tarde. Así, en cuanto los inversores dejaron de financiar sus temerarias operaciones, la empresa entró en bancarrota. Al final, Fab.com se liquidó a un precio muy bajo y dejó al mundo sin una empresa de venta online de las más punteras y a sus inversores, con los bolsillos vacíos.

Por tanto, como vivió en primera persona Jason Goldberg, acumular recursos puede resultar más sencillo que utilizar los que tienes de manera productiva. El problema es que esa acumulación puede hacerte perder de vista el potencial de los recursos de que dispones y cometer otro error más: despilfarrarlos.

El director de la Harvard Business School, Nitin Nohria, y su colega Ranjay Gulati analizaron las filiales de dos multinacionales de productos electrónicos, una con sede en Europa y la otra en Japón. Estos investigadores encuestaron a 256 directores de departamento para saber cómo actuaban en áreas clave como la mejora del producto o la optimización de los procedimientos. Luego les pidieron que evaluaran el impacto económico de cada medida, como la cantidad ahorrada o el incremento en las ventas. Más tarde, Nohria y Gulati estudiaron el exceso de recursos o los recursos adicionales que las empresas dedicaban a cada departamento, pero que, en realidad, no necesitaban.

Entonces descubrieron que había recursos adicionales que promovían mejoras productivas, porque daban a los departamentos la libertad de experimentar: sus responsables podían asumir ciertos riesgos con la garantía de no hipotecar el negocio. Sin embargo, también hallaron el efecto contrario: los departamentos que disponían de demasiados recursos tenían menos probabilidades de mejorar, hasta tal punto que quienes poseían más recursos innecesarios obtenían unos resultados tan pobres como quienes no tenían recursos de sobra.

Nohria y Gulati llegaron a la conclusión de que cuando las empresas gozan de recursos abundantes —sean humanos o económicos— los utilizan sin ningún propósito aparente; emprenden proyectos sin garantía o poco rentables, como contratar personal de más o mudarse a unas oficinas más espaciosas y caras. Además, el exceso de recursos nos hace autocomplacientes y reduce nuestra capacidad para comprometernos. Y es que no hace falta aprovechar todas las oportunidades que se presenten; al fin y al cabo, no hay ninguna prisa. ¿Por qué tendríamos que preocuparnos, si el dinero y los recursos nunca faltan?

Otra razón por la que malgastamos más en un determinado proyecto es que ya hemos invertido mucho en él. Se trata de lo que Barry Staw, profesor de la Universidad de California, llama *el aumento del compromiso* (o, como se ha denominado de forma más reciente, la *falacia del costo hundido*). En uno de sus estudios, Staw pidió a 240 estudiantes de la escuela de negocios que imaginasen ser un ejecutivo que debía asignar fondos para I+D a una empresa ficticia llamada Adams & Smith. La junta directiva ya había advertido que la rentabilidad de la empresa estaba bajando y que la culpa era de la escasa inversión en I+D.

Staw dividió a los estudiantes en dos grupos: los del primero tenían que asignar 10 millones de dólares a uno de dos departamentos que tenían disponibles; en cambio, a los miembros del otro grupo se les comunicó que otra persona había asignado ya ese dinero a uno de los departamentos. Es decir, el grupo 1 participó de forma activa en la asignación de recursos y sus miembros se implicaron personalmente en la decisión. Por el contrario, en el grupo 2 se limitaron a aceptar una decisión que otra persona había tomado y no se tuvieron que implicar.

A continuación, en el experimento se simulaba que habían pasado cinco años y se comunicó a los participantes que el consejo de administración podía invertir 20 millones de dólares más. Sin embargo, esta vez ambos grupos repartirían a su antojo el dinero entre los dos departamentos. Para facilitar esta tarea, los investigadores les proporcionaron los resultados de rendimiento de ambos departamentos durante esos últimos cinco años: se comunicó a todos los participantes (con independencia de que previamente hubieran repartido recursos o no) una de estas dos situaciones: bien que el departamento que recibió los 10 millones había obtenido mejores resultados, o bien que lo había logrado el otro departamento. En teoría, lo más lógico sería asignar más recursos al departamento que había obtenido mejores resultados.

Sin embargo, Staw halló algo muy distinto: quienes habían asignado los recursos en primera instancia, es decir, supuestamente cinco años antes, volvieron a dar más dinero (13 millones de los 20 disponibles) al departamento elegido la otra vez, a pesar de que este hubiera obtenido peores resultados. En cambio, los participantes que no tuvieron ninguna responsabilidad en la primera asignación de recursos fueron menos generosos con el departamento peor y le asignaron unos 9,5 millones de los 20.

Lo que estos resultados significan es que cuando nos involucramos en un proyecto aumenta nuestro compromiso y, pese a tener opciones más prometedoras, seguimos invirtiendo en él para intentar cambiar las cosas. Además, disponer de más recursos solo incrementa la tendencia a fortalecer ese compromiso e incluso a despilfarrar recursos. Y es que, con tanto dinero extra para repartir, hasta las malas ideas pueden parecer buenas.

EL MITO DE CUANTO MÁS, MEJOR

Los ejemplos de individuos y empresas que hemos visto en este capítulo ilustran los cuatro rasgos negativos de la mentalidad acumuladora de recursos: las comparaciones sociales ascendentes, la fijación funcional, la acumulación sin sentido de recursos, y su despilfarro. Esa «caza» constante de recursos, motivada por las posesiones ajenas y el poco aprecio a las propias, nos lleva a vivir dependiendo del flujo incesante de recursos y no nos permite aprovechar los que tenemos.

Es cierto que, a corto plazo, esta tendencia a acumular puede dar resultado. Pero a largo plazo reduce la satisfacción vital. Esto ocurre porque quienes se empeñan en acumular creen que la falta de recursos es su principal problema, que por eso son incapaces de resolver los contratiempos, y de ese modo pierden la oportunidad de estirar lo que ya poseen. Pero, qué curioso, conforme juntan más recursos los malgastan sin sentido y confían en su buena suerte para que ese flujo nunca se detenga.

Se podría decir que cuando acumulamos recursos la hierba siempre parece más verde en el jardín del vecino. Ted Steinberg, un profesor de Derecho e Historia que ha estudiado este tipo de conductas, señala la paradoja existente en ellas: al mirar de lejos el otro jardín, nuestro punto de vista genera una ilusión que modifica la calidad de su césped; porque, de hecho, el nuestro seguro que es tan frondoso y verde como el de los vecinos. Cuando logremos darnos cuenta de ello, podremos cambiar nuestra forma de pensar y obtener lo necesario para poder usarlo mejor. Este es el primer paso para sustituir esa tendencia a acumular recursos por otra que nos permita estirar los propios; la abordaremos en el próximo capítulo.

TRES

TODO PUEDE
APROVECHARSE

LOS PRINCIPIOS BÁSICOS
PARA ESTIRAR TUS RECURSOS

En 2010, viajé a Chicago para investigar sobre una tienda perteneciente a una cadena a la que llamaré BoutiqueCo, dedicada a la venta de ropa, joyería y accesorios para mujer. La empresa la fundaron tres hermanos coreanos porque en el negocio familiar había un excedente de mercancía.

Sus primeras tiendas tuvieron bastante éxito. En los expositores, la clientela podía encontrar una atractiva mezcla de artículos de regalo, joyería y complementos; las acogedoras boutiques, decoradas con grandes luminarias, velas perfumadas y arreglos florales, resultaban muy atractivas para su público principal, mujeres de 18 a 34 años con ingresos superiores a los 75.000 dólares.

Aprovechando los primeros beneficios, la familia abrió más locales. El centro comercial en el que yo me hallaba formó parte de la expansión que pusieron en marcha durante la gran crisis de 2008. Es decir, al tiempo que la mayor parte del pequeño comercio sufría para llegar a fin de mes y que el consumo había bajado tanto que muchas empresas optaron por reducir horarios, cerrar tiendas o echar definitivamente la persiana, BoutiqueCo facturaba muchísimo y pasó de tener 62 locales en 2007 a más de 600, repartidos por todo el país, en 2015. Cada uno tenía una estética personalizada, acorde a los productos que ofrecía, para mantener el encanto de una pequeña boutique independiente.

Llegué temprano por la mañana. Quería confirmar, de primera mano, los esfuerzos que había hecho la empresa para expandir el negocio. Observé cómo, en apenas cinco días, un equipo de trabajadores transformaba un local vacío en una hermosa boutique que llenaron con más de trece palés de artículos.

Al poco de llegar, el encargado me sugirió que, para iniciar mi investigación, me pusiera a trabajar con ellos. Pese a las dudas, accedí. Estaba entusiasmado por la nueva experiencia, pero también intimidado por mi falta de conocimiento del sector.

De una de las cajas que había apiladas por allí empecé a sacar un puñado de lazos plateados, duros pero sorprendentemente flexibles; podía retorcerlos de mil maneras. Mi primera idea fue etiquetarlos como «artículos antiestrés» (porque calmaron la ansiedad que me había generado salir de mi zona de confort). Sin embargo, lo que había sacado de la caja eran joyas moldeables.

Un solo producto podía dar lugar a muchos otros: si estiraba el lazo se convertía en un collar; si me lo ataba a la muñeca podía usarlo como brazalete; y si no lo cerraba sería una diadema.

A medida que visitaba las distintas boutiques de la firma pude comprobar que sus trabajadores tenían experiencias similares a las mías con las joyas moldeables; es decir, exploraban nuevos usos y formas con otros productos o, incluso, con las personas.

Si el principio básico de la acumulación de recursos es buscar y obtener tantos como sea posible, el de estirarlos consiste en enfocarse en lo que ya tenemos. Esta perspectiva nos alivia cuando no disponemos de lo que necesitamos y nos nuestra que podemos lograr mucho más con lo que tenemos a mano.

En este capítulo analizaremos cuatro elementos básicos para estirar los recursos. En primer lugar, señalaremos la importancia de la psicología de la propiedad: si crees que controlas tus recursos, podrás usarlos de una manera creativa y productiva. Luego, aprenderemos que las limitaciones, paradójicamente, pueden servir de estímulo para manejar los recursos. Cuando te dedicas a acumularlos, creerás que solo puedes superar las limitaciones obteniendo más recursos. Pero si intentas aprovechar lo que tienes, verás que esas limitaciones pueden ser el acicate para dar nuevos usos a lo que ya posees. A continuación, abordaremos la austeridad como estilo de vida; para quienes acumulan recursos es un síntoma de falta de éxito, pero para quienes los estiran es una virtud que les permite obtener mejores resultados. Por último, veremos cómo las personas que aprovechan los recursos ven y aprecian en ellos todo su potencial y son capaces de convertir en un tesoro lo que otros subestiman o creen inservible.

¿POR QUÉ LA GENTE CON MENOS RECURSOS, EN REALIDAD, TIENE MÁS?

Después de colaborar en la apertura del nuevo local de BoutiqueCo en Chicago, visité una de sus tiendas del centro de la ciudad. Estaba abarrotada de clientes que se abalanzaban sobre los estantes mientras el personal se mantenía a cierta distancia. Aquel ambiente era muy distinto al que se respiraba en el centro comercial, donde las dependientas atosigaban a las potenciales compradoras o había una estrategia de llamadas a las clientas habituales para darles información sobre nuevos productos u ofertas. Tras echar un vistazo a los estantes de ropa, a los aparadores de bisutería y a las mesas repletas de todo tipo de artículos, localicé en la trastienda a Ethan Peters, el joven encargado del local. Juntos nos dirigimos al almacén, en el sótano, lejos del bullicio de arriba; tomamos asiento en unos taburetes y le pregunté cómo había logrado gestionar el local más rentable de la empresa.

Empezó comparando su trabajo actual con el último que había desempeñado, en un centro comercial cercano. Ethan se sentía frustrado con el enfoque tradicional de ese negocio, donde el personal de la sede central tomaba todas las decisiones, desde la forma de organizar los expositores hasta el protocolo para atender a los clientes. «Cualquier aspecto que te puedas imaginar estaba regulado. Todo se debía hacer de una forma preestablecida», me dijo. Así que, cuando un antiguo compañero le contó que una nueva marca quería incrementar su presencia en Chicago, no dejó escapar esa oportunidad de poner en práctica sus ideas.

Ethan me explicó que, un verano, su tienda recibió una remesa de vestidos defectuosos, de menor calidad que la habitual. Esas prendas quedaron olvidadas al fondo de los estantes, porque a su clientela no le interesaron. Otras tiendas también tuvieron problemas para venderlas, pero la empresa había apostado por ellas. Sin embargo, Ethan pensó que no había por qué ofrecerlas como vestidos solo porque alguien lo hubiera decidido así. De modo que tomó unas tijeras y cortó los tirantes de los vestidos, los enrolló, los ató con un cordel y los etiquetó como «pareos». Así creó un artículo nuevo y atractivo que acabó convertido en un producto estrella de la sección de baño.

Cuando el director de marketing llamó a Ethan para averiguar por qué su tienda había logrado dar salida a la remesa defectuosa, él le explicó con entusiasmo su idea. En cualquier otra empresa, dañar un producto a propósito habría supuesto el despido inmediato, pero en este caso BoutiqueCo felicitó a Ethan por su ingenio y compartió la idea con los demás empleados.

El propósito de mi investigación era descubrir qué permitía a la gente «deshacerse de las ataduras» como Ethan Peters y transformar los recursos de formas inesperadamente valiosas. ¿Qué método emplean las instituciones —empresas, escuelas o familias— para que sus miembros puedan desbloquear su forma de pensar y descubran el valor oculto de sus recursos? Hallaremos la respuesta en un simple concepto capaz de modificar la perspectiva de alguien sobre un recurso: la propiedad.

Hablar de «propiedad» quizá sorprenda a los trabajadores de una tienda, que suelen cobrar unos diez dólares por hora y alrededor de 50.000 anuales. El sentido común considera la propiedad como un hecho objetivo, es decir, como un conjunto de derechos legales. Incluso los niños pequeños son capaces de reconocer con claridad los fundamentos de los derechos de propiedad de un juguete.

Sin embargo, el sociólogo Amitai Etzioni señala otro tipo de propiedad que con frecuencia pasamos por alto; para él, la propiedad tiene mucho más que ver con una actitud. Basándose en el trabajo de Etzioni, los psicólogos han definido esta «propiedad psicológica» como algo material o inmaterial que consideramos parte nuestra. Las personas con este tipo de actitud experimentan sentimientos de posesión sobre un recurso, aunque no sean sus dueños. Así, a Ethan Peters dicho sentimiento de propiedad le brindó la oportunidad de transformar un artículo de la tienda en otro.

El origen de loa que experimentó Ethan tiene sus raíces en las dificultades que padeció la empresa en sus inicios: sus fundadores no tenían tiempo, dinero ni aptitudes suficientes para ejercer un liderazgo eficaz en gran parte de los aspectos de su negocio. Así, ya que no contaba con la cobertura necesaria, Ethan empezó a probar por su cuenta con las estrategias de marketing, los protocolos de atención al cliente y la formación de los nuevos empleados. Y, a medida que implantaba sus propias ideas, fue considerándose cada vez más «propietario» de la tienda. Aunque no fuera su dueño legal, activó lo que los psicólogos llaman «proceso de autopercepción»: empezó a creer que lo era porque actuaba como tal, hasta el punto de que algunos clientes lo trataban como si lo fuera. Como él mismo me dijo: «La gente me preguntaba todo el tiempo si era el dueño».

Conforme BoutiqueCo crecía y contaba con más recursos, se esforzó en promover las condiciones y la cultura organizacional que habían permitido a Ethan Peters y sus compañeros comportarse como propietarios de sus respectivas tiendas. Por tanto, la empresa evitó la tentación de centralizar la gestión y ejercer una autoridad que habría minado el sentimiento de propiedad de sus empleados; al contrario, se lanzó una campaña que animaba a los trabajadores a pensar por sí mismos y a actuar como si fueran los propietarios. La llamaron «El año del propietario» e implicaba el reparto de unos *Manuales del propietario* que ofrecían consejos para adoptar ese punto de vista. Por cierto, a esta campaña no se destinaron tantos recursos como es habitual en una operación de ese calibre; y no se hizo porque, como me explicó el director general, si bien no habrían tenido problema en invertir lo necesario, hacerlo habría socavado el sentimiento de propiedad de los directivos de la compañía.

BoutiqueCo tenía buenas razones para fomentar la propiedad psicológica entre sus trabajadores. La investigación muestra que cuando alguien experimenta un sentimiento de propiedad siente también una mayor satisfacción con su trabajo. En una encuesta a diversos perfiles profesionales, desde contables hasta ingenieros de software, los resultados revelaron que la propiedad psicológica era responsable de un 16% de su satisfacción laboral. Ese punto de vista les permitía controlar sus circunstancias, expresar su individualidad y, además, experimentar un sentido de pertenencia respecto a la empresa.

La propiedad psicológica también incrementa el rendimiento económico. Mediante una encuesta a 2755 empleados de más de 33 establecimientos de una empresa de venta al por menor, un equipo de investigadores quería ver cómo influía esta forma de pensar en los resultados de ventas. En primer lugar, se administraron unos cuestionarios para medir el sentimiento de propiedad y el grado en que los trabajadores llevaban a cabo conductas típicas de dueño, como rentabilizar un producto o reducir costes. Luego, se analizó el volumen de facturación de cada tienda en función de su tamaño, la estimación de ventas y los ingresos reales. Los resultados mostraron que la existencia de un fuerte sentimiento de propiedad y unos comportamientos similares a los de los dueños mejoraban el rendimiento financiero de las tiendas.

Ethan Peters tenía un fuerte sentido de la propiedad, pero también tuvo que afrontar ciertos contratiempos aparte de aquella remesa defectuosa, como la escasa experiencia de sus superiores y las limitaciones de personal. Cuando alguien insiste en acumular recursos y aparece una dificultad, su instinto le pide adquirir más para solucionarlo. Sin embargo, hay otra forma de actuar y a menudo es mucho más eficaz.

EL ARTE DE LAS LIMITACIONES

Phil Hansen era un joven con mucho talento que dibujaba sin descanso porque quería ser artista. Al principio adoraba el puntillismo, un estilo pictórico consistente en dibujar minúsculos puntos para crear una imagen que se ve completa solo a cierta distancia. Tras pasar parte de su adolescencia dedicado a esta técnica, estando aún en el instituto empezó a notar un ligero temblor en la mano derecha. Cuanto más empeño ponía en dibujar, más difícil le resultaba. Intentó contrarrestar el molesto temblor sujetándose con firmeza la mano, pero aquello solo empeoró las cosas. Pasado un tiempo, apenas era ya capaz de trazar una línea recta, así que renunció a su sueño de ser artista.

Phil se preguntaba si algún día podría volver a dibujar y decidió consultar con un neurólogo. El diagnóstico fue terrible: tenía un nervio de la mano dañado de forma irreversible. Aunque fueron muy malas noticias, el médico le recomendó cambiar de estilo de vida y ese consejo sirvió de catalizador para que Hansen adoptara una perspectiva que le permitió estirar sus recursos. El doctor le pidió que se acostumbrara al temblor de la mano.

Por eso, Hansen se propuso centrar su atención en lo que *podía* hacer, en vez de en lo que *no podía*. De este modo, descubrió nuevas formas de dibujar con su mano temblorosa. Si el puntillismo creaba imágenes con pequeños puntos, ¿por qué su mano no podría hacer lo mismo con las líneas rectas?

Hansen acabó el instituto y consiguió un empleo que le permitía colmar sus expectativas artísticas. Con su primer sueldo hizo lo mismo que mucha gente hace en situaciones parecidas: irse de compras. Estaba convencido de que podría mejorar si sustituía sus herramientas y materiales de dibujo por otros más delicados. Pero pasaban los días y el joven prodigio no era capaz de tener ni una sola idea original; los nuevos utensilios le estaban perjudicando mucho más que el temblor de la mano.

Para superar esa crisis, Hansen dejó de concentrarse en los materiales y se preguntó qué deseaba crear en realidad: ¿sería más creativo si se centraba en sus limitaciones? Dicho y hecho, inició una obra sin emplear apenas herramientas: en su primer proyecto usó 50 tazas de Starbucks para componer el retrato de un chico llamado Daudi. También utilizó su propio pecho como lienzo, aplicándose pintura y fotografiando los resultados.

De este modo, el joven artista siguió experimentando con nuevas formas de superarse. Por ejemplo, utilizó sus pies empapados en pintura para crear una obra de arte. En otra ocasión, hizo un retrato gigante de Bruce Lee a base de golpes con las manos impregnadas de pintura sobre un mural. Y así, al aceptar sus limitaciones físicas, Phil Hansen aprendió a estirar sus recursos y logró su objetivo: ser artista. Acabaron seleccionándolo como artista oficial de la ceremonia anual de los Premios Grammy.

Los obstáculos con los que Phil Hansen se topó en el camino (tanto su mano temblorosa como el uso de materiales improvisados) estimularon su creatividad. Y, como él mismo aseguró, «darme cuenta de que una limitación podía impulsar mi creatividad» le proporcionó una nueva perspectiva.

===

En realidad, Phil Hansen no ha sido el primer artista en descubrir el poder de las limitaciones. Patricia Stokes, ahora profesora de Psicología en la Universidad de Columbia, analizó en profundidad las razones que llevaron a Claude Monet a producir un gran número de obras maestras de manera continuada. Desde su punto de vista, el arte de Monet se caracterizaba por una constante, algo que estuvo presente desde que era un aprendiz hasta que llegó a maestro: las limitaciones.

Cuando era joven, Monet renunció al claroscuro y se alejó de la pintura figurativa para generar una nueva corriente: el impresionismo. Y en sus últimos años se impuso otras restricciones que lo condenarían a un constante estado de aprendizaje. Monet era un excelente pintor, pero había algo que lo distinguía de los demás artistas: sabía pintar de muchas formas, y siempre muy bien.

El sentido común nos dice que la creatividad es innata. Sin embargo, Patricia Stokes asegura que, además, es una actitud, y que aprender a aprovechar las propias limitaciones es lo que marca la diferencia entre los buenos artistas y los excepcionales. Ese aprendizaje constante también es un patrón en la arquitectura de Frank Lloyd Wright o en las composiciones musicales de Claude Debussy.

En todos los ambientes profesionales donde el rendimiento depende de la creatividad, Stokes ha hallado el mismo patrón; es el caso de la diseñadora Coco Chanel o del publicista Leo Burnett, quien dio a conocer los cigarrillos Marlboro en todo el mundo. Además, incluso para los perfiles cuyo rendimiento no depende en exclusiva de la creatividad, Stokes llega a la misma conclusión: sean alumnos de primaria o ratones de laboratorio, las limitaciones siempre ayudan a emplear los recursos de una forma más creativa y eficaz.

En uno de los experimentos de Stokes, los ratones debían accionar una palanca; algunos tenían la pata izquierda inmovilizada y con el tiempo aprendieron muchas más formas de hacerlo con la derecha que sus congéneres sin limitación alguna. Es decir, en ese experimento los ratones exhibieron lo que los investigadores llaman «creatividad con c minúscula», un tipo de creatividad cuyo fin no es producir obras creativas, sino solventar problemas prácticos gracias a un uso novedoso de los recursos. Vemos así que, aunque nuestra idea de la creatividad se limita al ámbito artístico, en realidad forma parte de la vida cotidiana; es lo que permite a un programador escribir su primera línea de código, a un responsable de producto abrir mercado para un artículo o a un maestro de primaria descubrir un nuevo método de aprendizaje que resulte ameno para su alumnado.

Durante décadas, la corriente dominante en psicología determinaba que las limitaciones son un impedimento para utilizar los recursos de forma creativa. Basta experimentar la rigidez de la burocracia, las rutinas de un trabajo administrativo o la pesadez de una clase magistral para entender cuánto de verdad hay en esa afirmación. Por supuesto, las limitaciones pueden restringir el sentimiento de propiedad que permitió prosperar a Ethan Peters, porque impiden satisfacer ciertas necesidades psicológicas básicas como la autonomía o el control sobre el propio trabajo.

Además, las limitaciones (sobre todo las económicas) suelen restar importancia a nuestro trabajo. Según este punto de vista, muy común para el típico acumulador de recursos, el valor de algo depende de la cantidad de recursos invertidos en ello; es decir, cuantos menos recursos se dediquen, menos relevante es el esfuerzo.

No obstante, investigaciones más recientes han empezado a cuestionar esta concepción general de las limitaciones como perjudiciales, al comprobar que ejercen un papel fundamental en la vida de las personas.

Por ejemplo, Ravi Mehta, de la Universidad de Illinois, y Meng Zhu, de la Universidad John Hopkins, han estudiado el modo en que la sensación de escasez o de abundancia influye en el uso creativo de los recursos. Ellos pensaban que, si conseguían recrear las condiciones de escasez adecuadas, los participantes adoptarían el mismo punto de vista que permitió a Phil Hansen y Claude Monet exprimir al máximo su ingenio; y, en cambio, que si generaban unas condiciones de abundancia utilizarían los recursos de una forma convencional.

Para poner a prueba sus hipótesis, llevaron a cabo cinco experimentos. En uno de ellos distribuyeron al azar en dos grupos a 60 estudiantes y pidieron al primer grupo que escribiera un breve ensayo sobre el crecimiento económico en situaciones de escasez; el segundo grupo debía escribir sobre el crecimiento económico cuando hay abundancia de recursos. Luego, presentaron a ambos grupos un problema real de la universidad.

El reciente traslado del laboratorio de informática había generado un excedente de 250 rollos de plástico de burbujas al que había que dar salida. Los investigadores proporcionaron a sus sujetos una muestra de ese plástico, para garantizar que les resultara familiar, y luego les pidieron elaborar un plan para aprovecharlo. A continuación, los participantes explicaron por escrito su estrategia y, por último, rellenaron un cuestionario evaluando el método que habían usado para solucionar el problema.

Una vez recabados los datos, los investigadores pidieron a otras 20 personas que valorasen la creatividad de esas ideas para aprovechar el plástico de burbujas. Esos jueces independientes, sin saber a qué grupo pertenecía cada participante (si al que había escrito sobre la escasez o sobre la abundancia), consideraron que los integrantes del primer grupo habían planteado usos más creativos para dar salida al excedente.

Pero ¿por qué la escasez de recursos activa nuestro potencial creativo? Al analizar con más detalle los datos, estos investigadores dieron con una posible explicación: cuando hay abundancia de recursos, la gente no necesita esforzarse y tiende a usarlos de la forma en que han sido diseñados. En cambio, en situaciones de escasez cualquiera puede ser capaz de romper los convencionalismos y sentirse libre de usar los objetos de maneras más creativas.

Dicho de otro modo: los problemas, retos u oportunidades son más fáciles de gestionar cuando existe alguna limitación, porque esta nos exige sacar lo mejor de nosotros mismos. Si no las hay, solemos recurrir a los usos convencionales del recurso; por ejemplo, usamos una silla para sentarnos. La fijación funcional de la que hablé en el capítulo 2 es uno de los fenómenos responsables de esto; y es la razón por la que las personas acumuladoras de recursos no ven más allá de la superficie, solo toman «el camino más fácil», porque ahorran energía mental al actuar por instinto.

Pero la aparición de limitaciones altera ese proceso, ya que nos exige invertir toda la energía posible para aprovechar al máximo cualquier recurso. Los más recientes estudios han revelado que si pides a alguien que diseñe o construya un artículo es posible que obtengas ideas interesantes o un buen producto. Sin embargo, si el encargo es el mismo, pero va acompañado de un presupuesto limitado que hay que respetar, es probable que los resultados sean mucho mejores. Justo eso fue lo que descubrió un equipo de investigadores al evaluar cómo se desenvolvían personas dedicadas a diseñar productos, cocinar o reparar juguetes: la existencia de un presupuesto cerrado incrementó su ingenio para hacer frente a los retos y, por ello, obtuvieron mejores resultados.

Así pues, parece claro que, cuando aceptamos nuestras limitaciones en vez de perder el tiempo intentando superarlas mediante la acumulación de recursos, no solo logramos sobreponernos a ellas, sino que además, en última instancia, trabajamos mejor gracias a su existencia. Esto es justo lo que el Phil Hansen hizo como artista con su cuerpo y sus materiales.

Pero entonces ¿qué pasa si hay muchos recursos disponibles? ¿Cómo podremos aprovecharlos mejor? Muy sencillo: la austeridad nos permitirá incrementar su valor de forma exponencial.

LAS VENTAJAS DE LA AUSTERIDAD

Cuando Bob Kierlin viajaba por negocios, solía escoger las opciones más baratas. Por ejemplo, si tenía que pasar la noche fuera para asistir a una reunión, se alojaba a las afueras de la ciudad y mejor en un discreto hotel que en una suite del Ritz-Carlton. También evitaba los restaurantes caros y prefería comer de McDonald's. Quizás incluso vestía trajes de segunda mano para trabajar.

La austeridad de Kierlin se remonta hasta donde recuerda: se crio en una familia humilde, con pocos recursos; no podían permitirse comer fuera de casa y sus vacaciones las pasaban en los parques públicos de la ciudad. Esa forma de vivir le enseñó lo fundamental que es no desperdiciar nada. Como él dice: «Esa mentalidad te acompaña toda la vida».

La revista *Inc.* no dudó en calificar al fundador y exdirector general de Fastenal (su compañía de suministros industriales) como el CEO más ahorrador de Estados Unidos. No fue una sorpresa; podría haber sido nombrado el individuo más austero del país. En cualquier caso, es una de las personas de mayor éxito: ha ganado cientos de millones de dólares gracias a la empresa que fundó y que logró convertir en un negocio multimillonario con un importante valor bursátil.

Desde que la empresa empezó a cotizar en bolsa, en 1987, hasta que Bob Kierlin dejó la dirección en 2014, Fastenal obtuvo unos beneficios sorprendentes: la rentabilidad de sus más de 84.000 acciones fue la segunda mejor* de todo el mercado, trece veces superior a la de Microsoft; el interés compuesto en ese período fue tan elevado que si alguien hubiera invertido 2100 dólares el primer día de cotización habría ganado más de un millón cuando Kierlin dejó el cargo.

La clave del éxito de Bob Kierlin, y de su forma de trabajar y vivir, es opuesta a la de la mayoría de ejecutivos que figuran en la

---

* UnitedHealthcare obtuvo el primer puesto.

lista *Fortune 1000*. Y es que su meta, desde que era pequeño, ha sido fomentar la austeridad.

En 1946, cuando tenía siete años y pasaba la mayor parte del tiempo en la tienda de repuestos para coches de su padre, Kierlin ganaba cinco centavos al día barriendo el suelo. Pero disfrutaba trabajando y, al cumplir once años, lo ascendieron a comercial. A partir de entonces tuvo la responsabilidad de captar clientes y, además, de llevar las cuentas del negocio.

Fue entonces cuando se percató de que muchas de las piezas que vendía su padre iban empaquetadas en cartones de tamaño similar al de una cajetilla de cigarrillos; y tuvo una gran idea: ¿y si podían ahorrar algo vendiendo esas piezas en máquinas expendedoras? Sin duda, reduciría los costes de personal y permitiría abrir el negocio a otros puntos de venta sin una gran inversión de capital.

Esa idea nunca se le fue de la cabeza, se mantuvo intacta incluso tras graduarse en la Universidad de Minnesota. Al final, después de trabajar un tiempo en el Cuerpo de Paz y en IBM, intentó hacerla realidad. Logró juntar, con cuatro amigos más, 31.000 dólares y diseñó una máquina expendedora para cajas de tornillos en lugar de cajetillas de tabaco. La plantilla de la empresa se encargaría del mantenimiento, pero para las actividades cotidianas no necesitarían personal a tiempo completo.

Sobre el papel parecía una buena idea; sin embargo, la máquina expendedora de Bob Kierlin no tuvo éxito. Algunos de los productos más demandados no cabían en la máquina y, además, los clientes requerían que el personal estuviera presente para responder a sus consultas. Al final, la máquina no hizo que se redujera la plantilla. De modo que solo cabía una posibilidad: replanteárselo todo de nuevo.

El joven emprendedor renunció a su idea inicial de que la gente pudiera comprar los pequeños recambios de forma autónoma y, en 1967, abrió una tienda en Winona, Minnesota. Pero, en vez de contratar a vendedores experimentados, apostó por reducir gastos formando un equipo de estudiantes novatos, pero ambiciosos. En poco tiempo, logró hacer de ellos auténticos ejecutivos y les permitió elegir los productos o diseñar planes de marketing, para así reducir en lo posible la centralización de las decisiones.

Con el fin de abastecer sus tiendas a buen precio, Kierlin compraba los artículos al por mayor, a pesar de que tener tal cantidad de stock ralentizaba el flujo de caja. Sin embargo, en lugar quedarse sentado en medio de un almacén repleto, buscó nuevos mercados que la competencia había pasado por alto y abrió más locales sin necesidad de invertir más en suministros. Además, se limitó a amueblar las nuevas sedes con un escritorio, una silla y algunas estanterías.

En 1987, Fastenal tenía 50 locales en siete estados. Era el momento de presentarse al mundo como uno de los principales proveedores de suministros industriales: la empresa salió a bolsa. No obstante, a pesar del éxito que obtuvo su OPV entre los inversores, Fastenal mantuvo la austeridad que caracterizaba a su fundador. La filosofía de la compañía era una combinación entre la psicología de la propiedad y la frugalidad; es decir, gastar el dinero como si fuera propio para lograr más beneficios.

Mientras Kierlin dirigió la compañía, Fastenal nunca pagó dietas por viajes de negocios; al fin y al cabo, la gente tiene que comer, sea en casa o fuera. En realidad, esa medida no suponía un gran ahorro para la empresa, pero era una manera de inculcar su filosofía. Además, tenían una norma según la cual los viajes de empresa debían hacerse en coche para desplazamientos cortos, inferiores a ocho horas. El propio Kierlin hizo así un viaje de más de 8000 km junto a su director financiero para reunirse con unos clientes en California; y gracias a ello crearon unos vínculos personales que no habrían surgido en la oficina.

Por otro lado, en la sede central de la empresa todo el mobiliario y el equipamiento eran de segunda mano. Incluso acabó dando uso a sus fallidas máquinas expendedoras: sirvieron para vender refrescos y los ingresos que generó con su implantación financiaron la fiesta de Navidad de la empresa.

Aunque estas medidas podrían haber enrarecido el ambiente, porque los trabajadores están acostumbrados a recibir todo tipo de bonificaciones y recompensas, el caso es que tanto la empresa como sus empleados ganaron más: los sueldos aumentaban según se iban cumpliendo objetivos y se reducían costes. Así, al ahorrar en aspectos que Kierlin consideraba innecesarios, no solo generó una cultura organizacional que penalizaba el despilfarro y educaba en el aprovechamiento de recursos, sino que además hizo que dispusieran de más efectivo para invertir en la empresa y en el personal.

De este modo, la solvencia de la compañía le permitió gestionar mejor las existencias según los picos de demanda y potenciar la formación de los trabajadores, para que pudieran ascender a cargos de mayor responsabilidad y mejor remunerados. La Fastenal School of Business formó a miles de empleados en 18 sedes y con una amplia oferta de cursos online. Aparte, las generosas bonificaciones contribuyeron a aumentar la productividad en un 7%.

En 2002, cuando Kierlin dejó de ser director general para ser nombrado presidente del Consejo de Administración, designó como sucesor a William Oberton, un veterano de la empresa que había ascendido desde los puestos más bajos y encarnaba el tipo de personalidad austera que Kierlin tanto valoraba. Como explica el propio Oberton: «No tememos gastar, lo que nos da miedo es malgastar en algo que no suponga una mejora para el negocio».

Por fin, décadas después de crear su máquina expendedora, Fastenal le ofreció a Kierlin la oportunidad de cumplir aquel primer sueño: en 2011, la empresa se asoció con un fabricante de máquinas expendedoras de *snacks* y utilizó su software para crear un dispositivo que suministraba artículos como guantes, gafas de seguridad o brocas en las propias instalaciones de los clientes. Los trabajadores adquirían el material usando una tarjeta electrónica, lo que incrementaba el control sobre la mercancía, que empleando los habituales expositores a veces desaparecía (por robo o pérdida). El propósito de la mayoría de las empresas es que sus clientes consuman más; en cambio, las máquinas expendedoras de Fastenal los ayudaban a consumir solo lo necesario. Con esta medida se redujo la venta de materiales en un 30%, pero a cambio se generó satisfacción y fidelidad en la clientela. Tres años más tarde (en 2014), se habían vendido unas 47.000 máquinas expendedoras, lo que suponía casi el 40% de sus ventas.

La escasa formación de Bob Kierlin y su limitado capital para empezar un negocio se ajustan a la idea que tenemos de una persona austera. Sin embargo, a medida que él y su empresa incrementaron su capital, sus esfuerzos por fomentar dicha austeridad se intensificaron; no se libró de ella como si fuera una necesidad, algo que le diera vergüenza, sino que la exhibió con orgullo y entusiasmo, como una medalla, y mostró sus ventajas a trabajadores, clientes e inversores.

Mucha gente no tiene una buena opinión de las empresas o las personas austeras; las consideran tacañas o, directamente, pobres. Pero la compañía de Bob Kierlin no es ni lo uno ni lo otro, y él tampoco: a pesar de ser tan rico, es también muy generoso con sus empleados y con las causas benéficas*.

Ahora bien, aunque la extrema austeridad de Kierlin le reportó enormes beneficios, plantea una cuestión fundamental: ¿es imprescindible para aprovechar los recursos? Pues, en realidad, no: basta con cambiar de mentalidad.

Para entender esta perspectiva, un equipo de profesores de marketing liderado por John Lastovicka analizó los resultados de una encuesta a consumidores austeros, unos ejercicios de redacción de

---

* Kierlin combina la austeridad con una gran generosidad, contribuyendo de forma anónima a varias causas benéficas. Además, en 2001 regaló acciones de la compañía a sus empleados y evitó la fórmula habitual, que beneficia a los inversores, para ofrecer las opciones de compra a sus trabajadores.

universitarios y las grabaciones de los programas de Oprah Winfrey y Montel Williams sobre la austeridad en las parejas. Y descubrieron que las personas más austeras tienen tres cosas en común:

En primer lugar, priorizan los objetivos a largo plazo sobre las recompensas a corto plazo; es lo que hizo, por ejemplo, Bob Kierlin. Con la vista puesta en las posibilidades futuras, este empresario renunció a los beneficios inmediatos para ofrecer una sólida carrera profesional a sus empleados, forjar relaciones estables con sus clientes y hacer sostenible su negocio.

En segundo lugar, reutilizan lo que tienen en vez de comprar más de lo que necesitan. Muchos sectores de la sociedad —en particular, el empresarial— creen que derrochar recursos es señal de prestigio, que se tendrá más éxito si se despilfarra, porque solo los más pudientes pueden permitirse ese estilo de vida. Por eso, justo al final de la calle donde está mi despacho en la Universidad de Rice se encuentra la antigua sede del Stanford Financial Group, una compañía financiera basada en el «esquema de Ponzi», una forma de estafa piramidal pensada para desplumar a sus inversores (y lo hicieron por un montante de más de 8 millones de dólares). Sus oficinas —pavimentadas en mármol verde, con mobiliario de ébano y cubiertas de costosas alfombras persas— «vendían» a los clientes que aquella era una empresa tan rica que podía permitirse ese tipo de lujos. En cambio, la oficina de Bob Kierlin, con sus muebles de segunda mano, carecía de la opulencia del Stanford Financial Group, a pesar de que, en realidad, él sí podía asumir ese tipo de inversiones.

En tercer lugar, las personas austeras son más resistentes a las convenciones sociales y, por ello, menos susceptibles de tener un espíritu acumulador. No suelen quejarse de lo que no tienen, más bien aprovechan las oportunidades que se les presentan. Siguiendo con nuestro ejemplo, la austeridad de Bob Kierlin podría haber levantado ampollas en los trabajadores con una mentalidad más tradicional, pero ocurrió lo contrario, porque él se encargó de forjar una cultura organizacional que, aparte de ahorrar, fomentó que los trabajadores estirasen los recursos que tenían a mano y obtuvieran una mayor satisfacción con su trabajo.

Hasta el momento hemos constatado de qué modo la psicología de la propiedad, la aceptación de las limitaciones y la austeridad fomentan el ingenio. Pero hay otro factor clave para estirar los recursos: hacerlo implica darse cuenta del potencial que tienen, incluso los que puede haber en un vertedero, cosa que el resto de la gente no advierte con facilidad.

DEL VERTEDERO AL CIELO

El New Covent Garden es el mayor mercado de frutas, verduras y flores del Reino Unido. Este bullicioso recinto de 7 hectáreas acoge a cientos de vendedores, responsables de proporcionar gran parte de los productos que consume la población londinense. Una multitud de visitantes recorre a diario sus animadas galerías mientras esquiva palés de alimentos y flores procedentes de todo el orbe.

Un gélido día de 2010, Jenny Dawson salió de casa a las 4 de la mañana con la ropa puesta por encima del pijama. Era una veinteañera licenciada en Matemáticas y Economía por la Universidad de Edimburgo, además de exmodelo, y en ese momento trabajaba para un prestigioso fondo de inversión con sede en Londres y cobraba un buen sueldo que le permitía pagar el alquiler de su residencia en Notting Hill y sus lujosas salidas anuales a esquiar.

Esa mañana se montó en su bicicleta y pedaleó hasta el mercado de New Covent Garden para investigar un asunto que le preocupaba mucho: había leído en un periódico local que las autoridades habían detenido a un grupo de personas por algo que ella no consideraba un delito, rebuscar comida en los contenedores cercanos a un supermercado.

Fue entonces cuando empezó a documentarse sobre una de las ironías más trágicas del mundo actual: aunque casi 800 millones de personas carecen de alimentos suficientes para llevar una vida activa y saludable, miles de toneladas de comida acaban en los vertederos cada día. Solo en su país, la gente desperdiciaba 7,2 millones de toneladas de alimentos al año; esa basura, además, requería miles de millones de dólares para gestionarla y, por si fuera poco, generaba más o menos el 10% de las emisiones de gases de efecto invernadero.

Al llegar al New Covent Garden, Jenny se metió en un abarrotado bazar cuyo aspecto contradecía la existencia de una crisis alimentaria mundial. Sin embargo, apenas a unos metros tropezó con una huella de ese problema: cajas y cajas, envueltas en plástico, de guisantes de Kenia, mangos de Filipinas y tomates de Turquía. Esos comestibles procedentes de todo el mundo irían pronto a parar a la basura mientras millones de ciudadanos de esos mismos países pasaban hambre. En sus propias palabras: «¿Cómo podemos permitirnos semejante despilfarro?».

Jenny se crio en una granja de Escocia y aprendió desde muy pequeña los problemas que generan la oferta y la demanda de alimentos. Los granjeros prefieren producir más antes que quedarse sin productos para vender; con ello, lo que hacen es explotar los ricos recursos de la tierra para cultivar cosas que la gente nunca llegará a comerse o siquiera a comprar. Para colmo, algunos de esos alimentos jamás tendrán la posibilidad de acabar en una mesa, porque los consumidores —que juzgan los alimentos por su aspecto— rechazan frutas y verduras perfectamente sabrosas y en buen estado si presentan cualquier diminuto rasguño. Solo en Estados Unidos, las tiendas de alimentación desechan más de una cuarta parte de sus productos debido a su apariencia.

La madre de Dawson daba salida al excedente familiar haciendo mermeladas, compotas y conservas caseras; así evitaba que muchos alimentos acabasen en la basura y alargaba su vida útil. Jenny quería llevar a gran escala ese prodigioso «fondo de cobertura» que aplicaba su madre en casa y renunció a su prometedora carrera en el sector financiero para fundar una empresa a la que bautizó como Rubies in the Rubble («Rubíes en los Escombros»). Ese nombre se ajustaba a la perfección al lema de la empresa: «Dar buen uso a los productos que descarta sin motivo nuestra sociedad... Porque todo, y cada uno de nosotros, es único y tiene valor».

De esta forma, los agricultores que tienen productos con una apariencia defectuosa pueden vendérselos a Jenny a un precio muy inferior al de mercado. Luego, su productora convierte esas frutas y verduras que habrían acabado en el vertedero en auténticas delicatesen. Por ejemplo, sus mermeladas y compotas tienen un gran éxito entre la clientela y, al mismo tiempo, cumplen el noble fin de minimizar el impacto medioambiental del desperdicio de alimentos.

Pero el proyecto de Dawson va mucho más allá de transformar alimentos con tara en deliciosos productos. Cuando puso en marcha su empresa, contrató a mujeres con dificultades de inserción laboral (porque no tenían un hogar o eran exadictas a las drogas) e hizo de ellas diligentes trabajadoras. Asimismo, fichó a un hombre con daño cerebral para etiquetar los tarros de conservas. Porque, como ella misma afirma, «es tan lamentable rechazar a una persona por su aspecto como hacerlo con una zanahoria torcida».

En la actualidad, el negocio de Dawson distribuye sus productos a más de 150 localidades del Reino Unido. Su declaración de valores corporativos parece un monumento al estiramiento de recursos: «Aprovecha lo que tienes. Cuida tus recursos».

———————

Al noreste del mercado de New Covent Garden se halla el hogar de una de las mentes más influyentes y prestigiosas del mundo universitario. Las ideas de Anthony Giddens, profesor de la London School of Economics, han trazado las líneas maestras de la sociología moderna, y sus reflexiones acerca de lo que él mismo denominó «teoría de la estructuración» permiten explicar por qué personas como Jenny Dawson convierten la basura en un preciado bien.

De forma resumida, la teoría de la estructuración postula que no se puede entender el comportamiento social analizando solo las decisiones que toman los individuos, o bien el comportamiento colectivo (de las empresas o la sociedad) en general.

Por el contrario, Giddens considera que tanto las pequeñas acciones como las de los grandes colectivos se relacionan entre sí; es decir, acciones individuales generan grandes estructuras (normas, tradiciones o reglamentos) y estas, a su vez, influyen en nuestro modo de actuar. Desde este punto de vista, las grandes estructuras no controlan del todo el comportamiento individual, porque, en cierto modo, las acciones particulares han creado esas estructuras. Pero tampoco se puede librar nadie de su influencia, porque siempre marcan (aunque sea de un modo sutil) todo lo que hacemos.

Durante mi doctorado en la Universidad Estatal de Míchigan, Martha Feldman, una profesora especializada en teoría de la organización, estaba investigando las aplicaciones prácticas de algunas ideas de Giddens. En la mayoría de las investigaciones se considera que los recursos son «objetos inalterables» que queremos adquirir; nuestra interacción con ellos no modifica su valor, estipulado por grandes estructuras como las normas, las tradiciones o los reglamentos. Sobre esa base, si se quiere conocer el potencial de éxito de cualquier proyecto —sea contratar personal, abrir una empresa o planear el futuro de un adolescente—, solo hay que analizar los recursos disponibles. Visto así, de la basura nunca se obtendrá nada porque, precisamente, siempre es basura.

Pero la profesora Feldman entendía los recursos de otra forma: en lugar de centrarse en su valor preestablecido, hizo hincapié en cómo los utilizan las personas. Es evidente que todo posee ciertas cualidades intrínsecas —por ejemplo, una roca pesa más que un guijarro—, pero aquellas son un simple punto de partida en cuanto al valor. Así, una roca se puede usar como proyectil o de simple pisapapeles.

Feldman sostiene que casi todos los recursos, tangibles e intangibles, poseen un potencial, pero que para satisfacerlo requieren alguna acción. Eso nos hace darnos cuenta de que no son algo ajeno, simples cosas que salimos a buscar, sino que los creamos y les damos forma.

Así, Jenny Dawson da valor a los recursos porque compra, cocina y pone en conserva materias primas a priori de poco valor, y luego las distribuye y comercializa como productos gourmet. Gracias a ello ha generado un protocolo para reciclar productos desechados y ha difundido ciertas ideas sobre el despilfarro de alimentos. Esto, a su vez, le permitió crear una empresa con futuro y dedicarse a algo más satisfactorio que, al tiempo, contribuyera a paliar un problema social.

Pero no solo las acciones individuales aportan valor a los recursos. La investigación de la profesora Feldman desveló que los sistemas sociales —desde empresas a centros educativos o incluso las propias familias— también pueden hacerlo, y de muchas formas. En este sentido, mi colega Utpal Dholakia y yo analizamos cómo afectaba este tipo de ideas a un contexto complicado como es un proceso de cambio organizacional; en estas situaciones, la dirección suele ver a los trabajadores como una especie de resistencia que se niega a cooperar. Pero ¿siempre es así?

Nosotros analizamos el funcionamiento de una gran empresa (a la que llamaremos, de forma ficticia, EntertainCo), cuya estrategia de distribución combinaba un sistema de tiendas en centros comerciales con amplios locales independientes. A comienzos de la década de los noventa, la compañía reinvirtió los beneficios de ese primer sistema en el segundo; uno y otro funcionaban de manera casi autónoma, con marcas y equipos directivos diferentes. Pero, a finales de siglo, el aumento de la competencia y una mala gestión de las tiendas de los centros comerciales dieron como resultado varias anualidades de pérdidas en ese sistema. Por eso se optó por renombrar la marca y hacer reajustes en las tiendas pequeñas para ponerlas a la altura de los grandes locales.

No obstante, para Rebecca Rogers (una trabajadora de la empresa) ese cambio no podía ser más erróneo: renombrar las tiendas de los centros comerciales confundiría a su clientela y acabaría de golpe con la estupenda trayectoria del departamento encargado de esa red comercial. Rebecca no entendía la finalidad de esos cambios y se preguntaba si todo aquel esfuerzo no sería una completa pérdida de tiempo y dinero. Se repetía, en fin, la típica historia de «resistencia al cambio». Rebecca consideraba que los planes de la empresa provocarían resultados negativos al malgastar recursos para obtener un rendimiento escaso.

A pesar de contar con la misma experiencia, Brianna Baldwin, compañera de Rebecca que trabajaba en la misma tienda que ella, en un centro comercial a las afueras de Pittsburg (Pensilvania), tenía una opinión muy distinta de lo que estaba ocurriendo. Ella creía que, aunque los reajustes supondrían más trabajo, el «reconocimiento del cliente» y su fidelidad se incrementarían y eso generaría «más beneficios de marketing», lo que, a la postre, llevaría a sacar más partido a los recursos publicitarios de la empresa.

¿Cómo es posible que dos mujeres con un puesto similar, que trabajaban para la misma empresa y en la misma tienda, tuvieran opiniones tan distintas sobre esa iniciativa? Y, lo que es más importante, ¿cómo influirían ambas actitudes en los planes de la compañía?

Para saberlo, Dholakia y yo recurrimos a 159 trabajadores de 45 tiendas y les pedimos participar en una encuesta sobre el proyecto. A partir de ahí analizamos tres recursos psicológicos que los expertos consideran esenciales para lograr el éxito del cambio organizacional: el compromiso con el cambio, la autoeficacia —la confianza en la propia capacidad para afrontar un cambio— y la psicología de la propiedad —que, como vimos antes, permite a los trabajadores experimentar un cierto sentimiento de pertenencia sobre su tienda—[*]. A continuación,

---

[*] Lo que hicimos fue medir el grado de identificación de los empleados con sus tiendas. La literatura científica considera que esta identificación es similar, desde el punto de vista conceptual, al sentimiento de propiedad, que suele implicar una fuerte identificación con la propiedad. Por ejemplo, preguntamos a los empleados: «Cuando os referís a la tienda, soléis usar el pronombre *nosotros* en vez de *ellos*?».

evaluamos los comportamientos de quienes apoyaban el proyecto de cambio; estas conductas iban desde seguir las instrucciones hasta elogiar la iniciativa en público.

Los resultados nos sorprendieron, porque descubrimos que existían interpretaciones muy distintas sobre ese esfuerzo para cambiar. Algunos trabajadores, como Rebecca, pensaban que la iniciativa carecía de recursos suficientes, que la empresa debía invertir más en marketing o que el cambio perjudicaría a la marca. En cambio, Brianna y otros consideraban que ese cambio sacaría un mayor partido de los recursos, incrementaría la satisfacción de los clientes y dotaría a los empleados de más seguridad en su puesto y oportunidades profesionales. Pero entonces ¿quién tenía razón?

En realidad, ambas opiniones eran correctas, aunque cada una tenía consecuencias distintas sobre los trabajadores.

Quienes eran del «bando» de Rebecca terminaron agotando sus propios recursos psicológicos (autoeficacia, compromiso y sentimiento de propiedad); por el contrario, las personas con una actitud similar a la de Brianna potenciaron sus recursos psicológicos.

Pero la clave de todo esto fue que los trabajadores para quienes esa iniciativa aprovechaba mejor los recursos de la empresa (y que gozaban de mayores recursos psicológicos) se esforzaron mucho más para que el proceso culminara con éxito. Es decir, hubo gente para la que una situación compleja como aquella resultó en una forma de potenciar sus recursos psicológicos y, además, de contribuir al éxito de la empresa.

CAMBIAR TU PUNTO DE VISTA PARA ESTIRAR LOS RECURSOS

Ethan Peters, Phil Hansen, Bob Kierlin y Jenny Dawson aprendieron a aprovechar sus recursos de distintas formas, pero todos ellos fomentaron y difundieron una perspectiva que les permitía sacar más partido a lo que ya tenían. Así, gracias al sentimiento de propiedad, Ethan Peters recicló un artículo defectuoso y lo convirtió en uno de los más vendidos; Phil Hansen, por su parte, aceptó sus limitaciones físicas y materiales, y estimuló su creatividad para pintar con su cuerpo; Bob Kierlin aplicó a gran escala la austeridad que le habían inculcado sus padres y construyó una de las empresas de mayor éxito del país, con un rendimiento bursátil extraordinario; y la búsqueda de desechos de Jenny Dawson demostró que incluso lo que se puede hallar en un vertedero tiene un potencial que no todo el mundo es capaz de apreciar.

Las personas que saben estirar los recursos aprecian belleza y valor donde los demás solo ven objetos inútiles. Demasiado a menudo valoramos, interactuamos con y usamos los recursos «al pie de la letra», es decir, nos limitamos a emplearlos de una forma convencional. Pero si adoptamos una mentalidad de aprovechamiento podremos utilizar todo el potencial de los recursos disponibles. Se trata de reconocer su valor oculto y esforzarse para sacarle partido. Una vez hecho este cambio, desarrollaremos ciertas aptitudes que nos facilitarán la labor de estirar los recursos, algo que ahora, al parecer, ya sabemos hacer.

CUATRO

SAL AHÍ FUERA

═══════════

EL ARTE DE SABER UN POCO DE TODO

L a película de 2004 *Napoleon Dynamite,* en la que Jon Heder interpreta a un joven marginado que ayuda a su mejor amigo a ganar las elecciones a delegado de su clase, ha sido una de las más vistas (y polémicas) de Netflix, porque mostraba un humor ácido y corrosivo que atrae a muchos fans, pero que, al mismo tiempo, escandaliza a la crítica.

Netflix recaba muchos datos de sus usuarios para luego recomendarles otros contenidos que puedan ser de su agrado. *Napoleon Dynamite* generó más de dos millones de valoraciones, lo que proporcionó mucha información para mejorar los complejos algoritmos del sistema de recomendaciones de esta plataforma. El problema es que dichas valoraciones estaban muy polarizadas: de un máximo de cinco estrellas, algunos usuarios dieron la puntuación más alta y otros la mínima (una estrella). Incluso amigos con los mismos gustos cinematográficos discreparon en este caso concreto.

Joe Sanders, responsable del sistema de recomendaciones de Netflix, se encarga de la mejora de este algoritmo, llamado Cinematch. Dicho software, que vincula las preferencias de los usuarios con otros contenidos, fue el causante directo del 60% de las elecciones de películas en Netflix durante el año 2006. Por eso, si mejoraba el motor de recomendaciones los usuarios estarían más satisfechos y aumentaría su fidelidad, lo cual contribuiría, a su vez, a que mantuvieran su suscripción a la plataforma o incluso contratasen un plan superior.

Sin embargo, a pesar de sus esfuerzos, los expertos en programación del equipo de Sanders no fueron capaces de mejorar el algoritmo Cinematch. Aun así, y ante la necesidad imperiosa de conseguirlo, Sanders decidió no contratar a más ingenieros ni externalizar esa labor a una empresa especializada. En vez de eso, a instancias del director general, Reed Hastings, se inspiró en una estrategia muy distinta que había utilizado otro Napoleón anterior.

En 1869, el emperador Luis Napoleón III tenía un enorme problema: la Revolución Industrial había provocado que en Francia la población rural emigrase a las ciudades. Pero los habitantes de las urbes no producían sus propios alimentos, de modo que ese éxodo rural generó un fuerte aumento en el coste de los alimentos, incluso de uno básico de la dieta francesa: la mantequilla. Ante el hartazgo de los ciudadanos por la inflación, el emperador ofreció una recompensa a quien encontrara una alternativa más barata a la mantequilla, con sabor, textura y valor nutritivo idénticos. Al final, aquel concurso de innovación hizo que la misma nación que nos había regalado los pasteles de mantequilla inventara la margarina y, además, nos enseñara a confiar en los extraños para resolver algunos de nuestros problemas más complicados.

De modo que, siguiendo los pasos de Napoleón III, Netflix organizó su propio concurso de innovación, al que llamó Netflix Prize, y ofreció un premio de un millón de dólares al primer equipo de programadores que mejorara en un 10% el rendimiento del motor de recomendaciones. La empresa facilitó a los concursantes los datos que había recabado en los últimos siete años y un millón y medio de calificaciones de películas. Semejante reto tecnológico (por no hablar del premio) atrajo a las mentes más brillantes de prestigiosas empresas y universidades de todo el mundo… y también a alguien llamado Gavin Potter.

Gavin acababa de dejar su trabajo como investigador operativo y responsable de mejora del rendimiento de sistemas informáticos, después de que IBM adquiriera su empresa, PricewaterhouseCoopers. Entonces anunció en su humilde blog que pensaba presentarse al concurso de Netflix: «Voy a tomarme en serio el Netflix Prize. Parece divertido. No estoy seguro de lo que conseguiré, ya que no soy académico ni matemático». Como se enfrentaba casi solo al reto, llamó a su equipo *«Just a Guy in a Garage»* («un tío en un garaje»), un nombre muy adecuado para la rudimentaria infraestructura de su proyecto, a saber: el dormitorio de su casa en Londres, su hija adolescente como asesora matemática y un viejo ordenador de sobremesa Dell que no encendía por las noches porque el zumbido del ventilador interrumpía el sueño de la familia.

Más de 5000 equipos presentaron distintas soluciones. En comparación con el resto, el de Gavin Potter carecía de la formación, el personal, el apoyo institucional, la potencia informática y los contactos suficientes. En realidad, tampoco sabía cómo programar los complejos modelos informáticos que expertos con muchos más recursos estaban empleando para competir por el premio. Pero él se preguntó: «¿Qué puedo hacer para resolver este problema sin conocimientos matemáticos?». Y resultó que podía hacer bastante.

Durante sus estudios en la Universidad de Oxford, Potter había leído los trabajos del psicólogo cognitivo Amos Tversky y el premio nobel Daniel Kahneman. Tversky y Kahneman fueron pioneros en el campo de la «economía conductual» y algunas de sus investigaciones pusieron en evidencia que el ser humano suele comportarse de manera irracional. En uno de sus estudios más influyentes, los participantes hacían girar una ruleta de la suerte con cien sectores (donde había números del 0 al 100) e intentaban acertar preguntas como el número de países africanos que formaban parte de las Naciones Unidas. Los resultados demostraron que el lugar donde se detenía la ruleta influía en las respuestas. Por ejemplo, si lo hacía en el 10, la estimación media del número de países africanos fue de 25; en cambio, cuando se detenía en el número 65, esa media aumentaba a 45. Ni siquiera una recompensa económica por acertar alteró esos resultados. Los investigadores llamaron a ese fenómeno *efecto de anclaje* (o heurístico de anclaje y ajuste), porque los sujetos basaban sus predicciones en datos irrelevantes para el tema en cuestión; en este caso, el número que figuraba en el sector de la ruleta donde esta se había detenido.

De manera similar, para Gavin el Netflix Prize se parecía más a un rompecabezas donde encajar esas diferentes piezas de la irracionalidad humana que a un ejercicio de matemáticas o de programación. Pensó que el efecto de anclaje también se manifestaría al valorar una película de Netflix. Por ejemplo, si alguien veía un film que le gustaba mucho y, a continuación, otro que no le gustaba, la primera película influiría en la valoración de la segunda; y viceversa. Al tener en cuenta el modo en que la psicología influye en las valoraciones, Potter mejoró el algoritmo de Cinematch en un 9,06 % con respecto a los expertos de Netflix. Sus resultados le permitieron competir por el premio (al final quedó en decimoséptimo lugar), pero, sobre todo, su novedoso punto de vista ayudó al resto de equipos a superar el umbral del 10 % necesario para llevarse el premio.

En una conferencia que se celebró durante el concurso, Potter compartió su enfoque con otros participantes que intentaban solucionar el problema como si fuera de tipo matemático o informático. Así fue como los finalistas incorporaron su método y el equipo ganador superó el 10 % mínimo apenas veinte minutos antes que el subcampeón.

El punto de vista no convencional de Gavin Potter no solo le llevó a obtener un resultado notable, sino que además contribuyó de manera decisiva al trabajo de otros participantes. Sin embargo, Potter me dijo que solo lamentaba «no haberme unido a uno de los equipos de matemáticos, porque lo fundamental es la diversidad».

En este capítulo, mostraré dos formas muy distintas de usar la *expertise*, una combinación de experiencia y pericia, para tener éxito: la primera se basa en el sentido común y la sabiduría popular. Todo el mundo ha oído hablar muchas veces de las ventajas de la especialización, tanto en los estudios universitarios como en la trayectoria profesional. No obstante, elegir un camino tan concreto tiene un precio y, para demostrarlo, describiré un estudio en el que se exponen algunos puntos ciegos de esta opción. Luego expondré una segunda forma, mucho menos intuitiva, de usar la *expertise* para tener éxito: poseer distintas capacidades, conocimientos y recursos.

Aunque nos resulte contradictorio, una persona polifacética puede ayudar a los especialistas a resolver un problema de su ámbito, en especial si es complejo. La clave para que alguien logre buenos resultados es la diversidad de conocimientos que posea.

Este tipo de personas siguen lo que yo llamo *multi-c* o «regla de las competencias múltiples». En pocas palabras, diversificar tu experiencia te ayudará a aprovechar mejor tus recursos. Como las personas ajenas a una determinada disciplina tienen otros puntos de vista, pueden usar los recursos de forma distinta para resolver problemas que los expertos en esa materia son incapaces de abordar, porque están cegados por la estrechez de su especialidad. Así pues, como diversificar las capacidades ofrece muchas ventajas, al final del capítulo explicaré de qué modo un experto puede cultivar el enfoque de una persona polifacética para aprovechar mejor los recursos.

DONDE NO LLEGAN LOS EXPERTOS

Una corriente de investigación psicológica que popularizó el libro *Fuera de serie*, de Malcolm Gladwell, defiende que ser experto depende de la práctica —para ser exactos, de unas 10.000 horas de práctica—

y no del talento innato. Según Gladwell, aparte de la práctica, los expertos tienen acceso a ciertos aspectos extra, como la formación o un equipo de trabajo, que les proporcionan algunas ventajas sobre el resto. Este argumento tiene sentido; pero piénsalo: ¿10.000 horas de práctica en algo garantizan el éxito?

Si lo analizamos con más detenimiento, muchos de los ejemplos que Gladwell pone para respaldar la regla de las 10.000 horas se refieren a juegos con reglas estrictas y en gran medida invariables, como el hockey o el ajedrez. Sin duda, en ellos la práctica permite alcanzar la excelencia, porque conlleva aprender los entresijos del juego. Pero en otro tipo de contextos sin reglas fijas no es tan relevante practicar, porque es difícil llegar a ser experto en algo que siempre está cambiando.

Brooke Macnamara (de la Universidad de Princeton), David Hambrick (de la Universidad Estatal de Míchigan) y mi colega Fred Oswald revisaron todos los estudios empíricos en los que se medía la relación entre el número de horas de práctica y el rendimiento en una actividad. Su metaanálisis incluyó 88 estudios y 11.135 participantes.

Tras analizar tal cantidad de datos descubrieron que en los juegos con reglas estrictas, como el ajedrez o el Scrabble, la práctica es un factor clave para el rendimiento, aunque quizá menos de lo que cabría esperar; en realidad, solo influye un 26% en dicho rendimiento. Con respecto a la música y los deportes, los porcentajes son algo inferiores: la práctica tiene una influencia del 21% en el ámbito musical, mientras que en el deportivo es del 18%. Pero los resultados de este estudio fueron mucho más reveladores en cuanto a los contextos menos sujetos a reglas o en los que estas cambian de manera constante.

En el caso de la educación —por ejemplo, un grupo de universitarios que intenta sacar la mejor nota— la práctica solo representaba el 4% del rendimiento final. Y en el caso de profesiones como la de comercial, programador o piloto la cifra era aún más baja: menos del 1%.

Pero ¿por qué la práctica tiene tan poca influencia sobre el rendimiento en determinados ámbitos?

Para entenderlo, Macnamara y sus colaboradores reordenaron los 88 estudios en función de su nivel de predecibilidad: áreas altamente predecibles (como correr), áreas moderadamente predecibles (como la esgrima) y áreas poco predecibles (como las emergencias aéreas). Entonces descubrieron que, en las áreas muy predecibles, la práctica explicaba el 24 % del rendimiento de una persona. Esa cifra era menor en tareas con una predecibilidad moderada (12 %) y mucho menor en las poco predecibles (4 %). Por lo tanto, a medida que los retos se vuelven menos pronosticables, es decir, conforme se parecen más a las tareas que se nos presentan en la vida real (personal o profesional), está más claro que la práctica no siempre hace al experto.

────────────

Pero, a pesar de las limitaciones que pueda tener una persona experta, con frecuencia confiamos ciegamente en ellas y nos remitimos a sus juicios para tomar decisiones respecto al trabajo, la salud, la economía o la educación de nuestros hijos. Es decir, aunque la investigación ha revelado que la práctica solo explica el rendimiento hasta cierto punto, los expertos siguen siendo una fuente fiable de consulta. Sin embargo, no siempre están en posesión de las respuestas adecuadas.

Desde nuestra más tierna infancia situamos a los expertos en un pedestal. Mis hijas creen que sus profesores lo saben todo, porque las recompensas o los castigos que reciben dependen de su capacidad para adaptarse al mundo del docente. Más tarde, cuando necesitamos ayuda en el trabajo, siempre recurrimos a este tipo de perfiles: el informático, el analista financiero o nuestro jefe, que presumimos que tiene más experiencia (y, por tanto, más conocimientos) que nosotros.

Asimismo, los expertos usan ciertos símbolos para avalar su credibilidad: los médicos visten batas blancas, diversos profesionales enmarcan y cuelgan sus títulos en la pared, y los profesores tienen el despacho repleto de libros. Al mostrar sus credenciales, nos indican que saben más que nadie. Pero no siempre es así.

El psicólogo social Robert Cialdini lleva décadas estudiando los factores que nos influyen y ha descubierto que la confianza en los expertos a veces ejerce demasiada influencia. Por ejemplo, recuerda el caso de un paciente que fue al médico porque le dolía el oído derecho. El doctor se limitó a recetarle por escrito unas gotas para el oído, pero la enfermera, sin dudarlo, le aplicó las gotas... por vía anal[*]. El paciente no dijo nada y, pese al inusual modo de administrarle el tratamiento, depositó toda su confianza en los expertos, que obviamente debían de saber lo que estaban haciendo.

Aunque se podría achacar el malentendido anterior a un error sin importancia, en ciertas situaciones los expertos no están precisamente en posesión de la verdad. En este sentido, el psicólogo Phil Tetlock analizó durante veinte años los pronósticos expertos sobre algunos de los asuntos políticos más relevantes de nuestra época: la transición democrática en ciertos países, el capitalismo, el crecimiento económico, la violencia entre estados y la escalada nuclear. Tales pronósticos se dan con frecuencia en prensa y televisión, y sirven de referencia tanto a gobiernos como a empresas. Cuando Tetlock cotejó los resultados descubrió algo sorprendente: al predecir acontecimientos futuros, los expertos no son mejores que cualquier otra persona. En realidad, su especialidad no es un factor relevante; tampoco que sean de derechas o izquierdas, optimistas o pesimistas. Tetlock solo halló un factor fundamental, que aumentaba la precisión de los pronósticos.

---

[*] Se trata de un malentendido causado por la mala caligrafía del facultativo. La enfermera confundió «R ear», es decir, oído derecho, con «Rear», que en inglés significa «trasero» (nota del traductor).

Las personas que sabían «un poco de todo» y que basaban sus pronósticos en múltiples perspectivas superaban, en general, el nivel de precisión de los expertos en un determinado ámbito. Es decir, los individuos más polifacéticos son los que destacan.

¿POR QUÉ LAS PERSONAS POLIFACÉTICAS GANAN A LOS EXPERTOS?

Cuando se afronta un reto complejo, quienes han cultivado varios campos del conocimiento sobresalen respecto a los expertos que se han centrado en un solo tema. Para entender por qué, fijémonos en los expertos más valorados: los científicos, quienes, en general, son muy eficaces para resolver problemas complejos; aunque no el tipo de problemas que imaginas.

Para saber cómo abordan un problema los científicos, Lars Bo Jeppesen (de la Copenhagen Business School) y Karim Lakhani (de la Harvard Business School) examinaron una empresa a la que llamaremos InnoCentive. Dicha compañía se creó en 2001 con el apoyo del gigante farmacéutico Eli Lilly. InnoCentive emplea el *crowdsourcing* (externalización abierta de tareas) para resolver algunos de los problemas más acuciantes del planeta, desde la lucha contra ciertas enfermedades hasta el suministro de electricidad en las aldeas africanas más pobres. Cualquiera puede unirse al equipo de 350.000 especialistas registrados en InnoCentive para ayudar a otras personas y entidades que plantean una pregunta, fijan un plazo para resolverla y ofrecen una recompensa para la mejor solución.

A partir de los datos de 166 proyectos publicados en la plataforma InnoCentive, procedentes de los laboratorios de 26 empresas ubicadas en diez países distintos, los investigadores querían comprobar si las personas con mayor *expertise* para afrontar un reto específico eran las que ofrecían la mejor solución. En realidad, los resultados del estudio parecían bastante previsibles: se podría pensar que, para resolver un problema de química, los científicos con más conocimientos en esa disciplina tendrán mejores ideas que los especialistas de otros ámbitos.

Pero no fue así, sino justo lo contrario: cuanto más alejado estaba el problema de la especialidad de alguien, más probable era que esa persona lo resolviera. Por ejemplo, los biólogos solucionaron más problemas de química que los propios químicos. Y fue así porque, al igual que Gavin Potter, para abordar un problema los científicos polifacéticos usaban métodos distintos. ¿Cómo puede explicarse este fenómeno?

Fácil: los expertos presentan una desventaja clave, y es que sufren lo que mi colega de la Universidad de Rice, Erik Dane, denomina *atrincheramiento cognitivo*; es decir, no son capaces de utilizar los recursos de una forma diferente a la convencional. A medida que la gente se especializa en un campo, suele recurrir cada vez más a las fórmulas tradicionales que ha aprendido para resolver los problemas, incluso si aparece nueva información o cambian las circunstancias. Y eso lo descubrió un equipo de investigación hace más de un siglo, pero las implicaciones de este descubrimiento cayeron en el olvido… y ahí siguen.

A principios del siglo XX, la psicóloga Cheves Perky llevó a cabo una serie de experimentos para comprender cómo la visualización mental de una imagen podía interferir con la percepción de imágenes reales. Para ello, pidió a los participantes que pensaran en un objeto, por ejemplo un plátano, y luego lo imaginaran sobre una pared en blanco. Entonces, sin que los sujetos se dieran cuenta, Perky proyectaba una imagen débil (apenas por encima del umbral de percepción humano) sobre el punto de la pared donde el sujeto estaba imaginando ese objeto. Quienes no formaban parte del experimento veían enseguida la proyección al entrar en la habitación; sin embargo, la persona que había imaginado el objeto era incapaz de ver la imagen proyectada; simplemente, la incorporaba a su visión mental y difuminaba las líneas entre lo que veían sus ojos y lo que estaba imaginando.

Este fenómeno se conoce como «efecto Perky» y viene a decir que tener una imagen mental previa de algo altera la forma en que percibimos y asimilamos la nueva información.

Los sujetos del experimento de Perky no se percataron de que contemplaban la imagen real de un plátano porque, en primer lugar, se les había pedido que la imaginaran. Del mismo modo, los expertos no pueden hallar nuevas soluciones porque están sugestionados para utilizar sus recursos de forma convencional: un carpintero visualiza un martillo como una herramienta para clavar clavos y es poco probable que renuncie a ese uso tan arraigado tras miles de horas de práctica. En cambio, mi hija pequeña, que nunca ha agarrado un martillo, podría utilizarlo como rascador para la espalda o instrumento de percusión.

Existen personas polifacéticas en todos los ámbitos de la vida. Se trata de gente que ignora las convenciones que los expertos dan por sentadas: un recién llegado a una empresa, un profesional de otra disciplina o un estudiante de inglés en una clase de psicología.

Tanto en la ciencia como en otros ámbitos laborales, hay un grupo de personas que también ve restringida su participación por una razón muy injusta: las mujeres. En general, las mujeres carecen de ciertos derechos y recursos fundamentales que sí poseen los hombres. Desde luego, se trata de una situación inadmisible.

En 2015, las declaraciones sobre las mujeres del bioquímico británico Sir Tim Hunt escandalizaron a muchos de sus colegas. Durante una conferencia en Corea del Sur, este profesor del University College de Londres y premio nobel declaró que, cuando una mujer entra a trabajar en un laboratorio, surgen tres problemas: «Te enamoras de ella, ella se enamora de ti… y, cuando la criticas, se pone a llorar». El rechazo unánime de la comunidad científica y de la opinión pública obligó a Hunt a dimitir de su cargo en la universidad, pero no resolvió la cuestión de fondo: el trato a las mujeres en el mundo de la ciencia, donde son marginadas y con demasiada frecuencia no tienen acceso a la red de contactos o a la misma formación de las que disfrutan sus homólogos masculinos.

Por eso, Jeppesen y Lakhani recuperaron los datos de la investigación sobre InnoCentive para examinar a este segundo tipo de personas excluidas de la comunidad científica, es decir, las mujeres dedicadas a la ciencia que carecen de los mismos recursos que sus colegas masculinos. ¿Acaso las propuestas de estas científicas serían mejores que las de los hombres con más medios y contactos?

Los resultados mostraron que estas mujeres lo hicieron muy bien; tanto que presentaban un 23,4 % más de probabilidades de resolver un problema que los hombres. La lógica es idéntica: del mismo modo que las personas polifacéticas, las mujeres obtuvieron mejores resultados porque abordaron los problemas de forma más abierta y sin aferrarse a estrictas convenciones.

Pero, si las personas polifacéticas logran tan buenos resultados, ¿por qué no suelen formar parte de todos los equipos de trabajo? Bien, porque es muy poco probable que nadie contrate a un individuo «sin especialidad»; el motivo principal es que se los considera intrusos. Es así, sentimos más afinidad con quienes comparten algo con nosotros. Eso sin contar que, además, confiamos ciegamente en los expertos; así que, cuantos más expertos… mejores resultados.

De hecho, ¿qué harías si tuvieras que formar un equipo para resolver tus problemas particulares? ¿Contratarías a un grupo de expertos o a un conjunto de personas al azar? Seguro que si eres como la mayoría te decantarías por la primera opción. ¿Quién no elegiría al equipo de especialistas, que a priori es claro que cuenta con más recursos? Por desgracia, en la mayoría de los casos esa sería una mala decisión.

Tengamos en cuenta que los expertos suelen ser muy estrechos de miras; su *expertise* está compuesta por muchas capas similares. Por eso, al trabajar en equipo aportan conocimientos en su mayoría redundantes. En el libro *The Difference*, el politólogo y matemático Scott Page demuestra que cualquier equipo de trabajo, desde los miembros de un gobierno hasta un grupo de investigadores, suele rendir mejor si está formado por sujetos de distintas disciplinas, sobre todo porque tienen la ventaja de contar con la participación de expertos *y* personas de diferentes ámbitos. Y es que, como ya hemos visto, la diversidad de recursos presente en un equipo es el factor clave para su rendimiento, porque permite debatir de forma abierta y llegar a soluciones que integran múltiples perspectivas.

Así, aunque parezca que una persona polifacética puede aportar menos que un experto, en realidad contribuye con conocimientos muy distintos, que ha adquirido justo por no haber seguido el mismo camino que este. Para entender por qué estas personas son tan determinantes para el rendimiento, veremos en primer lugar cómo aprender a ser polifacéticos; y, en segundo lugar, cómo conectar entre sí conocimientos de diferentes disciplinas.

LA REGLA DE LAS COMPETENCIAS MÚLTIPLES O MULTI-C

En la década de los setenta, la NASA tenía entre manos un ambicioso proyecto: construir el mayor telescopio del mundo, capaz de asomarse a las zonas más oscuras y lejanas del espacio exterior. El Hubble prometía dar respuesta a las cuestiones elementales del universo: su edad y tamaño, la existencia de otros planetas, el proceso de formación de las galaxias…, además de todos los increíbles descubrimientos que siempre conlleva un gran salto científico.

De forma paulatina, el entusiasmo inicial fue disminuyendo, porque una serie de contratiempos con el presupuesto retrasaron el lanzamiento del Hubble hasta 1983. Al final, tras varios años repensando y reelaborando el diseño, los científicos de la NASA lo programaron para 1986. Pero entonces ocurrió una tragedia.

STRETCH

Cuando iba al instituto, como otros miles de estudiantes de mi edad, vi por televisión la explosión del transbordador espacial *Challenger*. Ese terrible accidente menguó el entusiasmo de la nación por la exploración espacial, lo que llevó a que el proyecto Hubble se retrasara tres años más con el fin de que la NASA garantizase que nunca más ocurriría un desastre como aquel. Los ingenieros del Hubble aprovecharon esos tres años de demora para detectar y corregir cualquier tipo de error que pudiera afectar al telescopio. Al menos, eso creían.

El 24 de abril de 1990, el transbordador espacial *Discovery* despegó llevando a bordo el telescopio Hubble; en ese momento, el mundo entero esperaba que desvelara las respuestas a algunas de las preguntas más trascendentales sobre el universo. A las pocas semanas, la comunidad científica tuvo acceso a las primeras imágenes que captó el telescopio; pero, por desgracia, no fueron buenas noticias: tras casi dos décadas de espera, el sofisticado aparato trasmitía imágenes borrosas que estaban muy por debajo de las expectativas generadas por el multimillonario proyecto.

Una investigación posterior descubrió que el espejo del telescopio tenía un defecto minúsculo, más o menos del grosor de una quincuagésima parte de una hoja de papel. Sin embargo, las consecuencias de este fallo fueron enormes. Si no lo reparaban, las imágenes del Hubble quedarían distorsionadas para siempre y tendríamos que esperar varias décadas otra vez para obtener esas respuestas.

Al poco, todas las esperanzas recaerían en un hombre que ni siquiera había acabado la secundaria, Story Musgrave. Había nacido en una granja de Stockbridge, Massachusetts, en 1935, y siempre fue un aventurero. Con apenas tres años se adentraba solo en los bosques cercanos y a los cinco se metía en el río a jugar con sus barquitos de madera. En la adolescencia se enfrentó al divorcio de sus padres y empezó a beber. Luego lo enviaron a un internado, donde se metía en constantes líos porque no soportaba la idea de estar allí ni un día más. Sus profesores nunca lo motivaron con los estudios y se marchó antes de acabar la secundaria.

Terminó trabajando como mecánico de maquinaria pesada en la construcción de la autopista Massachusetts-Turnpike. Musgrave tenía una especie de don para arreglar cosas, pero cuando finalizaron las obras de la autopista se quedó en paro. Y claro, sin ningún tipo de formación, su futuro era incierto.

Buscando una vía de escape a sus circunstancias, Story Musgrave se alistó en los Marines como electricista aeronáutico. Ese trabajo le permitía aplicar lo aprendido reparando la maquinaria pesada de las obras de la autopista. Aquel joven de 18 años adoraba la aviación y el puesto le permitía trastear con los aviones, aunque, al no tener estudios, no podía ser piloto del ejército.

Aun así, él quería serlo, así que presentó la solicitud en varias universidades, pero todas le rechazaron. Entonces fue a hablar con el decano de la Universidad de Siracusa e intentó convencerle para que le diera la oportunidad de estudiar allí. Al final lo admitieron y Musgrave se graduó en Matemáticas y Estadística.

Pero no tuvo bastante con ese primer contacto con la educación superior: llegó a tener un MBA en la UCLA, una licenciatura en Química por el Marietta College, un doctorado en la Universidad de Columbia, un máster en Fisiología y Biofísica por la Universidad de Kentucky y otro en Literatura por la Universidad de Houston. De camino, también obtuvo su licencia de piloto y empezó a volar para el ejército.

Por tanto, cuando vio una oferta de la NASA que solicitaba científicos que quisieran viajar al espacio, ya tenía en su haber distintas experiencias laborales —como matemático, programador informático, neurocientífico y piloto—. Pensó que aquel empleo sería una buena oportunidad para «aprovechar las habilidades adquiridas». En ese momento comenzó para él una carrera profesional de más de 30 años en la NASA, mientras seguía trabajando como traumatólogo tres días al mes.

Su capacidad para reparar cualquier cosa, desde un brazo roto hasta una fuga en un avión, sería decisiva para el éxito del proyecto

Hubble. Musgrave era el mecánico y el especialista en carga útil de la misión, y llegó a reconocer que ser designado para reparar el telescopio fue extraño y, al mismo tiempo, obvio: «No era uno de los astrofísicos, astrónomos, físicos ópticos, ingenieros u otros especialistas que habían desempeñado un papel crucial en el proyecto».

No, no lo era; pero, en vez de ser experto en una disciplina concreta, Musgrave había acumulado décadas de experiencia que le prepararon para afrontar mejor que nadie aquella situación. Como él mismo dijo: «Es un ejemplo perfecto para explicar la creatividad que se obtiene si combinas el conocimiento de múltiples disciplinas con la mejor tecnología disponible».

La misión para reparar el Hubble duró once días y fue una de las más complejas que jamás haya abordado la NASA, porque requirió que una sola tripulación diera cinco paseos espaciales consecutivos. Musgave hizo tres de ellos y pasó un total de 22 horas reparando los defectos del Hubble, con la misma habilidad que un médico tratando de reanimar a un paciente en estado crítico. Cuando le preguntaron por qué había dejado de trabajar a tiempo completo como cirujano, Musgrave respondió: «Para poder operar al Hubble, por supuesto».

La capacidad que demostró Musgrave para resolver un problema complejo con la ayuda de su amplio bagaje disciplinar es el ejemplo ideal para explicar la regla de las competencias múltiples o *multi-c*: aprender distintas materias flexibiliza la forma de apreciar los recursos y estimula el pensamiento divergente para abordar los problemas de formas muy diferentes. Musgrave se tomó la misión del Hubble como si se tratara de una operación quirúrgica; eso le permitió utilizar su experiencia como médico para reparar el telescopio defectuoso.

En la actualidad, este tipo de perfiles es una *rara avis*, pero no hace tanto tiempo nuestra sociedad los fomentaba y premiaba a la gente como Musgrave. Existen múltiples ejemplos de ello: Leonardo da Vinci —que fue pintor, arquitecto, músico, matemático, ingeniero, inventor y anatomista—, Benjamin Franklin —escritor, impresor, politólogo, director general de servicios postales, científico y diplomático—, Mary Somerville —astrónoma, matemática y geóloga— o, más recientemente, Paul Robeson —cantante, futbolista, abogado y activista social—. En cambio, hoy en día la tendencia a especializarse presenta el problema de que solo incrementa el conocimiento en un ámbito cada vez más restringido. Resulta irónico, pero uno de los responsables de que la sociedad renunciara a ese tipo de perfiles fue uno de sus más fervientes partidarios, Adam Smith.

———————————————

Adam Smith nació un día de verano de 1723 en la ciudad de Kirkcaldy, Escocia, y fue uno de los grandes pensadores de su época. A los catorce años empezó Filosofía en la Universidad de Glasgow y más tarde recibió una beca de posgrado para Oxford, donde el ambiente universitario le pareció demasiado asfixiante. Se pasaba el día en la biblioteca, aprendiendo de forma autodidacta otras disciplinas con las que más tarde contribuiría a ramas del conocimiento tan diversas como filosofía, historia, administración, filología, astronomía o su aportación clave, la economía.

En su obra *La riqueza de las naciones*, Smith reveló muchos de los principios que siguen marcando el pensamiento económico actual. Aparte de acuñar en ella su reconocido concepto de la *mano invisible* —la idea de que el interés propio conduce de manera involuntaria al bien común—, ese libro también contiene una idea menos reconocida, pero igual de potente: la referente a la división del trabajo.

Smith plantea su idea con el ejemplo de un resuelto fabricante de alfileres. Para producir un solo alfiler, este señor invierte una jornada laboral completa. Sin embargo, Smith observó que existía una forma más rentable de fabricar alfileres: dividir las tareas necesarias y asignar a una persona para cada tarea; por ejemplo, extraer el alambre, enderezarlo, cortarlo, afilarlo, etc. A medida que cada operario ejecuta su tarea una y otra vez, se convierte en un especialista que apenas comete errores y que, además, optimiza poco a poco el tiempo necesario para completarla; es decir, mejora su rendimiento y se equivoca menos. Empleando esta fórmula, Smith estimó que diez personas especializadas en cada tarea podrían producir casi 50.000 alfileres al día.

No hay duda de que la división del trabajo y su popularización durante la Revolución Industrial marcaron el inicio de una época de expansión económica. El problema, como señala el sociólogo Robin Leidner, es que, si bien la división del trabajo especializó a los obreros en distintas labores del sector manufacturero, pronto este método se aplicó por igual a todo tipo de ocupaciones. Así, la creciente especialización —incluso en el ámbito intelectual— fomentó la aparición de expertos que desconocían cualquier cosa que quedara fuera de su disciplina.

Si existe un cargo de responsabilidad donde cabría esperar que se valorara la diversidad de conocimientos, en detrimento de la especialización, ese sería sin duda la dirección de una compañía, ya que un gerente necesita entender y conectar diferentes áreas. Sin embargo, la división del trabajo dificulta el desarrollo de las múltiples disciplinas indispensables para gestionar una empresa. Aun así, resulta que las personas con una amplia *expertise* obtienen grandes recompensas.

En un estudio dirigido por la profesora Cláudia Custódio y su equipo, se analizaron los currículos de varios ejecutivos de grandes, medianas y pequeñas empresas, y se evaluó en qué medida cada cual cumplía la regla de las competencias múltiples o *multi-c*. Se recabaron datos sobre 4500 directores generales que en el pasado habían ocupado 32.500 puestos distintos; luego se elaboró un «índice de diversidad» basado en cinco factores: el número de empleos en diferentes áreas como la producción, el marketing y los recursos humanos; el número de empresas para las que habían trabajado; la variedad de conocimientos sobre el sector; las experiencias previas con el pensamiento holístico o de amplio espectro; y los conocimientos sobre gestión empresarial. Además, se tuvieron en cuenta otras variables como la edad, la antigüedad y la formación académica. A continuación, el equipo de investigación dividió a los ejecutivos en dos grupos: quienes respetaban la regla de las competencias múltiples, es decir, los que obtuvieron una puntuación superior a la media en el índice de diversidad, y los que no.

Los resultados revelaron que entre ambos grupos existía una gran diferencia salarial: quienes estaban por encima de la media obtuvieron un incremento de sueldo del 19% en primas, lo que se traduce en alrededor de un millón de dólares más al año. Los aumentos eran diferentes en cada sector, pero los investigadores observaron que, cuando los requisitos de un puesto implicaban tareas más complejas, como gestionar una fusión o una adquisición —es decir, situaciones cambiantes donde, según la profesora Macnamara, los expertos rinden peor—, quienes puntuaron más alto en diversidad habían logrado un incremento salarial del 44%.

Así pues, al igual que esos directivos multidisciplinares que ganan un buen sueldo por respetar la regla de las competencias múltiples, el resto también nos topamos con situaciones complejas en las que podríamos sacar partido de una mayor variedad de aptitudes. En su libro *A Whole New Mind*, Daniel H. Pink dice lo siguiente: «Antes, la especialización garantizaba el éxito, pero en la actualidad las mayores recompensas son para quienes pueden actuar con la misma determinación en ámbitos muy diferentes». Sin embargo, para quienes no están en la cima profesional la receta de Pink no es útil; y no lo es porque, aunque suene paradójico, Adam Smith tenía razón: la división del trabajo incrementa la productividad de las empresas porque las personas se ven forzadas a especializarse en lugar de adquirir competencias múltiples. En realidad, este modelo productivo aumenta el rendimiento —gracias a él se puede construir más, vender más y prestar más servicios, como le sucedía a la fábrica de alfileres del ejemplo de Adam Smith—, pero al mismo tiempo impide que los trabajadores adquieran las aptitudes necesarias para desarrollarse y ayudar a su empresa en situaciones complejas.

No obstante, tengo una buena noticia: incluso alguien muy especializado puede adoptar una perspectiva más abierta o multidisciplinar. A continuación, aprenderás a ampliar tu punto de vista para enfrentarte a problemas complicados. De este modo, si adquieres más conocimientos, incrementarás las posibilidades de éxito para ti y también para los demás.

AMPLÍA TUS HORIZONTES

El 24 de marzo de 1989, el Exxon Valdez encalló en la bahía Prince William Sound, en Alaska, y vertió más de 37.000 toneladas de crudo en un delicado ecosistema donde habitan salmones, nutrias de mar, focas y todo tipo de aves marinas. Ese accidente fue una de las mayores catástrofes medioambientales provocadas por el ser humano y sus consecuencias afectarían la zona durante décadas. Tras el trágico incidente, el Congreso de los Estados Unidos creó el Oil Spill Recovery Institute (OSRI) para investigar cómo evitar que, en el futuro, los vertidos de petróleo tuvieran repercusiones tan funestas.

Como director de investigación del OSRI, el trabajo de Scott Pegau consistía en hallar el modo de limitar el impacto de este tipo de accidentes. El vertido del Exxon Valdez le había enseñado que una de las prioridades en esta clase de catástrofes es gestionar los problemas que provoca el petróleo en contacto con aguas heladas. Esto es así porque, en las aguas del Ártico, el crudo genera una mezcla de lodo y hielo que dificulta la recuperación de las zonas afectadas. Por desgracia, todos los expertos se habían quedado sin ideas para resolver el problema.

Así pues, sin solución alguna sobre la mesa, Scott Pegau recurrió a la plataforma InnoCentive —la misma empresa que habían estudiado Jeppesen y Lakhani— para ver si su extensa plantilla de colaboradores podía encontrar una respuesta. Ofreció un premio de 20.000 dólares y dejó abierta la participación tanto a expertos de ese ámbito como a personas de otras disciplinas.

John Davis, un químico de Bloomington (Illinois), no sabía mucho sobre vertidos de petróleo ni sobre el sector energético. Sin embargo, había trabajado un verano vertiendo hormigón y aprendió que los vibradores hacían más fluido y líquido el cemento cuando el material empezaba a solidificarse. Davis se preguntó si ese método podría evitar que el petróleo se congelara y, en cambio, siguiera moviéndose en estado líquido. Y entonces, pese a ser ajeno a esa disciplina, se le ocurrió una solución que los expertos ni siquiera habían considerado.

Tras evaluar más de veinte propuestas, Pegau seleccionó la de Davis. Como me dijo aquel, si el problema hubiera sido «fácil de resolver para la gente del sector, lo habrían resuelto. Hay veces que te preguntas: ¿por qué no se me ocurrió a mí? En realidad, me alegro de haber pedido más opiniones».

Porque Scott Pegau hizo algo poco común: solicitó ayuda a expertos de otras disciplinas. John Davis no sabía mucho de ese tema, pero sí sabía algo que Pegau y su equipo de expertos ignoraban. Y así, a pesar de trabajar en dos ramas del conocimiento tan lejanas como la distancia que separaba sus hogares, estos dos hombres unieron sus fuerzas gracias a lo que los sociólogos llaman «micromundos». Esta teoría sostiene que vivimos en burbujas aisladas de conocimientos, relaciones u otros recursos, pero que, aunque resulte sorprendente, no es necesario salir de ellas para conectar con otros micromundos.

En este sentido, no existe entidad o grupo de personas más hábil para salir de su zona de confort que la empresa de ingeniería y diseño californiana IDEO. Durante varios años, el profesor Andrew Hargadon y su colega Robert Sutton llevaron a cabo un trabajo de campo entrevistando a los empleados de IDEO para tratar de entender cómo eran capaces de encontrar siempre soluciones ingeniosas a los complejos problemas que se les presentaban. Y gracias a su investigación obtuvieron una respuesta inequívoca: la empresa estaba organizada de modo que sus empleados acotasen el mundo, lo redujeran aplicando sus conocimientos a disciplinas ajenas.

Para ello, IDEO y sus trabajadores empleaban materiales que tenían un propósito inicial concreto, convencional, para resolver otros problemas surgidos en situaciones muy distintas. Hargadon y Sutton enumeran cuatro pasos fundamentales para que una persona pueda aprovechar todos sus recursos en un nuevo escenario:

En primer lugar, debe descubrir su entorno; es decir, adquirir otros conocimientos que le permitan crear una base de datos y generar nuevas ideas sin un propósito definido, pero que satisfagan su curiosidad. Por ejemplo, en IDEO los empleados suelen visitar diferentes espacios —tan variopintos como una ferretería, el Salón de la Fama de Barbie o un desguace de aviones—. Este tipo de excursiones pueden parecer extrañas, pero se trata justo de eso: su objetivo es hacer más compleja su visión del mundo. Las personas que no están limitadas por su disciplina no se rigen por las mismas convenciones que los expertos, porque, en vez de tener una base de conocimientos típica, crean una amplia red de recursos. En otras palabras, como dijo Thomas Edison: «Para inventar algo se necesita imaginación... y un montón de chatarra».

En segundo lugar, debe asegurarse de que esos nuevos recursos sean accesibles y estén siempre presentes. Es muy fácil pasar por alto lo que sabemos o tenemos a nuestro alcance, y eso nos impide establecer conexiones entre los recursos utilizados en el pasado y los problemas del presente. En IDEO, para explicar este concepto usan como ejemplo a los curadores de un museo, es decir, los profesionales que se encargan de catalogar y proteger un conjunto de materiales diversos o proyectos previos, como prototipos, bocetos, equipamiento y notas. Hay gente que prefiere acumular recursos para su propio beneficio, pero las personas polifacéticas dependen de compartir sus conocimientos para aprender.

En tercer lugar, ha de usar el razonamiento analógico. Por ejemplo, John Davis enfocó el reto del vertido de petróleo como si se tratara de un problema con el hormigón. Esa forma de pensar le permitió recurrir a una experiencia que no estaba relacionada con ese asunto para hallar la solución a una situación similar.

En IDEO proporcionan a sus trabajadores un espacio abierto para que escuchen los problemas ajenos. De esa forma, se estimula la creación de vínculos analógicos con el trabajo que desempeñan otros miembros de la empresa. Sucedió que, mientras Hargadon y Sutton entrevistaban a dos ingenieros encargados de diseñar una maquinilla de afeitar que incluía un aspirador para el pelo que iba cortando, un compañero que había oído la conversación se acercó con algunas ideas para afrontar un reto similar: cómo dar salida al humo que desprende un bisturí eléctrico al cauterizar heridas en la piel. Así, utilizando las analogías para relacionar problemas similares que a primera vista parecen diferentes, la empresa y sus trabajadores han resuelto gran parte de los nuevos retos a los que se enfrentan.

Por último, esa persona debe poner a prueba sus ideas una y otra vez, sin esperar que todas tengan éxito. IDEO tiene un historial repleto de fracasos, así que experimentar con ellos les sale bastante barato. En realidad, el problema se basa en el *aumento del compromiso* (ver capítulo 2), que explica por qué nos cuesta tanto renunciar a ciertas ideas, pese a tener pruebas de que no funcionan.

Por tanto, cuando somos capaces de ampliar nuestros horizontes apreciamos en mayor medida lo que tenemos; y cuando destruimos las barreras que limitan la circulación de nuestros conocimientos en distintas áreas, los retos (a corto y largo plazo) se vuelven más asequibles. Las personas polifacéticas juegan muy bien este papel, pero aunque tengas una amplia experiencia en una disciplina en concreto puedes llegar a adquirir más conocimientos en otras muchas.

INCLUSO LOS EXPERTOS PUEDEN ADQUIRIR NUEVAS COMPETENCIAS

Uno de los principales obstáculos para aprender múltiples competencias es que tenemos muy buenas razones para especializarnos en una disciplina concreta. Es difícil ser médico, contable, abogado o arquitecto de cierto nivel si no inviertes muchas horas en ello. Y es así porque las estructuras educativas y las profesionales potencian la división del trabajo y nos empujan a especializarnos. Pero, al mismo tiempo, resulta fundamental que los expertos adopten un punto de vista externo y que tanto empresas como escuelas de formación, universidades y la propia Administración fomenten este tipo de esfuerzos.

Ampliar tu horizonte es el primer paso. Las personas expertas con mayor éxito hallan un equilibrio entre su especialidad y la regla de las competencias múltiples. De este modo se liberan de la «ortodoxia de los especialistas». Por ejemplo, Story Musgrave estudió literatura, y muchos científicos que han ganado el Premio Nobel suelen ser aficionados a las artes. De hecho, un equipo de investigación descubrió que los científicos más prestigiosos tienen más afición por el arte que el resto de sus colegas. Y personalidades como el presidente de Google, Eric Schmidt, abogan por desarrollar múltiples intereses. Para él, «el arte y la ciencia deben unirse de nuevo», como en los tiempos en los que «una misma persona podía escribir poesía y también era capaz de construir un puente». Una encuesta reciente, encargada por la Association of American Colleges and Universities, reveló que la mayoría de los responsables de recursos humanos prefieren la amplia experiencia de los polifacéticos junto a la *expertise* específica de los especialistas.

Y, por muy difícil que parezca adquirir nuevas competencias, algunos expertos lo hacen de forma innata. Uno de los principales rasgos de la personalidad contenidos en el «modelo de los cinco grandes» —las cinco amplias dimensiones que los psicólogos emplean para clasificar las diferencias humanas— es la *apertura a la experiencia*. Este rasgo se refiere al interés y la iniciativa de una persona por vivir experiencias variadas. Para medir la apertura a la experiencia, se suele pedir a los sujetos que elijan uno de cada dos adjetivos opuestos (para referirse a sí mismos): simple/complejo, pocos intereses/ muchos intereses, conformista/independiente y convencional/no convencional. Así, quienes se cierran a la experiencia están cómodos con lo tradicional y se inclinan por el primer adjetivo de los cuatro pares. En cambio, los sujetos abiertos a la experiencia tienden a elegir el segundo adjetivo en todos los casos, porque les atrae lo desconocido. Por eso pueden adquirir más experiencias e ir más allá del horizonte que ciñe su pequeño mundo.

En ocasiones, nuestras circunstancias también nos exponen a una gran variedad de micromundos: hay que mudarse, cambiar de trabajo, viajar a lugares desconocidos o toparse con algo nuevo. En un estudio reciente, se clasificaron las experiencias culturales de los participantes teniendo en cuenta la educación de los padres, el idioma, los restaurantes y músicos favoritos, así como las experiencias vitales de las amistades más cercanas. Luego se les pidió que pensaran en un regalo para un conocido y midieron su grado de originalidad. Las personas con un origen cultural más diverso eligieron obsequios mucho más originales, como un poema, mientras que quienes tenían un origen cultural más homogéneo optaron por regalos tradicionales, como unos bombones. Por tanto, los resultados de este estudio muestran que, con independencia de que sea por elección propia o por la existencia de unas circunstancias determinadas, las personas que crecen y viven en contextos diversos piensan en los recursos de una forma menos convencional.

Es cierto que otras veces tenemos que hacer un esfuerzo por buscar nuevas experiencias. Sin embargo, para lograrlo tampoco hace falta sacarse varias carreras, como Story Musgrave. A veces podemos huir de nuestro micromundo gracias a actividades como la lectura de un libro sobre otra disciplina, practicar un nuevo pasatiempo o charlar con personas de diferentes orígenes. La investigación ha evidenciado que este tipo de experiencias «fuera de la oficina» siempre son útiles para la actividad profesional. Así, en una encuesta a 179 ejecutivos de una gran compañía de seguros se evaluó en qué medida aprovechaban experiencias ajenas a su especialidad (sobre todo las vividas fuera del trabajo, en su tiempo libre) para afrontar algún reto laboral. A continuación, los investigadores preguntaron a sus colegas (los de esos ejecutivos encuestados) cómo gestionaban aquellos sus recursos. Los resultados revelaron que, cuanto más variadas eran esas experiencias fuera del trabajo, mayor rendimiento sacaban de los recursos disponibles.

APRENDER A SER MULTIDISCIPLINAR

En este capítulo hemos visto dos maneras de usar la experiencia para tener éxito. La primera consiste en especializarse en una disciplina empleando un conjunto limitado de experiencias, mientras que la segunda se basa en centrar la atención en la diversidad de experiencias. Y es que las personas con más títulos, credenciales más sólidas o mejores contactos no siempre tienen éxito. En cambio, una *expertise* basada en múltiples conocimientos o disciplinas garantiza estirar mejor los recursos.

Bien es cierto que intentar especializarse al tiempo que se adquieren múltiples competencias no tarea sencilla; por eso resulta básico contar con personas polifacéticas. Como lo natural es relacionarse con la gente que más se nos parece, hace falta esforzarse para forjar amistades y relaciones profesionales con personas de otras disciplinas, así como cambiar de perspectiva para reconocer que a veces quienes menos saben de algo son los que más aportan al equipo.

Bueno, en realidad, es muy difícil dar con gente como Gavin Potter, y más todavía tenerla en nuestro equipo. Pero los beneficios potenciales hacen que merezca la pena el esfuerzo.

Cuando el informático Yehuda Koren y los estadísticos Robert Bell y Chris Volinsky pusieron en práctica el enfoque de Gavin Potter para desatascar su proyecto y mejorar el algoritmo del motor de recomendaciones de Netflix, aún estaban muy lejos de su objetivo, que no era otro que ganar el Netflix Prize. Por eso se asociaron con otros equipos; querían diversificarse más todavía. «Aunque en ese momento parecía que la mejor opción era juntarse con un equipo que estuviera haciéndolo bien, no habríamos avanzado limitándonos a replicar mutuamente los métodos de uno y otro». Por lo tanto, prefirieron aunar esfuerzos con personas polifacéticas; y, con ello, nos dieron una gran lección: nos enseñaron que el valor de los recursos aumenta de forma exponencial cuando unimos fuerzas con personas de otras disciplinas.

CINCO

EL MOMENTO DE PASAR A LA ACCIÓN

POR QUÉ A VECES TRABAJAMOS MEJOR SIN GUION
(NI TODO EL TIEMPO Y EL DINERO DEL MUNDO)

Un día de primavera de 1991, un joven y vivaz aspirante a director de cine de 23 años llamado Robert Rodriguez aguardaba los resultados de unas pruebas médicas en el hospital. Necesitaba dinero para hacer una película y confiaba en ser seleccionado para un estudio farmacéutico consistente en estar confinado un mes en un hospital, donde se le administrarían fármacos experimentales. La recompensa no podía ser más apetecible: casi 3000 dólares. Estaba seguro de que «si sangras para ganar dinero, quiero decir, si realmente sangras para ganarlo, tendrás mucho más cuidado al gastarlo». Al final, tras superar las pruebas, se puso el uniforme que debería llevar durante un mes para el estudio: una bata verde y una camiseta roja. A partir de ese momento, pasó a ser solo Red 11.

Los responsables del estudio asignaron a cada participante a un grupo de un color y, a pesar de que todos estaban confinados, quienes llevaban camiseta roja gozarían de algunos privilegios, el más valioso y preciado de los cuales era pasar algún tiempo al aire libre. Su dieta, si bien no era exquisita, también causaba envidia en los sujetos de camiseta azul marino, cuyas restricciones alimenticias los llevaron a asaltar la despensa y a trapichear entre ellos para conseguir cosas como patatas fritas. Entre las extracciones de sangre diarias y las pausas para ir al baño, Rodriguez escribió el guion de *El Mariachi*, una película en español sobre un músico itinerante que es confundido con un criminal llamado Azul, que oculta sus armas en la funda de una guitarra.

Cuando finalizó el estudio experimental y Rodriguez recogió su cheque, se puso manos a la obra enseguida y adoptó un punto de vista original que definió un estilo de hacer películas. Hollywood tiene fama de ser el estandarte de la acumulación de recursos; los productores recurren a patrocinadores para acceder a los mejores intérpretes, al mejor equipo técnico, los efectos especiales más innovadores, los más suntuosos decorados y, en general, a un gran equipo de producción, porque creen que tales recursos son indispensables para obtener buenos resultados en su campo. De este modo, si Rodriguez pretendía seguir el método tradicional, necesitaría al menos 100.000 dólares, muchos contactos en el sector y más experiencia de la que tenía.

Sin embargo, adoptó un enfoque muy diferente. En primer lugar, hizo una lista de los recursos disponibles: el rancho de un amigo, un pitbull, preservativos que podía rellenar de sangre falsa, flexos para la iluminación, una silla de ruedas que podía usar para hacer trávelin en lugar de una plataforma móvil... y un tipo al que conoció en el hospital y para quien reservó un papel clave.

Rodriguez lo hizo casi todo menos protagonizar su película: fue guionista, cámara, responsable de montaje, diseñador de sonido y asistente de producción. «Y cuando no sabía qué hacer, me ponía a hacer cualquier cosa, me mantenía activo», decía. «Cuando empiezas, lo único que tienes es una idea... Así que tienes que pasar a la acción antes de que llegue la inspiración. Porque, si esperas a que llegue, nunca te pondrás en marcha». De manera que Robert Rodriguez se puso manos a la obra y encontró la inspiración. Porque mantenerse a la espera hasta contar con los recursos *adecuados* solo habría supuesto retrasar el rodaje o poner en peligro todo el proyecto.

Luego, cuando empezó a rodar, se salía bastante del guion. Para algunos directores estos cambios pueden retrasar la producción, pero él los convirtió en mejoras para la película. Como señaló, estirar los recursos le permitió «hacerlo mucho mejor de lo que lo habría hecho si hubiera dispuesto de todo el tiempo y el dinero del mundo».

Para una de las escenas, Rodriguez pidió prestada una ametralladora a la policía local de la ciudad mexicana donde rodó, la cargó con balas de fogueo e imaginó a Azul vaciando el cargador. Pero el arma, a falta de munición real, se atascaba. Así que, para evitar el gasto que supondría comprar armas que funcionaran, cambió el ángulo de la cámara: después de filmar la escena donde Azul salía disparando, hizo un rápido barrido para captar a las víctimas en el suelo y más tarde añadió efectos de sonido de ráfagas de ametralladora. Por otro lado, el rodaje en sí era la mayor inversión, por lo que aprovechó el montaje para recomponer el material grabado y convirtió los problemas en giros de guion. De ese modo, su película adquirió un ritmo trepidante que enamoró a la crítica. Y es que, como él dice, «acabas trabajando con lo que tienes».

Vemos aquí que, observando su entorno y adaptándose a él, Rodriguez aprovechó a la perfección los recursos disponibles. Un día, al regresar del rodaje, pasó por delante de una caseta en la que se vendían cocos con una pajita para beber su leche; pensó que de ahí podía salir una buena escena, pero no estaba en el guion. Dio igual, aprovechó la oportunidad y filmó allí la secuencia en la que el Mariachi, nada más llegar a la ciudad, compra una bebida fría. La toma resultó fantástica, pero el director cometió un error: el Mariachi se olvidó de pagar. Para solucionarlo, en vez de rodar de nuevo la escena, cambió otra vez el guion para contar que, en ese pueblo, siempre recibían a los recién llegados con una bebida gratis.

Cuando tuvo lista la película la presentó en el circuito de cine en español y llegó a un acuerdo verbal para recibir 25.000 dólares por su distribución. No era una gran suma, pero le ayudaría a financiar su siguiente película, en la que podría aprovechar lo aprendido y dar un paso más hacia su objetivo, que era ser director de cine.

Mientras esperaba en Los Ángeles a formalizar el acuerdo, hojeó la guía telefónica. Carecer de contactos, reputación y experiencia no le impediría intentar atraer la atención de una de las agencias de cazatalentos más prestigiosas del mundo. Así que llamó a la oficina de Robert Newman y, tras presentarle la idea a su asistente, les dejó un tráiler de *El Mariachi* con la esperanza de que le hicieran caso.

Pasaron tres días antes de que el teléfono sonara... y llegaran buenas noticias: a Newman le había encantado el tráiler y quería saber cuánto le había costado hacerlo. Cuando Rodriguez le dijo que unos 7000 dólares, Newman se quedó impresionado con la capacidad de aquel joven prodigio y le dijo que la mayoría de los tráileres costaban entre 20.000 y 30.000 dólares. No sabía que Rodriguez se refería al presupuesto de toda la película.

A la postre vino bien que el distribuidor español nunca llegara a cumplir ese acuerdo verbal para comprar los derechos de la película, porque Newman sí firmó un contrato para representar al desconocido director y pronto *El Mariachi* estaba en manos de las principales distribuidoras. Al final Columbia Pictures pujó más que sus competidores y compró la película por medio millón de dólares, más o menos. Tales resultados sorprendieron a Rodriguez y le convencieron de que es posible tener éxito en el cine si estiras tus recursos en vez de usar el método tradicional.

En un primer momento, Columbia Pictures consideró rodar de nuevo la película con mejores técnicos, actores más experimentados y un equipo de producción más amplio —el de la original era tan reducido que Rodriguez añadió nombres ficticios en los créditos para aparentar que aquello era una gran producción—. Los ejecutivos de Columbia Pictures estaban convencidos de que cualquier producción de Hollywood requiere abundantes recursos, pero al final se dieron cuenta de que la destreza de Rodriguez era fruto de su capacidad para aprovechar lo que tenía; su estilo era nuevo, genuino y distinto, y ni con todo el dinero del mundo podrían llegar a imitarlo.

La recaudación superó los 2 millones de dólares. No fue un exitazo, pero le permitió avanzar en Hollywood y firmar otro contrato para escribir, dirigir y producir *Desperado,* una secuela de *El Mariachi* protagonizada por Antonio Banderas. Rodriguez siguió produciendo películas rentables y aclamadas por la crítica. Y al final pudo elegir sus proyectos y, lo que es más importante, rechazar ofertas para dirigir éxitos de taquilla como *X-Men* o *El planeta de los simios* porque, a su modo de ver, no habría disfrutado haciéndolos. Esos presupuestos tan altos no le dejarían disfrutar de un proceso caracterizado por el ingenio. Como él mismo dijo: «Una persona creativa, con mucha imaginación y sin dinero, siempre será capaz de hacer una película mejor que un magnate sin talento, pero con la billetera repleta. Así que lo mejor que puedes hacer es sacar partido de tus limitaciones y trabajar más que cualquiera que tengas a tu alrededor».

Ahora bien, la perspectiva de Rodriguez no implicaba rechazar siempre proyectos ambiciosos; solo quería trabajar en los que le permitieran aplicar sus principios. Así, inspirándose en su infancia escribió, dirigió, montó y fue asistente de producción de la trilogía *Spy Kids,* que recaudó más de 300 millones de dólares. Los presupuestos de estas películas eran superiores a los de cualquier otra producción suya, pero en todo caso fueron ínfimos en comparación con otras películas típicas del género. Robert declaró: «Parece una película cara, pero son todo trucos. La monté en mi garaje». Para rodar el cameo de George Clooney en la última película de la serie, Rodriguez se presentó en casa del actor con una cámara de vídeo y filmaron en el salón.

Al utilizar todos los recursos a su alcance, incluso aquellos que a priori no parecían útiles, Rodriguez consiguió que sus películas fuesen reconocidas por la crítica, obtuviesen buenos resultados en taquilla y él se divirtiese. Como suele decir: «soy el único tipo que en realidad disfruta en este negocio».

Hasta aquí el ejemplo que nos servirá en este capítulo para revelar cómo el enfoque de Robert Rodriguez para producir sus películas es muy útil para cualquier otro proyecto profesional o personal, ya que permite trabajar con lo disponible para alcanzar los objetivos marcados y, de paso, obtener satisfacción. No obstante, por sencillo que parezca aprovechar los recursos existentes en lugar de generar nuevas necesidades, los seres humanos seguimos resistiéndonos al cambio. Pero ¿cuál es el motivo? En gran medida se puede decir que es nuestra tendencia a la planificación, una de las herramientas más útiles, pero también más limitantes, de la vida moderna. No cabe duda de que planificar sirve de mucho, pero en este capítulo veremos cuándo, por el contrario, nos frena o incluso nos fuerza a desviarnos del camino.

Se suele creer que una buena planificación es garantía de éxito, pero al hacerlo se olvida que el factor clave del desempeño es *lo que al final se hace*, no lo que se ha planificado hacer. Hay gente que aborda un proyecto sin darle muchas vueltas, mientras que otras personas, más indecisas, dependen de una planificación meticulosa. En este capítulo analizaremos los mecanismos psicológicos que controlan nuestra tendencia a actuar o planificar, y explicaremos cómo modificarlos.

Más tarde, entenderemos por qué la planificación limita la capacidad de ver y oír lo que nos rodea e impide que aprovechemos nuestros recursos. En cambio, actuar nos ayuda a detectar el potencial de lo que está desaprovechado y a utilizarlo.

El capítulo termina presentando una alternativa a la planificación: la improvisación. Al sentir una mayor comodidad con este tipo de estrategia, podremos liberarnos del yugo de la planificación y estiraremos mejor los recursos, porque seremos capaces de afrontar los inevitables cambios a los que solemos enfrentarnos todo el tiempo.

LOS PELIGROS DE PLANIFICAR

El 17 de septiembre de 1862, en Sharpsburg (Maryland), la que era la primera gran batalla de la Guerra de Secesión en territorio de la Unión se convirtió también en el combate más sangriento de la historia de Estados Unidos: hubo más de 22.000 muertos, heridos o desaparecidos. La batalla de Antietam enfrentó a los 55.000 hombres de Robert E. Lee contra un ejército de 75.500 efectivos comandado por George McClellan. Lee marchaba hacia el norte para invadir Maryland cuando se topó con McClellan, una mente militar brillante y gran planificador, que había sido alumno de West Point.

Al desplegarse las tropas de McClellan para frenar el avance del Ejército de los Estados Confederados, dos de sus soldados descubrieron algo que podría cambiar el rumbo de la batalla: una copia de las órdenes de combate de Lee (Orden especial 191) sirviendo de envoltorio para tres cigarros. Allí se explicaba que Lee había desplegado su ejército y que sus tropas serían vulnerables si sufrían un ataque rápido por parte de las fuerzas, más numerosas, de McClellan. De modo que, si este general actuaba con rapidez, quizá fuera la oportunidad que estaba esperando el Norte para poner punto final a la contienda con una victoria sonada.

El problema era que el general McClellan siempre hallaba una excusa para posponer cualquier movimiento; prefería planificar batallas que librarlas. A principios de ese año, el presidente Lincoln, frustrado por el carácter inmovilista de su general, envió un telegrama con la siguiente advertencia: «Si el general McClellan no quiere hacer uso del ejército, se lo tomaré prestado un tiempo».

En Antietam, McClellan se retiró para planear cómo sacar partido del hallazgo. Pero, al aparecer nuevos informes que situaban a parte de las tropas enemigas en zonas no contempladas en la Orden Especial 191 de Lee, desconfió de los planes del enemigo. Pasarían 18 horas antes de que McClellan se convenciera de que su plan de batalla era adecuado. Entretanto, Lee ordenó a sus soldados reforzar sus posiciones y borró de un plumazo la ventaja que McClellan habría disfrutado si hubiera atacado el día anterior.

La batalla de Antietam debilitó al ejército de Lee, pero este se las arregló para batirse en retirada hacia Virginia gracias a la lentitud de las tropas de McClellan. De este modo, el decisivo resultado que esperaba el presidente Lincoln no se produjo, por lo que instó a su general a perseguir a Lee hasta Virginia para asestarle el golpe final. Luego decidió hacerle una visita con la esperanza de incitarlo a actuar con mayor premura. Durante su encuentro, ambos iban a ser fotografiados, y Lincoln escribió en broma a su esposa: «Mañana por la mañana voy a fotografiarme con el general McClellan… si somos capaces de estar quietos el tiempo suficiente. Bueno, creo que él no tendrá problemas».

Durante seis semanas, McClellan ofreció toda clase de excusas para evitar seguir a las vulnerables tropas de Lee: que si sus hombres estaban cansados, que si el terreno era desconocido o había un río demasiado profundo para que las tropas lo cruzaran (pero no lo suficiente para impedir que el ejército de Lee se retirara con su armamento dañado y su escasez de botas, mantas y carros). Lincoln se dedicó a cuestionar con ironía la capacidad de maniobra de su general. «Es un buen ingeniero», declaró, «pero parece tener un talento especial para diseñar artilugios inmóviles». Así mismo, le preguntó a McClellan: «¿No es usted muy precavido al suponer que no puede hacer lo mismo que el enemigo está haciendo todo el tiempo? ¿No debería considerar que posee la misma destreza que ellos y actuar de acuerdo con esa premisa?». Al final, Lincoln no tardó en licenciar al general.

El sentido común nos dice que nunca podemos estar preparados para todo. Planificar proporciona una buena hoja de ruta que todo el mundo puede seguir y garantiza que se han estudiado los detalles. Sin embargo, como demuestra la actuación del general McClellan, es un arma de doble filo, porque, de hecho, planificar en exceso impide pasar a la acción.

En general, a las personas nos gusta hacer planes porque nos resulta cómodo, familiar. Aprendemos esta forma de actuar desde la más tierna infancia y el modelo se refuerza con la práctica hasta que llegamos a la madurez. Si lo piensas, solemos planificarlo todo, desde un viaje de fin de semana hasta la jubilación. Por su parte, las empresas adoran planificar, ya sean objetivos a corto plazo o grandes proyectos de futuro. Así, da igual que seas un ejecutivo encargado de diseñar una nueva estrategia empresarial, un mando intermedio responsable de un cambio de menor importancia o incluso un miembro de una familia que quiere irse de vacaciones; en todas esas situaciones, creerás que los mejores resultados serán fruto de una planificación detallada.

Es cierto que, cuando disponemos de muchos recursos (incluyendo tiempo e información suficientes), la planificación puede obrar milagros. Pero incluso las personas o empresas más adineradas a menudo se ven obligadas a considerar un montón de variables desconocidas, como, por ejemplo, la estrategia de la competencia, el porcentaje de clientes que comprará un nuevo producto o la probabilidad de encajar con los nuevos compañeros al cambiar de trabajo. Nos solemos basar en este tipo de conjeturas para planificar y olvidamos enseguida que son meras hipótesis y que, cuando no nos gusta la conclusión a la que nos llevan, volvemos atrás y modificamos esas predicciones hasta obtener las que sean acordes con nuestros deseos. Esto permite, por ejemplo, convertir un nuevo producto poco rentable en un éxito de ventas ajustando, como por arte de magia, el número de unidades que se supone que la gente comprará.

Además, para salvar cualquier posible obstáculo a nuestros planes invertimos más tiempo aún en resolver sus incógnitas. Pero ese deseo de control solo provoca un mayor retraso en la acción; y, al posponerla, es posible que las circunstancias cambien. En definitiva, dedicamos demasiado tiempo y esfuerzo a planificar sobre un mundo que ya no existe mientras nos autoengañamos haciéndonos creer que sí existe, porque eso es justo lo que hemos planeado.

———

Este afán por la planificación tiene su origen en una disyuntiva que se cree inevitable: velocidad o precisión. Así, siempre que necesitamos actuar con premura pasamos por alto algunas alternativas, limitamos la información a manejar y aceleramos el análisis sobre el mejor camino posible. De este modo quizá no lleguemos a la mejor conclusión, pero nadie va a criticar una venta hecha de forma improvisada al coincidir por casualidad con un potencial cliente en el ascensor, ni una comida preparada con sobras al llegar tarde a casa.

En cambio, a la hora de abordar decisiones más complejas solemos escoger la precisión antes que la velocidad; y en estas ocasiones caemos con facilidad en el error que supone una planificación excesiva. Es decir, dedicamos mucho tiempo a preparar el presupuesto anual de la empresa, a decidir si se invierte en nuevos productos o a pensar qué casa queremos comprar. En muchas compañías, departamentos enteros confían en el uso de sofisticadas herramientas de planificación para tomar decisiones cruciales que, supuestamente, llevarán a mejores resultados. El problema es que... muchas veces no lo hacen.

En un estudio que incluía a 2496 empresas, los investigadores descubrieron que la correlación entre la planificación exhaustiva y el rendimiento era muy baja.

¿Por qué ocurre esto? ¿Cuál es la razón de que tantos profesionales, maestros de la planificación que además emplean muchos recursos para tomar decisiones relevantes, obtengan un porcentaje de acierto tan bajo? Bien, la razón es la que mencioné antes: la disyuntiva entre velocidad y precisión.

Kathy Eisenhardt, profesora de la Universidad de Stanford, se preguntaba cómo afrontaban este tipo de disyuntivas las empresas cuando hizo una profunda investigación cualitativa y cuantitativa en ocho empresas informáticas. Se entrevistó con sus directores generales y otros altos cargos, recopiló datos de encuestas y analizó informes del sector y los propios archivos de las empresas. Sus resultados fueron bastante sorprendentes: Eisenhardt halló que quienes tomaban decisiones más rápidas no lo hacían con menos información o considerando menos alternativas, todo lo contrario; es decir, justo lo opuesto a lo que la mayoría creemos que ocurre al elegir la velocidad antes que la precisión.

Para resolver esta aparente paradoja, Eisenhardt revisó de nuevo los datos de su investigación y encontró diferencias en el tipo de información que utilizaban los ejecutivos que tomaban decisiones más rápidas: se centraban en el presente, esto es, confiaban más en la información actual sobre las operaciones y la competencia. En cambio, quienes tomaban decisiones con mayor lentitud invertían mucho tiempo y energía en prever un futuro que de por sí es incierto. Así, al analizar el rendimiento las empresas que tomaban decisiones rápidas, se vio que estas superaban a sus homólogas más lentas tanto en volumen de ventas como en la valoración que hacían de ellas sus propios ejecutivos y la competencia.

Por supuesto, para los partidarios de una planificación meticulosa estos resultados son desconcertantes. ¿Cómo es posible que rindan más las empresas que no utilizan todas esas herramientas para planificar? Pero la respuesta la tienen delante.

El aprendizaje se basa en la práctica, en la acción. Y cuando planeamos no actuamos, nos limitamos a posponer el momento de hacerlo y a especular sobre el futuro. Esa es la razón por la que las empresas que lograron mejores resultados en el estudio de Eisenhardt fueron las que habían centrado su atención en el presente y habían, por tanto, desarrollado la capacidad de adaptarse con rapidez a los cambios. Como se desenvolvían en entornos inestables, su porvenir era menos predecible y la planificación, en esas situaciones, perdía su utilidad. Por eso si las reglas del juego cambian de manera constante es mucho mejor actuar con presteza y aprender del presente.

Pero ¿tiene otras ventajas tomar decisiones rápidas? Claro que las tiene. Piensa que, si no sigues un plan, estarás ahorrando energía mental e invirtiendo menos recursos económicos y burocráticos. De esta forma, tendrás una mayor receptividad a la información actual, en lugar de centrarte en mantener a toda costa el rumbo marcado. Si lo planeas siempre todo puedes caer en la trampa de pensar que tus planes son infalibles y llegar al extremo de forzar a otras personas (y, por supuesto, a ti) a seguirlos al pie de la letra. Pero incluso los mejores planes son incompletos, si bien se suele obviar esta realidad al creer, de forma errónea, que se ha previsto todo. En cambio, si te abres a múltiples posibilidades evitarás el *aumento del compromiso* (que analizamos en el capítulo 2), es decir, la resistencia a cambiar de planes a pesar de que estos no funcionen. Por eso, en lugar de recurrir siempre a la planificación, a veces hay que pasar a la acción.

JUST DO IT

El poeta e inmunólogo checo Miroslav Holub relató la extraordinaria historia de un grupo de soldados húngaros que se perdió en los Alpes durante una misión de reconocimiento. Como escribió Holub, el frío y la nieve impidieron el regreso a casa de los expedicionarios. Transcurrieron dos días sin que se tuviera noticia de ellos y su teniente temió haberlos mandado a la tumba. Pero, como si hubiera sucedido un milagro, al tercer día regresaron ilesos. El teniente, aliviado pero confuso por su aspecto, les preguntó cómo habían hallado el camino de vuelta. Uno de los soldados contó que se había encontrado un mapa en el bolsillo y, cuando el tiempo mejoró, lo utilizaron para volver a casa. El teniente pidió que se lo mostraran y al echarle un vistazo se quedó asombrado: era un mapa de los Pirineos.

El experto en gestión Karl Weick saca de esta historia la siguiente moraleja: cuando perdemos el rumbo, «cualquier guía es útil». En aquel caso, aunque los soldados utilizaron el mapa de otra cordillera, el mero hecho de tenerlo evitó que se asustaran por no disponer de lo necesario y, como consecuencia, no perdieron el tiempo, sino que empezaron a moverse. Al hacerlo, exploraron el entorno y siguieron centrados en su objetivo: volver al campamento sanos y salvos. Es decir, el valor del mapa no residía en su exactitud, sino en su capacidad para movilizar a la tropa. Del mismo modo, aunque solemos atribuir nuestros éxitos a determinados «mapas» profesionales y personales, es decir, a nuestros planes, la mayoría de las veces son las acciones las que explican los resultados. El problema es que, como ya hemos visto, nos encanta planificar; o, en el caso de los acumuladores de recursos, esperar a disponer de todo lo adecuado para actuar.

En 1988, el publicista Dan Wieden salvó con éxito la tendencia que limitaba su creatividad profesional. Por aquel entonces, trabajaba en su nueva agencia de publicidad, que abrió en el sótano de un sindicato de Portland con poco más que una máquina de escribir prestada y un teléfono, y andaba buscando un eslogan común para un montón de anuncios televisivos de una humilde marca de ropa deportiva.

Después de trabajar toda la noche, a Wieden se le ocurrió una idea al acordarse de la muerte de su paisano de Oregón Gary Gilmore, una década atrás.

Al cumplir 35 años, Gilmore ya había pasado la mitad de su vida en la cárcel. Sus antecedentes incluían hurtos, robos a mano armada y agresiones. Un año después cometió los que serían sus últimos delitos: asesinó de forma brutal a dos hombres, trabajadores de una gasolinera y de un motel, respectivamente. Un tribunal dictó sentencia: pena de muerte.

Pero, a diferencia de muchos otros condenados a muerte, Gary Gilmore no presentó ninguna apelación. Sus abogados querían recurrir la sentencia, pero él se negó a recibir cualquier ayuda. Cuando su madre escribió una carta solicitando clemencia al gobernador, Gilmore respondió con una petición pública para que desistiera y le dijo al gobernador que sería un «cobarde moral» si se atrevía a suspender su ejecución. También solicitó a «los rabinos, a los sacerdotes y a la ACLU*» que no se inmiscuyeran.

En 1977, Gary Gilmore se convirtió en la primera persona ejecutada en Estados Unidos en diez años. Sus últimas palabras, «*Let's do it*» («*hagámoslo*»), le darían a Wieden lo que necesitaba para acabar su trabajo: al día siguiente hizo una propuesta al socio de su cliente, Phil Knight, que respondió enseguida lo siguiente: «No necesitamos esta mierda». La réplica de Wieden fue: «Confía en mí».

Por suerte, Knight cedió, porque Dan Wieden acababa de crear uno de los eslóganes de mayor éxito de la historia. La campaña *Just Do It* catapultó a Nike a la cima de su sector y creó una marca reconocida en todo el mundo, tanto por las superestrellas que participaban en su publicidad como por su eslogan.

En aquel momento, Dan Wieden no era consciente de que su campaña de marketing había sacado partido a un elemento clave de nuestra psicología, el enfoque regulatorio; es decir, las creencias y los sentimientos que controlan la forma en que pensamos y utilizamos los recursos para cumplir nuestros objetivos. Cuando se actúa desde un enfoque regulatorio en el que prima la planificación, los individuos se sienten en la necesidad de evaluar de forma exhaustiva los posibles usos de sus recursos. En otras palabras, buscan toda la

---

* Siglas de la American Civil Liberties Union (Unión Estadounidense por las Libertades Civiles).

información posible para luego quedarse con la mejor opción. Pero al hacerlo nunca se conforman con una «buena» opción; quieren la mejor, aunque se necesite una enorme cantidad de recursos para alcanzarla. Más tarde, cuando pasan a la acción, cuestionan todo el tiempo lo que están haciendo, se arrepienten de sus decisiones y se preguntan si hay otra manera de hacerlo mejor. También suelen caer en las comparaciones y dan lugar a que surja la peligrosa *comparación social ascendente* (ver capítulo 2), que promueve la acumulación de recursos y pone en riesgo la satisfacción personal.

Ahora bien, si eres de las personas que prefieren la acción, adoptarás un enfoque regulatorio basado en ella y harás lo que esté en tu mano para alejarte del *statu quo* y alcanzar tus metas aunque exista una estrategia mejor que no hayas descubierto.

En un mundo como el nuestro, en el que la planificación está en un pedestal, si vemos a alguien actuar pensamos que es imprudente. En cambio, quienes planifican siempre inspiran valoraciones más positivas por su amor al detalle y la reflexión. Dicho de otro modo, nuestras expectativas culturales dictan que la planificación es el mejor, si no el único, camino hacia la prosperidad. Pero, en la práctica, no es así.

En un estudio donde participaron 70 trabajadores de una empresa informática italiana, los investigadores tomaron dos rondas de datos separadas por tres meses. En la primera fase, los participantes respondieron a un cuestionario para detectar su enfoque regulatorio y su grado de motivación intrínseca (es decir, generada por la satisfacción del propio trabajo) o extrínseca (centrada en las recompensas del trabajo). En la segunda fase se les administró otro cuestionario acerca de su esfuerzo (por ejemplo, cuánto habían trabajado para conseguir un determinado objetivo) y de si había servido para algo.

Los resultaros revelaron que los trabajadores que tenían un enfoque regulatorio basado en la acción estaban en general muy motivados con su trabajo y daban menos importancia a las recompensas externas. En otras palabras, disfrutaban de su labor sin dedicarse mucho a pensar en la mejor estrategia para progresar; la motivación intrínseca ya les hacía esforzarse por cumplir sus objetivos; y, por ello, eran más propensos a lograrlo.

En cambio, los trabajadores con un enfoque regulatorio basado en la planificación eran más calculadores y daban más valor a las recompensas. Los esfuerzos por hallar el mejor modo de proceder no les permitían disfrutar de su trabajo y, por tanto, no invertían tantas energías y tenían menos probabilidades de alcanzar sus metas[*]. La planificación les generaba ansiedad, porque estaban demasiado preocupados por seguir el plan, y entonces empezaban a cuestionarse su trabajo.

Con demasiada frecuencia, la planificación nos impide pasar a la acción porque intentamos pergeñar un plan perfecto, incluso cuando con uno sencillo tendríamos bastante. Al comienzo de su carrera cinematográfica, Robert Rodriguez sabía que, para abrirse paso en Hollywood, no necesitaba que su *opera prima* fuera perfecta; solo quería acercarse a su sueño de ser director de cine. Así que, en vez de esperar a disponer de más recursos (es decir, mejores contactos, más dinero o una cámara de mayor calidad) se limitó a hacer su película. Los demás haríamos bien en seguir su ejemplo y empezar a «dirigir» nuestros proyectos sin demora.

———

En cualquier caso, está claro que en un mundo en el que la planificación domina tantos ámbitos de la vida resulta difícil librarse de ella. En mis clases, por ejemplo, siempre me topo con alguna resistencia,

---

[*] Aunque un enfoque regulatorio basado en la acción ayudó a los participantes del estudio a sentirse más satisfechos y a hacer mejor su trabajo, también se halló que la planificación daba lugar a buenos resultados si iba acompañada de algún tipo de acción. En realidad, el cumplimiento de objetivos era incluso mayor cuando estos trabajadores pasaban a la acción con una planificación previa.

tanto en las personas con poca trayectoria laboral como en los ejecutivos experimentados.

No es de extrañar, pues, que si pido a mi alumnado que imaginen ser capitanes de un gran buque de carga de hace varios cientos de años, con la misión de cruzar el océano, de inmediato recurran a la planificación. Lo que han de hacer es, sin la ayuda de la tecnología actual (como un GPS, un teléfono por satélite u otros dispositivos electrónicos), describir cómo harían esa travesía marítima. La mayoría me responde lo mismo: estudiarían un montón de mapas, buscarían la mejor ruta para prever vientos y corrientes, y luego trazarían un rumbo. Entonces yo les señalo que la navegación, al igual que otras muchas situaciones laborales y personales, se caracteriza por la aparición de constantes acontecimientos inesperados. Por ejemplo, puede cambiar la corriente o estallar una tormenta.

Ante el planteamiento de tales situaciones, mis estudiantes suelen responder que modificarían su plan y trazarían un nuevo rumbo. Es decir, sin saberlo, recurren a los mismos principios que usaron los navegantes europeos durante muchos siglos. Para ellos, el éxito de una empresa ultramarina dependía de formular un detallado plan, reunir los recursos necesarios para ponerlo en práctica, aplicarlo, hacer un seguimiento y reformular el plan cuando fuera necesario. Y sí, este enfoque es óptimo cuando se dispone de una información detallada y tiempo suficiente. Pero ¿qué ocurre si carecemos de información sobre el futuro? ¿O si el análisis de esa información es demasiado complicado? ¿Y si el futuro es impredecible? Entonces está claro que necesitaremos adoptar otro enfoque para navegar.

Existe una forma muy diferente de resolver el reto que planteo en mis clases: muy lejos de Europa, en las islas Carolinas de Micronesia, hay un pueblo que habita la isla de Chuuk. Ellos tienen un método de navegación muy distinto al de los europeos; no elaboran un plan, es más, ni siquiera trazan un rumbo, solo se marcan un objetivo (por ejemplo, navegar hasta una isla concreta) y luego se lanzan al mar e intentan cumplirlo. Mientras navegan interactúan con el entorno y hacen ajustes por el camino, reaccionando con cuidado a las corrientes y a los vientos. De modo que, si se les preguntara cómo planifican una travesía, tendrían problemas para responder, porque no son conscientes de ello hasta que se echan al mar.

A este método de navegación subyace el mismo principio que siguió el publicista Dan Wieden: un enfoque regulatorio basado en la acción. Es decir, unos y otro se limitan a actuar.

A pesar de que tu tendencia natural favorezca la planificación, es hasta cierto punto sencillo adoptar un enfoque orientado a la acción. Para ponerlo en práctica en mis clases, les explico el método de navegación de los habitantes de Chuuk y les pido que recuerden alguna ocasión en la que hayan seguido el mismo principio. Por otro lado, la ciencia respalda la idea de que somos capaces de pasar de la planificación a la acción sin ningún problema.

Por ejemplo, unos investigadores cambiaron el enfoque regulatorio de los participantes en su estudio haciéndoles recordar momentos en los que adoptaron uno basado en la planificación o en la acción. Para ello, formaron dos grupos al azar y pidieron a sus miembros que escribieran tres comportamientos distintos que habían llevado a cabo con éxito en el pasado. En el grupo donde se estimulaba un enfoque basado en la acción los participantes tenían que reflexionar sobre estas tres situaciones: alguna ocasión en la que hubieran pasado a la acción en vez de planificar, alguna en la que no hubieran dejado tiempo entre terminar un proyecto y empezar otro, y, por último, una vez en la que hubieran tomado una decisión y no hubieran podido esperar para ponerla en práctica. En el otro grupo, donde se fomentaba el enfoque basado en la planificación, las situaciones eran: la última vez que se habían comparado con otras personas, alguna vez que hubieran reflexionado sobre sus rasgos positivos y negativos, y el número de ocasiones en que hubieran criticado el trabajo ajeno o el propio. El simple hecho de responder a estos tres enunciados activó el enfoque regulatorio que los investigadores pretendían; esto demuestra que, a pesar de la preferencia natural por un enfoque determinado, se puede cambiar con facilidad, solo reflexionando sobre las veces que se afrontan las situaciones utilizando el otro enfoque.

Es evidente que, para luchar por los propios fines, todo el mundo tiene que utilizar ambos enfoques en algún momento, tanto el europeo como el de los habitantes de la isla de Chuuk. Pero una dependencia excesiva de la planificación —como fue el caso de los navegantes europeos— puede causar problemas. Por eso es el momento de adoptar el enfoque de la gente de Chuuk, y un buen punto de partida para ello es observar con cuidado las corrientes y los vientos que se manifiestan en tu vida. En otras palabras, debes aprender a escuchar y observar mejor.

¿POR QUÉ INFRAVALORAMOS LOS RECURSOS QUE TENEMOS A MANO?

La primera vez que di clase en la universidad me llamó la atención una cosa: cuanta más gente levantaba la mano para preguntar, mayores eran las probabilidades de que el estudiante al que le daba la palabra repitiera la pregunta de la persona que había hablado antes que él. Yo me preguntaba una y otra vez: «¿Es que no has escuchado a la persona que acaba de hablar?».

Con unas cuantas clases más en mi haber me di cuenta de que el culpable de esa conducta era yo. En realidad, no ofrecía a mi alumnado la oportunidad de escuchar al resto; con tal de gestionar mejor las preguntas que surgían en clase, comunicaba a alguien que era su turno de palabra y, al mismo tiempo, a los que tenían la mano levantada les decía cuándo sería el suyo. Pensé que eso ayudaría a optimizar el flujo constante de preguntas de mis ansiosos estudiantes; pero fue al revés, me limité a imponer un orden de intervención, es decir, elaboré un plan de desarrollo del debate antes de empezar. En otra situación, como una reunión, el turno de palabra puede asignarse por el estatus de los asistentes o por algún orden azaroso, como el lugar en el que decidas sentarte.

Pero organizando los debates de esta forma impedimos que quienes poseen la información más relevante participen en el momento adecuado y, además, limitamos nuestra capacidad de aprovechar al máximo los recursos de la sala, ya sean estos información, talento, experiencias o contactos.

Así mismo, si fijamos un turno de palabra fomentamos que las personas se centren en preparar su intervención, y eso dificulta que presten atención a la información que ofrecen los demás, la cual se mostró fundamental para las empresas y equipos que obtuvieron los mejores resultados en el estudio del profesor Eisenhardt sobre compañías informáticas, mencionado antes.

Mientras hacía su doctorado en Psicología, Malcolm Brenner, antiguo investigador de la Junta Nacional de Seguridad en el Transporte, llevó a cabo un experimento en el que fijaba un orden de intervención empleando una mesa cuadrada y unas sillas. En la mesa, frente a cada silla, colocó boca abajo seis tarjetas que contenían palabras seleccionadas entre las 500 más comunes en inglés.

A continuación, siguiendo un orden determinado, los participantes daban la vuelta a una de sus tarjetas y leían la palabra en voz alta. Al llegar a las 25 palabras en total se detuvieron y dispusieron de 90 segundos para escribir todas las que pudieran recordar.

La mayoría de los participantes se acordó con facilidad de las palabras que había leído. También recordaron con bastante acierto las que habían leído quienes tenían enfrente. Sin embargo, su capacidad de escucha tenía un punto flaco: no fueron capaces de acordarse de las palabras que habían leído los compañeros que tenían a su lado, es decir, las personas que hablaron justo antes que ellos y las que lo hicieron después.

La explicación es que los sujetos del experimento de Brenner, mis alumnos y cualquiera que se siente en torno a una mesa en una reunión necesitan desempeñar dos roles simultáneos: hablar y escuchar.

Pero ambos requieren mucha energía mental. De modo que, en general, cuando se acerca nuestro turno, dejamos de escuchar y nos preparamos para hablar (hasta nueve segundos antes). Por eso bloqueamos sin saberlo lo que se dice justo antes de que nos toque. En definitiva, cuando empleamos la energía mental en planificar la intervención —hacer un comentario en clase, plantear un argumento inteligente en una reunión o debatir con un colega— dejamos de procesar la información en tiempo real. Y claro, para cuando hemos acabado de planificar nuestra intervención y nos disponemos a hablar, nuestro discurso, igual que algunos comentarios de mis alumnos, tal vez sea ya irrelevante.

En el estudio de Brenner también se descubrió que necesitamos una cantidad de tiempo similar después de hablar para volver a escuchar con atención (porque pensamos cosas como: ¿se me ha entendido?, ¿he dicho cosas interesantes, ¿qué puedo decir a continuación?). Durante esa recuperación no percibimos la reacción de la gente a nuestras palabras y perdemos una información crucial que no solo nos ayudaría a evaluar esa contribución, sino que además nos permitiría entender cómo ha servido al resto.

Está claro que es difícil escuchar a los demás. En realidad, es complicado observar lo que nos rodea cuando seguimos un plan, sobre todo si el entorno cambia de manera constante. La solución es transformarse en mejores oyentes, lo que resulta más fácil si nos forzamos a actuar sobre la marcha, sin una planificación exhaustiva.

Viola Spolin nació en 1906 y se la considera la madre contemporánea de la comedia de improvisación, cuyos orígenes se remontan a la época romana (en torno al año 391 a. C.). En 1939, Spolin empezó a trabajar con niños de los barrios del casco urbano de Chicago, dentro del Works Progress Administration's Recreation Project. Los «juegos teatrales» que ella planteó se utilizan hoy en día para enseñar técnicas de interpretación en casi todo el mundo. Pero su pretensión inicial era formar a esos niños de barrios humildes para ser creativos. Así, enseñándoles a escuchar lo que ocurría a su alrededor y a reaccionar con rapidez, Spolin ayudó a pequeños sin recursos a tener confianza y desarrollar las habilidades necesarias para actuar con lo que tenían a mano.

El hijo de Spolin, Paul Sills, fue cofundador de Second City, una de las compañías de comedia más respetadas del mundo, por la que han pasado algunos de los mejores cómicos de Estados Unidos, como Bill Murray, John Belushi, Gilda Radner, Mike Myers y Tina Fey. Así, las técnicas de Spolin han llegado al público general gracias a la colaboración de los mejores artistas nacionales.

Estos desternillantes cómicos tienen en común algo que es clave: fueron alumnos de Del Close, un desconocido profesor de comedia de improvisación, antiguo formador del elenco de *Saturday Night Live* y discípulo de Viola Spolin.

Del Close retomó el trabajo de Spolin para hacer de la comedia de improvisación un arte más refinado. En lugar de buscar la risa fácil, pretendía que los actores se escucharan entre sí y establecieran conexiones positivas entre temas y personajes. Es decir, quería que sus pupilos mantuvieran el hilo construyendo cada historia a partir de las tramas de los demás. De este modo, para que se habituaran a escuchar y dieran continuidad a las historias del resto, les pedía que respondieran a las intervenciones de sus compañeros con un «sí, y…».

Ahora, cuando trato de enseñar creatividad a mi alumnado, retomo el trabajo de Viola Spolin, las mejoras de Del Close y las pautas de los antiguos directores de Second City, Kelly Leonard y Tom Yorton, que aparecen en su reciente libro. Con este fin, suelo pedir a cinco de mis estudiantes que formen un círculo y jueguen al «sí, y…». El juego consiste en que alguien empieza diciendo una frase sobre cualquier tema y los demás se turnan para continuar la historia respondiendo «sí, y…». El objetivo es seguir construyendo una historia respetando al pie de la letra lo que ha dicho la persona anterior. A veces, un jugador deja perplejo al grupo cuando dice una frase que cambia el rumbo de la historia; esto puede hacer que se pierda la cohesión del grupo. En cambio, si todo el mundo es capaz de mantener la trama respetándose mutuamente, se sentirán satisfechos de su contribución y crecerá la confianza en el grupo.

Pero existe otra razón para que mi alumnado juegue a esto: los espectadores suelen comentar el ingenio de las frases que van surgiendo, pero al mismo tiempo comprenden que la clave no reside en las palabras que dicen, sino en escuchar a los demás. Esta es la enseñanza, a menudo inadvertida, que se oculta tras el trabajo de Viola Spolin y Del Close: para saber lo que ocurre justo antes y después de su turno, los jugadores deben escuchar, mantener su atención en el presente. Nunca saben cuándo van a intervenir hasta que lo hacen ni saben lo que van a decir hasta que lo dicen. Así, al escuchar y actuar sin un plan establecido, son capaces de crear algo nuevo y potencialmente más interesante.

A diferencia de la improvisación, el teatro tradicional funciona a la perfección cuando los actores se ciñen a un guion y ensayan una y otra vez su papel. Al preparar su actuación, saben qué responderán sus compañeros. Por tanto, todo es más predecible y hay menos probabilidades de mejorar lo que está escrito. Es decir, lo máximo que podemos esperar es una buena ejecución del plan establecido.

Pero, más allá de teatro tradicional, existen muy pocos ámbitos en la vida tan guionizados, a pesar de que en muchos se puede hasta cierto punto escuchar y observar y, por tanto, aprovechar todas las posibilidades que esto ofrece. El prestigio, la profesión, la educación, la jerarquía y la personalidad suelen dividir a las personas en «hablantes» y «oyentes». En mi caso, cuando empecé a dar clase me ceñí con demasiada rigidez a mi plan y perdí la oportunidad de dejar que el grupo se guiara por sí mismo hacia nuevos hallazgos. Es decir, dividí mi clase en oradores (yo) y oyentes (el alumnado). En mi primera evaluación, un estudiante comentó que mis clases eran como una obra de

Shakespeare. Al principio me lo tomé como un cumplido, pues significaba que había ejecutado con meticulosidad el plan que tan bien había escrito y ensayado. Pero se me olvidó escuchar las valiosas contribuciones que mis estudiantes traían a clase: sus experiencias laborales, sus diferentes puntos de vista o su herencia cultural.

Pero no se trata de escuchar por mera cortesía, sino para reconocer que esas nuevas voces y puntos de vista son recursos aprovechables y que, al hacerlo, podremos descubrir nuevos conocimientos u oportunidades. Ese es el objetivo del espíritu *just do it* y la base de la improvisación.

EL ARTE DE IMPROVISAR

En 1995, antes de tomar un vuelo de Hong Kong a Londres, Paula Dickson, que por aquel entonces tenía 39 años, tuvo un accidente con su moto camino del aeropuerto. En aquel momento no le dio importancia y continuó viaje. Pero, después de embarcar, Dickson empezó a preocuparse por la hinchazón de su antebrazo. Dos médicos que estaban a bordo, Angus Wallace y Tom Wong, le diagnosticaron una fractura en el brazo y recurrieron al botiquín del avión para enyesárselo. Satisfechos con su trabajo y con la paciente mucho más tranquila, los médicos regresaron a sus asientos.

Cuando llevaban una hora de vuelo, Dickson empezó a sufrir un intenso dolor en el pecho y problemas para respirar. Alarmado por estos nuevos síntomas, el doctor Wallace examinó de nuevo a Paula y descubrió que la situación era mucho más grave de lo que parecía en un principio: una costilla le había perforado el pulmón y era necesario operarla de inmediato.

No daba tiempo a que el avión aterrizara en el aeropuerto más cercano, la vida de Paula estaba en peligro. Además, si tomaban tierra, el cambio de presión experimentado durante el descenso podía empeorar su estado. Así que, ¿qué se podía hacer?

Con el tiempo en contra, el doctor Wallace no podía permitirse el lujo de perder ni un segundo y se puso manos a la obra: montó un quirófano improvisado en la parte trasera del avión. Ese quirófano no solo habilitó un lugar físico para la cirugía, también permitió que el posoperatorio fuera posible y de menor riesgo. Usaron brandy para esterilizar la herida, unas tijeras para hacer la incisión en el pecho de Dickson y una percha para insertar el tubo. Luego, con una botella de agua mineral Evian, el doctor drenó el aire atrapado en el pulmón y unas toallas de mano calientes de la cabina de primera clase se convirtieron en vendajes esterilizados para la paciente, que estaba en estado crítico.

Por fortuna, Dickson sobrevivió a esa angustiosa operación en pleno vuelo.

Aunque los retos profesionales y personales a los que se enfrenta el común de los mortales no se parecen al del doctor Wallace, la moraleja de su historia puede aplicarse a muchas situaciones: cuando surge una situación inesperada, ponerse en marcha ayuda a entender las circunstancias y (lo que es igual de fundamental) a cambiarlas. En aquel caso, a medida que el doctor Wallace iba haciendo su trabajo, el avión se transformaba en un hospital improvisado.

Como tenía experiencia por su trabajo como cirujano, pudo afrontar una situación que resultaba tan inesperada como familiar. Porque el procedimiento quirúrgico siguió un patrón similar al de una operación en tierra: esterilizar, abrir al paciente, extraer el aire y vendar la herida. Sin embargo, la ubicación de aquel «quirófano» y la falta de instrumental adecuado distaban mucho de ser cuestiones baladíes. Ahí fue donde la improvisación le permitió conciliar la naturaleza ordinaria de su trabajo y las condiciones extraordinarias que tenía que afrontar.

Igual que el doctor Wallace, la gente se enfrenta a cada momento a situaciones que pueden mejorar gracias a la improvisación: surge un nuevo competidor para una empresa, cambian los gustos de la clientela, los productos más vendidos dejan de serlo, nuevas leyes modifican las reglas del juego o sufrimos todo tipo de reveses profesionales y personales. Por ello, la mejor manera de abordar tales situaciones es reconocer que pasando a la acción es posible cambiarlas para mejor. Piensa, por ejemplo, en la diferencia entre dos géneros musicales como la música sinfónica y el jazz. Ambos dependen del talento de los músicos, pero la forma en que estos desempeñan su labor no podría ser más distinta, porque un estilo se basa en la planificación, y el otro, en la improvisación.

La música sinfónica (también llamada «clásica») es el estilo que más se aproxima al enfoque de la planificación: un líder formal, el director de orquesta, coordina el trabajo de una serie de intérpretes muy especializados. Las partituras ofrecen el plan detallado que quiere llevar a cabo la empresa, es decir, lo que los músicos han ensayado desde mucho antes de la fecha del concierto. Al final, una actuación perfecta es el resultado de ejecutar ese plan al detalle, es decir, de que los músicos toquen las notas precisas de la partitura en el momento exacto.

Cuando nuestra sociedad estaba basada en la producción, lo razonable era trabajar como si se siguiera la partitura de una orquesta sinfónica: la finalidad era ejecutarla a la perfección, sin incoherencias. Pero, a medida que avanzamos hacia la expresión individual y la creatividad, deberíamos aprender a tocar nuevas melodías.

En cambio, en una banda de jazz no hay partituras que determinen el rumbo de la música, por lo que nunca se sabe cómo se desarrollará la sesión. Los intérpretes no están del todo seguros de las notas que tocarán los demás, así que tienen que reaccionar a la actuación de sus compañeros. Por consiguiente, en vez de planificar, ponen todo su empeño en que la música siga sonando y no se produzca un silencio embarazoso. De este modo, una interpretación «perfecta» será diferente cada vez, y los miembros de la banda se van turnando para dirigirla.

Miles Davis tocaba melodías con tonos distintos durante sus actuaciones. Como le dijo una vez a su banda: «A uno le pagan por practicar delante del público». Esa libertad de reconocer que las actuaciones eran un espacio de ensayo y que no había una sola respuesta correcta les ayudó a tocar muy bien, pero al mismo tiempo su música era diferente, novedosa, original, emocionante y sorprendente. Davis seguía, pues, la misma filosofía de Robert Rodríguez para rodar *El Mariachi*. Él nunca tuvo la intención de vender la película a Hollywood: solo consideraba que rodarla era un modo barato de poner en práctica sus conocimientos de cine. Pero resulta que con esta fórmula los resultados tienden a cautivar al público, a los intérpretes y a los creadores.

Cuando aplicamos este enfoque en nuestros proyectos —es decir, lo que vendría a ser tocar jazz con nuestra banda— también modificamos la forma de estirar los recursos. Al cambiar de perspectiva nos damos la libertad de actuar con lo que tenemos y de ver los resultados. Luego podemos aprender de ellos e interactuar con la gente de forma imprevisible o ajustar nuestra manera de hacer las cosas… y, si es necesario, repetirlo todo. En definitiva, sea cual sea tu proyecto, si a veces optas por la acción espontanea en lugar de apostar siempre por un plan bien trazado, ten por seguro que podrás aprovechar mejor tus recursos.

¡ACCIÓN!

Como ya hemos visto, para los proyectos de mayor envergadura el sentido común nos dicta recurrir a la planificación. Y no es mala opción, ya se sabe, cuando el futuro es predecible, pero no siempre nos conduce por el buen camino. En cambio, al pasar a la acción y aprender a observar el entorno desarrollamos aptitudes que nos permiten improvisar con lo que tenemos a mano. Por tanto, no siempre necesitaremos un guion detallado, ni siquiera un guion; a veces solo hace falta gritar: «¡Acción!».

SEIS

¿CUÁLES SON NUESTRAS EXPECTATIVAS?

─────────────────

DE QUÉ MODO CREENCIAS Y EXPECTATIVAS NOS
HACEN MEJORES O PEORES, A NOSOTROS Y A
QUIENES NOS IMPORTAN

En 1891, un caballo llamado Hans empezó a asombrar a multitudes de toda Europa con sus magníficas habilidades. Su dueño, el matemático alemán Wilhelm von Osten, le planteaba problemas y el sabio caballo solía acertar. La especialidad de Hans eran las matemáticas, pero también sabía leer, deletrear y dar la hora. Por ejemplo, si le preguntaban cuántos treses había en el número 7, Hans golpeaba el suelo con la pezuña dos veces y añadía otro golpe para indicar la unidad que faltaba. Si von Osten escribía los números 5 y 9 en una pizarra y le pedía a Hans que los sumara, el caballo daba catorce golpes en el suelo. Tras años de entrenamiento y práctica —en gran parte con las mismas técnicas que von Osten utilizaba con sus alumnos—, el caballo llegó a mostrar unas dotes extraordinarias.

Los escépticos creían que von Osten comunicaba las respuestas al animal mediante algún tipo de señal oculta u otra clase de subterfugio. Así que, con la ayuda de un grupo de profesionales del circo, cuidadores de zoológico, psicólogos y veterinarios, se creó una comisión para investigar el caso en 1904. No obstante, a pesar de los rigurosos análisis efectuados, dicha comisión no pudo hallar ninguna prueba de engaño. De hecho, descubrieron que Hans respondía a las preguntas con el mismo acierto cuando no era su dueño quien las formulaba. Un destacado zoólogo concluyó que Hans poseía «la capacidad de ver con agudeza, de distinguir las imágenes mentales para retenerlas en su memoria y de expresarlas con el lenguaje de sus pezuñas». Al final, el caballo se ganó el apodo de «Clever Hans» (Hans «el inteligente»). Pero ¿lo era de verdad?

Tres años más tarde, el biólogo y psicólogo Oskar Pfungst descubrió el método usado por Hans. En realidad, era un caballo inteligente, pero no por las razones que von Osten o la gente creían. Pfungst observó que cuando von Osten (o cualquier otra persona que hiciera las preguntas) no sabía la respuesta correcta, el caballo erraba; también que, cuando aumentaba la distancia física entre Hans y el encargado de formular la pregunta, el rendimiento del caballo se resentía; y que el uso de unas gafas que tapaban la vista del animal convertía al «prodigio» en un caballo corriente.

Pfungst se dio cuenta de que Hans respondía más bien a los sutiles cambios en el lenguaje corporal que indicaban lo que el interrogador esperaba que hiciera. Una vez que Hans golpeaba con la pezuña el número correcto de veces, von Osten (o quien hubiera hecho la pregunta) se inclinaba ligeramente hacia delante o cambiaba de forma inconsciente su expresión facial. De ese modo, Hans dejaba de golpear el suelo porque notaba que había llegado a la respuesta que su interlocutor quería. Además, el hecho de recompensar al caballo con una zanahoria o un azucarillo cuando resolvía bien el problema reforzó su atención a las señales externas.

Al igual que Clever Hans, nosotros también reaccionamos a señales sutiles (y no tan sutiles) cargadas de expectativas. Esas expectativas que nos creamos, y también las que otras personas crean sobre nosotros, influyen de forma drástica en nuestro rendimiento. Incluso cuando están basadas en una creencia falsa tienen un impacto significativo en nuestros logros profesionales y en nuestro bienestar; en este capítulo entenderemos por qué.

Después de repasar algunos estudios clásicos sobre las expectativas, analizaremos de qué manera las personas que aprovechan sus recursos utilizan las expectativas para mejorar ciertos ámbitos clave de su vida: el rendimiento de alto nivel, las relaciones, la búsqueda de oportunidades o el cumplimiento de los objetivos vitales. Y, como las expectativas son tan determinantes para el éxito, no solo es útil reflexionar sobre las que nos marcamos, sino también sobre las que fijamos para los demás.

DE QUÉ MODO LAS EXPECTATIVAS PUEDEN HACER REALIDAD UNA FICCIÓN

Al finalizar la Primera Guerra Mundial, los felices años veinte marcaron el inicio de una época de entusiasmo y prosperidad. Muchos estadounidenses emigraron a zonas urbanas y adoptaron una mentalidad más optimista. Ante unas perspectivas económicas inmejorables, buscaron incrementar su fortuna y compraron acciones en el mercado de valores. Durante años, ese tipo de inversión generó cuantiosos beneficios, porque el valor de las acciones no hacía más que subir.

Sin embargo, a finales de esa misma década los «años dorados» llegaron a término: en octubre de 1929, y en apenas dos días, la bolsa perdió cerca de una cuarta parte de su valor. Fue entonces cuando los antes optimistas estadounidenses perdieron la confianza en las instituciones financieras.

En plena caída del mercado de valores, un empresario del Bronx acudió al banco para cobrar algunas de sus acciones. En 1930, el Bank of the United States, fundado en 1913 por un fabricante de ropa y financiero neoyorquino, tenía 62 sucursales en la ciudad de Nueva York, con casi 3000 millones de dólares en sus depósitos. Cuando aquel empresario entró en la entidad y solicitó cobrar sus acciones, los empleados se lo desaconsejaron con el argumento de que el banco seguía siendo una inversión sólida y fiable.

Entonces, aunque al final el hombre salió del banco con su dinero en metálico, empezó a difundir el rumor de que el banco se había negado a pagarle el valor de sus acciones. En cuestión de horas, una cola de clientes inquietos aguardaba delante de aquella sucursal del Bronx. Incluso hubo uno que esperó dos horas para retirar los 2 dólares que tenía en su cuenta de ahorros. Por tanto, como los bancos no guardan todos los depósitos de sus clientes en efectivo, la avalancha de solicitudes para retirar fondos puso a prueba la liquidez del banco.

A medida que unos clientes hacían cola para retirar su dinero, los demás, al observar la multitud que se agolpaba frente a la entidad, se formaron una falsa opinión sobre la credibilidad de la institución, lo que llevó a más personas a retirar su dinero. Es decir, cualquiera que presenciaba aquel despropósito se sumaba al espectáculo. Se calcula que entre 20.000 y 25.000 individuos se congregaron allí y retiraron una cantidad en efectivo que suponía en torno al 10 % de los depósitos del banco. Como era de esperar, al difundirse la noticia de los *problemas* que sufría esa sucursal, las demás vivieron la misma situación.

Al día siguiente de que el empresario del Bronx difundiera el rumor, el Bank of United States echó el cierre. Hasta ese momento, era la entidad bancaria con más clientes del país (cerca de 400.000) y, por eso, las consecuencias de su quiebra afectaron a toda la nación*.

En resumen, la creencia de que el Bank of the United States era insolvente, basada en un falso rumor, favoreció un comportamiento que *hizo* que el banco fuera insolvente. El sociólogo Robert Merton llamó a este fenómeno «profecía autocumplida». Quiere decir que, si la gente cree que una situación es real, empieza a actuar acorde a ello; y justo eso genera consecuencias reales que alteran el futuro.

EL PODER DE LAS PROFECÍAS POSITIVAS

Las observaciones de Merton sobre la crisis bancaria de la Gran Depresión cambiaron por completo la forma en que los científicos sociales abordaban las expectativas o creencias. El pionero de esta revolución fue el psicólogo de Harvard Robert Rosenthal, que en la década de 1960 cuestionó la objetividad de la investigación científica y se preguntó si esta no era tan ilusoria como las aptitudes matemáticas de Clever Hans. Rosenthal sospechaba que las expectativas de un investigador durante un experimento podían hacer que sus sujetos

---

* Tras la crisis, que no solo afectó al Bank of the United States, sino también a otros cientos de bancos, el Gobierno fundó la Federal Deposit Insurance Corporation (FDIC) para protegerse de los riesgos de la profecía autocumplida. Al asegurar los depósitos de los clientes, la FDIC garantizaba que la quiebra de un banco no tendría un impacto directo en esas cuentas. No obstante, hay gente que podría considerar que la crisis financiera de 2008 fue también una crisis bancaria, pero moderna. En este sentido, las empresas que trabajaban con Lehman Brothers, que se declaró en bancarrota durante la crisis, perdieron la confianza en que tuviera suficiente liquidez para cumplir con sus obligaciones comerciales. Como resultado, dejaron de negociar con Lehman Brothers, lo que contribuyó a acelerar su crisis de liquidez. Es necesario señalar que los activos en riesgo de Lehman Brothers no estaban asegurados por la FDIC.

actuaran de un modo particular. Por ejemplo, descubrió que el adiestramiento de las ratas era más fructífero cuando los investigadores creían que eran animales brillantes; si pensaban que eran estúpidos, se comportaban de acuerdo con esa idea. Haciéndose eco de la profecía autocumplida de Merton, el trabajo de Rosenthal reveló que el nivel de inteligencia percibido por las ratas dependía de las expectativas (positivas o negativas) del experimentador.

Aunque los resultados de sus estudios fueron fascinantes, Rosenthal tuvo dificultades para publicar sus primeros trabajos. Al no encontrar una salida para su investigación, acudió a una revista multidisciplinar, *The American Scientist*, donde logró editar sus resultados para el público general.

Lenore Jacobson, directora de una escuela de primaria en San Francisco, era ajena al campo de investigación de Rosenthal, pero tuvo la oportunidad de leer sus artículos y se preguntó si la misma dinámica que se observaba en ratas de laboratorio sería eficaz en las aulas. Por eso, invitó a Rosenthal a que llevara a cabo un estudio similar en su escuela. Las conclusiones de dicho estudio cambiarían la educación para siempre.

El centro donde trabajaba Jacobson (Oak School) tenía 18 clases, es decir, tres por curso (de primero a sexto). Para llevar a cabo el experimento, organizaron al alumnado de cada curso en tres categorías, según su rendimiento: quienes estaban por encima de la media, en la media y por debajo de la media.

Al acabar el curso, los alumnos cumplimentaron un test de inteligencia y Jacobson comunicó a los maestros los nombres de aquellos niños (un 20 %) que habían obtenido unos resultados excepcionales en el test y, por tanto, tenían más posibilidades de destacar el próximo curso. En consecuencia, al año siguiente los docentes actuarían bajo la expectativa de que algunos de sus estudiantes tenían un potencial superior al del resto de la clase.

Al cabo de ocho meses, todos volvieron a cumplimentar el test de inteligencia. En los cursos inferiores, los alumnos que Jacobson había dicho que tenían un gran potencial mejoraron de forma considerable sus resultados, en comparación con el resto de la clase. Así, en primero fueron un 27,4% mejores, mientras que el resto incrementaron su rendimiento en un 12%; en segundo, sus puntuaciones aumentaron un 16,5% en comparación con el 7% del resto de la clase[*].

Sin embargo, y esto fue lo más sorprendente, los alumnos que Rosenthal y Jacobson habían identificado como con mayor potencial habían sido elegidos al azar, no en función de sus primeros resultados en el test de inteligencia. Es decir, en realidad, no tenían más posibilidades de destacar que sus compañeros de clase, pero, como los investigadores habían modificado las expectativas que tenían puestas en ellos los maestros, obtuvieron mejores resultados. De este modo, la falsa premisa del potencial académico se había hecho realidad y había llevado a que esos estudiantes se esforzaran más porque sus maestros creían en su potencial. Además, al mismo tiempo, los docentes habían prestado más atención a sus supuestos «alumnos estrella». En resumen, los investigadores habían logrado generar una profecía autocumplida positiva que mejoraba el rendimiento.

═══════════

La obra *Pigmalión*, de George Bernard Shaw, lleva ese título por el mito del escultor que quería desposarse con la hermosa estatua que había esculpido; y, de hecho, esta acabó cobrando vida y se casaron.

---

[*] Fue curioso observar que, de tercero a sexto, no hubo diferencias en los resultados del test de inteligencia entre los alumnos que habían sido identificados como con un potencial alto y el grupo de control. Rosenthal y Jacobson sugieren varias explicaciones, entre ellas que los niños más pequeños están más abiertos al cambio o a la influencia social, y entienden la jerarquía de forma a los de mayor edad, lo que hace que las expectativas de los maestros sobre estos ejerzan menos influencia.

El texto teatral, claro ejemplo de profecía autocumplida, trata sobre una apuesta entre el profesor de fonética Henry Higgins y el coronel Pickering, aficionado a la misma disciplina. Los dos caballeros apuestan si Higgins es capaz de instruir a una humilde vendedora de flores, Eliza Doolittle, para que su forma de hablar pueda confundirse con la de una duquesa. Higgins al final gana la apuesta, aunque trata a la joven Eliza como una posesión, porque está convencido de que ella es su creación. Por su parte, la astuta Doolittle percibe el propósito de Higgins y le confiesa que para él siempre será una humilde florista, porque así es como la trata. En cambio, para el coronel Pickering será una dama, porque siempre se ha comportado con ella como si lo fuera. Lo que Eliza viene a decir, pues, es que lo que define la clase social de una persona no es su comportamiento o su forma de hablar, sino cómo la perciben y la tratan los demás. En definitiva, como advirtió Eliza Doolittle, la gente suele ser justo lo que esperamos que sea.

Por tanto, del mismo modo que el trato del coronel Pickering modifica la concepción y la realidad de Eliza Doolittle, las expectativas de un directivo pueden cambiar el rendimiento de un trabajador de su empresa, y es así básicamente porque las personas suelen «leer» mejor las señales que los caballos. Y las expectativas se establecen de forma explícita, pero también implícita: asignando tareas más interesantes, ejerciendo una menor supervisión, confiando en la gestión cotidiana de ese individuo o tomando en cuenta su opinión sobre la situación general de la empresa.

Así, lo que se conoce popularmente como el «efecto Pigmalión» establece que tener altas expectativas sobre otras personas mejora su rendimiento. El profesor de gestión empresarial Dov Eden ha dedicado gran parte de su carrera profesional a este ámbito, sobre todo haciendo experimentos con el ejército israelí. Por ejemplo, en uno de sus estudios seleccionó al azar a un grupo de soldados y comunicó al alto mando que tenían un gran potencial. Por tanto, estos fueron clasificados como soldados de «alto rendimiento» y, con el tiempo, tuvieron un mejor desempeño que los demás en el aprendizaje de tácticas de combate, en sus conocimientos topográficos o en la habilidad para disparar. Eso a pesar de que, en realidad, no tenían más potencial que el resto de reclutas[*].

Como estamos viendo, las expectativas de un responsable de equipo condicionan el rendimiento de este porque modifican, a su vez, las expectativas de sus miembros: cuando detectan que su jefe tiene grandes esperanzas puestas en ellos, aumentan las suyas, se esfuerzan más y mejoran su autoconcepto y su autoestima. Así, en cuanto empiezan a rendir a un nivel más alto, sus expectativas positivas se refuerzan aún más, por lo que entran en un «círculo virtuoso». Por otro lado, también su superior observa esas mejoras y ello refuerza sus expectativas iniciales. Con el tiempo, este círculo virtuoso propiciará un aprendizaje más intenso y un mayor *feedback* para los trabajadores más capaces, lo que seguirá dándoles ventaja.

Además, podemos generar expectativas que afecten a nuestra vida familiar. Por ejemplo, las creencias sobre la buena marcha de la relación de pareja o el rendimiento escolar de los hijos fomentan, respectivamente, lazos conyugales más fuertes[**] y mejores resultados académicos de la prole. El resto de nuestras relaciones personales también están repletas de oportunidades para señalar lo que esperamos de los demás, y la gente suele cumplir (o no) esas expectativas.

---

[*] Los metaanálisis de estudios sobre las profecías positivas en el trabajo muestran que sus efectos son más intensos en contextos militares o educativos. Esto puede tener que ver con la estructura jerárquica de estas instituciones. Además, las investigaciones revelan que tales profecías positivas funcionan mejor cuando el rendimiento inicial de una persona es bajo.

[**] Es importante que las expectativas positivas de una relación de pareja vayan acompañadas de un comportamiento constructivo en las interacciones y de la búsqueda de explicaciones positivas para el funcionamiento de la relación.

LAS CITAS A CIEGAS (O LAS PRIMERAS IMPRESIONES) NUNCA SON DEL TODO CIEGAS

Gran parte de los ejemplos que hemos tratado hasta ahora tienen que ver con las expectativas en las relaciones «directas»: subordinado/jefe, alumno/profesor o incluso caballo/dueño. Pero hay ocasiones en las que generamos expectativas antes incluso de que empiece una relación; porque, como dice el refrán, las primeras impresiones cuentan. Pero ¿y si te dijera que esas primeras impresiones están determinadas por las expectativas que tenemos *antes* de ver a la otra persona?

En la década de 1970, un equipo de psicólogos pretendía entender qué papel jugaban las expectativas al inicio de una relación. Y ¿acaso había un mejor ejemplo de ello que un grupo de universitarios teniendo citas a ciegas? Dicho y hecho: los investigadores proporcionaron a un participante masculino (llamémosle de forma genérica Jack) la foto de una participante femenina (a la que llamaremos Dianne). Durante el experimento, Jack y Dianne nunca llegaban a verse, pero hablaron por teléfono varias veces. Luego, evaluadores externos tuvieron acceso a esas conversaciones telefónicas.

En ciertas condiciones experimentales, a Jack se le dio la foto de una mujer que no era Dianne, pero le dijeron que sí lo era —a ella, en cambio, nunca se la avisó de que Jack hubiera recibido una foto suya o de otra persona—. La foto era de una chica bastante bella. Por tanto, Jack pensaría que Dianne era muy atractiva, pero lo más sorprendente es que ella empezó, de hecho, a comportarse de una forma más abierta y seductora; es decir, fue más amable, simpática y sociable en comparación con las otras participantes cuyos compañeros no habían recibido la foto.

¿Por qué Dianne se comportaba de forma distinta con Jack? La conclusión a la que llegaron los investigadores fue que lo hacía gracias a la expectativa (falsa, pero positiva) que Jack se había creado sobre su belleza, estimulada por la foto de la mujer despampanante. Por eso, Jack interactuó de forma más positiva con Dianne y ella se sintió más atractiva. Del mismo modo que el coronel Pickering en *Pigmalión*, Jack esperaba que Dianne fuera de una determinada manera... y ella estuvo a la altura de esas expectativas.

En otro orden de cosas, las expectativas siempre afectan a nuestro primer contacto con los compañeros de trabajo; lo que hayamos oído de estas personas (sea bueno o malo) influye en tales interacciones. Por ejemplo, si crees que ese nuevo colega es un estúpido, lo más seguro es que actúes de forma muy diferente que si antes de conocerlo has oído decir que es un gran tipo. Y, a través de las señales que le envías (cómo lo saludas, qué preguntas le haces e incluso la forma de sonreírle), lo transformas en ese estúpido o ese gran tipo que crees que es.

Una de las principales «citas a ciegas» que puede tener alguien en la vida se da con los responsables de recursos humanos de las empresas. Antes de que un entrevistador y el candidato a un puesto de trabajo se conozcan, es probable que ambos experimenten los típicos nervios de una primera cita. Por un lado, saben lo necesario sobre el otro para generarse ciertas expectativas, pero no lo suficiente para tomar una decisión cabal sobre la relación que surgirá; quieren que funcione, pero no saben si saldrá bien. Ahora bien, con frecuencia, el hecho de que se entiendan o no se decide antes de que lleguen a conocerse.

En un estudio sobre este particular, Thomas Dougherty, Daniel Turban y John Callender recopilaron todos los datos del departamento de Recursos Humanos de una gran empresa energética y evaluaron a cada uno de los candidatos que habían solicitado un empleo, desde un puesto en secretaría hasta uno en programación informática. Antes de la entrevista, los candidatos hacían una serie de pruebas relacionadas con el cargo a desempeñar y adjuntaban su currículum. Basándose en esta información, y sin haber conocido a los candidatos, los responsables de selección de personal los valoraron según una escala de 9 puntos, donde 1 era la puntuación más baja y 9 la más alta. A continuación, se entrevistaron al azar con los distintos candidatos, sin indicaciones sobre cómo emplear los currículos y las puntuaciones.

Durante los ocho meses que llevó el proceso, los investigadores grabaron todas las entrevistas. A continuación, tres profesionales independientes escucharon las grabaciones y extrajeron un modelo coherente para evaluarlas, basado en los siguientes factores: la consideración positiva (es decir, si los entrevistadores hacían preguntas amistosas, se mostraban de acuerdo con las respuestas del candidato, se reían o hablaban de forma distendida), el estilo positivo (si tenían una actitud simpática) y el enfoque de las preguntas (abiertas o cerradas). Además, tuvieron en cuenta si al final se hacía una oferta de trabajo al aspirante.

Y, aparte, de evaluar a los entrevistadores, analizaron la actitud de los candidatos.

Cuando los investigadores examinaron los resultados, descubrieron que las expectativas creadas antes de que el responsable de la selección se entrevistara con un aspirante fueron clave para el futuro de este: determinaron si el estilo de entrevista era positivo y fomentaba un ambiente más cálido y amistoso. Además, los entrevistadores que tenían expectativas positivas ofrecieron más información sobre la empresa y el puesto de trabajo, pero dedicaron menos tiempo a examinar las aptitudes del candidato. Y, al igual que en la cita a ciegas de Jack y Dianne, tales expectativas modificaban en positivo la actuación del aspirante y eran capaces de crear un vínculo más fuerte con la persona que lo entrevistaba. Por tanto, los candidatos resultaron ser lo que el entrevistador esperaba o no de ellos, y eso era determinante para que se les ofreciera un puesto.

Lo dicho demuestra que nuestro rendimiento depende en cierto modo de las expectativas de quienes tienen alguna autoridad sobre nosotros, ya sean profesores, jefes, mandos militares o entrevistadores. Del mismo modo, cuando somos nosotros quienes estamos en una posición de poder, podemos hacer que los demás estiren sus recursos si ajustamos mejor nuestras expectativas. Sin embargo, también son fundamentales las expectativas que estableces para ti. Por eso es el momento de analizar cómo tus pensamientos pueden provocar profecías autocumplidas positivas que te ayuden en la consecución de tus metas.

DE QUÉ MODO NUESTRAS EXPECTATIVAS NOS HACEN MEJORAR

En 1867, dos días antes de Navidad, nació Sarah Breedlove Walker en una plantación de Luisiana. Sus padres eran esclavos, a los siete años se quedó huérfana, a los catorce se casó, a los dieciocho fue madre y a los veinte se quedó viuda. Sin duda, la vida de Walker no era muy esperanzadora. En aquel momento estaba sola con una hija pequeña, y con su trabajo lavando ropa ganaba (en el mejor de los casos) un dólar y medio al día. Si bien, por muy difícil que fuera su existencia, tales circunstancias eran bastante comunes para las mujeres negras en aquella sociedad opresiva, que ofrecía pocas oportunidades de progresar y ni tan siquiera la esperanza de un futuro mejor.

Walker quería salir de un entorno en el que las oportunidades eran muy limitadas para las mujeres negras; y, como tantas otras personas que sufren desigualdades económicas o sociales, tuvo que luchar contra las bajas expectativas. Como ella misma decía: «No podía ni imaginar cómo una pobre lavandera como yo sería capaz de tener una vida mejor».

Por si fuera poco, el estrés de su vida diría, una dieta pobre, los problemas de higiene y la carencia de servicios sanitarios favorecieron la aparición de una enfermedad en el cuero cabelludo que le provocó alopecia, una afección muy común de las mujeres en esas mismas circunstancias. Y en una sociedad donde las leyes de segregación racial (conocidas como «leyes Jim Crow») daban tan pocos derechos a las que eran como Walker, la vergüenza por la pérdida del cabello resultaba aún más dolorosa. Por eso, recuperar la dignidad perdida —física y psicológica— se convirtió en la vía escogida por Walker para cambiarse a sí misma y a tantas otras personas que se enfrentaban a los mismos problemas.

Con un dólar y veinticinco centavos en el bolsillo, inició un negocio de productos para la recuperación del cabello. Así se labró un nuevo nombre, Madame C. J. Walker, y trabajó sin descanso para que su empresa funcionara, pasando para ello muchas horas en la carretera promocionando sus productos por todo el Sur. Sin embargo, a pesar de que su negocio prosperaba, no pudo vencer la discriminación por el color de su piel. No le permitían entrar en los hoteles, por lo que se alojó con líderes locales negros que la ayudaron a forjar vínculos más estrechos con las comunidades que visitaba, donde a menudo hallaba a fervientes defensores de sus productos y a clientes potenciales.

Aunque Walker se esforzaba principalmente en transformar el aspecto de sus clientes, su mayor logro tuvo que ver con el cambio en la forma de tratar a su plantilla. Formó a un equipo de comerciales y utilizó una estrategia de marketing multinivel que recompensaba con generosidad su trabajo; de este modo, aprendían que también podían destacar y llegar a ser más de lo que creían posible en un principio. En aquella época, un obrero blanco sin estudios ganaba unos 11 dólares a la semana. En cambio, el equipo de ventas de mujeres negras de Walker, que superaba el millar de personas, ganaba entre 5 y 15 dólares al día y evitaba el agotador trabajo de las fábricas o en las tareas domésticas. Así, a medida que lograban la independencia económica, las comerciales de Walker pudieron escolarizar a sus hijos, comprar una vivienda y contribuir a labores benéficas, lo que implicaba, a su vez, ayudar a incrementar las expectativas de futuro de generaciones venideras.

Por su parte, Madame C. J. Walker se convirtió en la primera mujer negra millonaria en Estados Unidos y dejó a su muerte un patrimonio de unos 8 millones de dólares. También fue una figura destacada de la vida social, participó en política y en actividades filantrópicas. Reflexionando sobre su notable capacidad para generar oportunidades, el historiador de Harvard Henry Louis Gates señaló: «Más que ningún otro empresario, Walker descubrió el enorme potencial de la economía afroamericana a pesar de lo oprimida que estaba esa población».

Pero ¿cómo pudo Walker, a diferencia de otros muchos afroamericanos, incrementar sus expectativas dentro de un sistema tan rígido de normas sociales y leyes formuladas para mantenerla sometida? Pues porque tenía una forma muy diferente de concebir las oportunidades.

Mucha gente que quiere hallar nuevas oportunidades se pasa la vida buscándolas o esperando a que se presenten. Tanto si tienen talento como si confían en la fortuna, estas personas creen que las oportunidades —un nuevo producto, un nuevo método de trabajo o hacer los contactos adecuados— están ahí fuera y solo deben tener paciencia.

No obstante, lo que nos enseña la historia de Madame C. J. Walker es una forma muy distinta de concebir las oportunidades: ella se concentró en crearlas, modificando las expectativas sobre sí misma, obviando lo que los demás pensaban de ella y creyendo solo en lo que podía hacer. Como dijo ella misma: «Construir mi vida y crear mis propias oportunidades». Porque el problema, como también admitía Walker, es que mucha gente «se sienta a esperar que lleguen las oportunidades», cuando deberían hacer lo contrario, «pasar a la acción y generarlas por su cuenta». Sin embargo, cuando los demás esperan tan poco de nosotros es difícil reunir la confianza o la motivación suficientes para dar un paso adelante. Nancy Koehn, experta en historia empresarial en la Universidad de Harvard, argumenta que «gran parte del modelo de negocio de Walker y de su optimismo eran producto de las limitaciones a las que se enfrentó. Mostró un espíritu indomable que prevaleció frente a las dificultades para reunir capital o las imposiciones de su estatus. En un mercado en el que no había muchas oportunidades para las mujeres como ella, supo abrir camino».

―――――――――

Aunque, por supuesto, nuestras circunstancias no son tan difíciles como las de Walker, con frecuencia nos enfrentamos a retos que podemos calificar como oportunidad o amenaza. Y las etiquetas que personas o empresas ponen a estos retos tienen importantes implicaciones. Por ejemplo, si consideras que te enfrentas a una *amenaza* cuando sufres un contratiempo (un proyecto fallido, o una situación complicada en lo profesional o en lo personal) sufrirás lo que los expertos en gestión Barry Staw, Lance Sandelands y Jane Dutton denominan «efecto de rigidez por amenaza». Tal efecto restringe el empleo de los recursos a los usos más convencionales, limita la creatividad e impide la resolución de problemas. Siguiendo con nuestro ejemplo, si Walker hubiera considerado que las restricciones que padeció para alojarse en un hotel suponían una amenaza que podía frustrar sus viajes de negocios, su autoestima habría disminuido. Del mismo modo, podría haber considerado que sus empleadas, como eran pobres, negras y sin educación, no serían capaces de hacer su trabajo, lo que habría empeorado sus ya bajas expectativas.

Lo que esto significa es que las amenazas coartan nuestra forma de procesar la información y nos recuerdan las expectativas pasadas, por lo cual no nos permiten otra forma de ver las cosas. Como consecuencia, creemos no disponer de los mejores recursos, de un plan bien trazado o de información suficiente, así que nos quedamos inmóviles, temiendo lo que pueda ocurrir. Es decir, justo cuando es más necesario, limitamos nuestra capacidad para utilizar los recursos con el fin de cambiar las cosas.

En cambio, si consideramos que esos contratiempos son una oportunidad, los afrontaremos de forma muy distinta. Por ejemplo, Walker tuvo claro que su enfermedad y su situación económica eran una vía abierta para crear futuro nuevo y mejor. A partir de ahí, construyó un fuerte equipo de ventas con mujeres que eran casi indigentes y aprovechó la prohibición de alojarse en un hotel para reforzar su vínculo con los clientes. Gracias a ello, ejerció un mayor control de su destino y no perdió la motivación para estirar sus recursos.

ESTAR A LA ALTURA DE LAS EXPECTATIVAS

Un día, Alex Turnbull descolgó el teléfono para hacer una de las llamadas más fundamentales de su vida. Pero enseguida colgó, volvió a descolgar y colgó de nuevo. Tras repetir ese ritual unas cuantas veces, salió a dar un paseo. La caminata lo tranquilizó, así que regresó para intentar llamar otra vez. Cuando descolgó el teléfono, finalmente, sus dedos marcaron el número que determinaría su futuro… Aunque al otro lado del aparato solo oyó los tonos de llamada hasta que saltó el buzón de voz.

Una hora más tarde, sonó el teléfono y, por fin, comunicó su decisión. Con tono seguro, dijo: «Estoy muy agradecido por la oferta, pero en este momento no es lo mejor para nosotros».

Con esa simple frase, Alex Turnbull dejó escapar 12 millones de dólares. Una gran empresa de software le había hecho una buena oferta para comprar Groove, su compañía de software de atención al cliente, que había creado en 2011. No era la primera vez que Turnbull rechazaba un cheque de siete cifras o una suma elevada por su compañía —cuya facturación era en aquel momento de unos discretos 70.000 dólares al mes—, pero tales negativas al final darían su fruto. Por otro lado, dicha venta habría proporcionado a Groove recursos casi ilimitados para seguir mejorando sus productos, contratar a los ingenieros de mayor talento y contar con la infraestructura necesaria para llegar a liderar un negocio valorado en mil millones de dólares.

Sin embargo, al sopesar la oferta se hizo una pregunta obvia, pero poco frecuente: ¿cuáles eran sus expectativas? Es cierto, ya lo hemos visto, que tener expectativas altas es muy beneficioso, pero si estas no tienen un propósito definido, es decir, lo que Simon Sinek llama un «porqué», entonces no tienen ningún valor.

Y Turnbull se dio cuenta de que para alcanzar sus metas no era necesario tener un negocio de mil millones de dólares. De hecho, eso podía distraerlo de lo que en realidad le importaba: que su empresa fuera sostenible y rentable a largo plazo, y también pasar tiempo con su familia y hacer surf en la costa de Rhode Island. Así pues, en vez de considerar que su compañía era un trampolín de cara a un proyecto más grande, entendió que tenía el tamaño adecuado para que él estuviera satisfecho.

Ya había pasado por situaciones similares y era capaz de reconocer los riesgos de aceptar ese cheque. Antes de poner en marcha Groove, cofundó una compañía proveedora de servicios digitales para empresas llamada Bantam Live, con la que recaudó unos 3,5 millones de dólares de capital riesgo. Sus inversores le forzaron a crecer demasiado rápido y, luego, a vender la empresa a Constant Contact, una compañía que cotizaba en bolsa. De modo que esa experiencia le enseñó que los grandes inversores tenían unas expectativas aún más altas que las suyas, pero que no encajaban con sus propios fines.

Esto no quiere decir que la decisión fuera fácil de tomar. Rechazar tal cantidad de dinero supuso algunas limitaciones para los recursos de la empresa. Por ejemplo, sin disponer de un gran capital es complicado contratar a los mejores ingenieros. Los gigantes de la tecnología, como Google, seducen a los profesionales más brillantes prometiéndoles prestigio y un sueldo muy elevado. Por eso Turnbull intentó que sus expectativas coincidieran con las de sus trabajadores; es decir, les ofreció visibilidad, una mayor autonomía y la posibilidad de teletrabajar con un horario flexible. En otras palabras, para contratar a su personal Turnbull empleó la misma estrategia que usaba para encontrar buenos clientes; quienes solo se interesan por el coste de un producto suelen ser menos fieles y buscan enseguida otras opciones a mejor precio. Por eso, si contrataba a la gente solo en función del salario, sabía lo que ocurriría: muchos se irían a otra empresa en cuanto les ofrecieran más dinero.

Desde que rechazó aquella oferta, el negocio de Turnbull creció hasta multiplicar por cuatro sus ventas. Pero su principal logro consistió en estar satisfecho con su vida. Era padre y amaba su trabajo: «El hecho de que nadie me pida explicaciones y que los inversores no me presionen si no cumplimos los objetivos me permite tomarme todo el tiempo que quiera para disfrutar de esto», me dijo. «Ese es un lujo que muchos de mis amigos, cuyas empresas superan con creces nuestro valor gracias al capital riesgo, no pueden permitirse».

La conclusión de todo esto es que la seguridad de estar a la altura de tus expectativas te garantiza la satisfacción con lo que haces. Es posible que los demás tengan unas expectativas muy distintas a las tuyas, que no coincidan con tus objetivos. Sin duda, ese es uno de los principales problemas relacionados con las expectativas, pero hay otro que surge cuando te las creas sobre otras personas. Por desgracia, en algunos entornos los seres humanos somos más propensos a esperar lo peor, en especial de otros. Y claro, cuando esperamos lo peor... eso es lo que solemos obtener.

EL PROBLEMA DEL SOMBRERO DE BURRO

A Juan Duns Escoto se le considera uno de los principales pensadores del siglo XIII. Su bagaje académico incluía disciplinas como la filosofía, la lingüística, la teología o la metafísica. Famoso por su mente aguda y su capacidad para detectar diferencias muy sutiles en el pensamiento, también creía que llevar capirotes (sombreros altos de forma cónica) facilitaba el aprendizaje, porque el conocimiento entraba por la punta del sombrero y se dirigía hacia la cabeza de su portador. Por eso los magos llevaban sombreros de ese tipo, igual que los seguidores de Juan Duns Escoto, conocidos como *dunces*.

Este erudito ejerció un profundo impacto en las corrientes intelectuales hasta el siglo XVI, cuando atacaron su obra por su excesiva e innecesaria complejidad. Como se acusó a sus discípulos de propiciar discusiones bizantinas y emplear argumentos demasiado enrevesados, sus detractores se apropiaron de la etiqueta *dunce* y la convirtieron en sinónimo de *«necio»*.

Durante la época victoriana, la combinación del término *dunce* y el sombrero en forma de cono que Juan Duns Escoto creía que ayudaba a adquirir conocimientos dio lugar a uno de los peores inventos de la historia: el sombrero de burro (en inglés, *dunce hat*). Este sombrero puntiagudo, adornado con una gran «D», simbolizaba la estupidez y tuvo un gran éxito en Norteamérica y en Europa.

El sombrero se usaba en las escuelas para colocarlo en la cabeza de los alumnos que hacían travesuras, y su fin era avergonzarlos en público. Este castigo se basaba en la idea de que la mala conducta era algo controlable, es decir, que podía atribuirse a factores internos; a pesar de que influyeran también factores externos, como el hecho de que los demás niños se burlasen de quien recibía el castigo, que sus padres no se ocuparan de su educación o que ni siquiera pudiese alimentarse bien debido a la escasez de recursos de su familia. Los maestros creían que si estigmatizaban al estudiante —poniéndole el sombrero de burro— trabajaría más y se comportaría mejor. Sí, este método nos puede parecer disparatado hoy en día, y a pesar de ello en algunos centros educativos se siguen imponiendo castigos inspirados en él. No hace mucho, en Forest Fields (Nottingham, Inglaterra) se obligó a un niño de 8 años, Abdullah al-Ameen, a llevar una chaqueta amarilla fluorescente en la escuela porque había tirado unas hojas a unos niños que, según su versión, se metían con él. La directora del centro, Sue Hoyland, defendió la decisión argumentando que «cuando el comportamiento de los niños es inadecuado, lo que nos interesa es recompensarles si se portan bien. Las chaquetas permiten que los profesores sepan a quiénes deben elogiar y premiar».

Dejando a un lado el tremendo shock que supone para un crío ser humillado, el problema del sombrero de burro es que genera las mismas dinámicas que favorecieron la inteligencia del caballo Hans y los mejores resultados de los estudiantes del experimento de Rosenthal y Jacobson; aunque en este caso funcionan en dirección opuesta. Así, como solemos actuar de acuerdo con las expectativas de los demás —incluso las negativas—, el sombrero de burro produce profecías autocumplidas que llevan a los alumnos a portarse aún peor.

Hay veces en que hacemos esto mismo con sombreros de burro figurados, cuando esperamos lo peor de otras personas. Nuestras bajas expectativas suelen provenir de la tendencia a atribuir el fracaso ajeno a factores controlables. Por ejemplo, si un desconocido se resbala, lo considerarás torpe; si un nuevo compañero de trabajo llega tarde a la oficina, es porque es un irresponsable; si a una persona conocida la despiden, dudarás de su profesionalidad. Es decir, sacarás conclusiones sobre otras personas aunque tengas poca información sobre su situación real. Sin embargo, si eres tú quien se encuentra en una situación parecida, con seguridad sopesarás todos los factores en juego: que si el suelo estaba mojado, que si había atasco en la carretera o que si la empresa despidió a todo el departamento. En cambio, si careces de esta información sobre el prójimo, proyectarás las peores expectativas.

Lo contrario sucede cuando valoramos el éxito de otras personas; en general, atribuimos sus logros a factores que están fuera de su control. Por ejemplo, si alguien asciende en tu trabajo, pensarás que le han hecho un favor; si un colega tuyo capta un cliente que a ti se te escapó, lo achacarás a la suerte. Ahora bien, si te ascienden a ti o te haces con un nuevo cliente, lo asociarás a factores internos, es decir, a tu inteligencia o tus habilidades. Esa forma autocomplaciente de evaluar nuestros éxitos y fracasos en relación con los de otros protege nuestro ego, pero repercute de forma negativa en las expectativas que nos formamos sobre el resto de la gente; es decir, nos hace sentir mejor con nosotros mismos, pero también hace que subestimemos las virtudes ajenas.

———————

Existe otra situación en la que unas expectativas negativas pueden perjudicar la consecución de las metas: la de los cambios organizacionales. Se trata de una de las situaciones más comunes (y determinantes) de la vida laboral de cualquiera y, sin embargo, no suele acabar bien. Un estudio reciente de la consultora McKinsey cifra en casi un 70% el índice de fracaso de las iniciativas de cambio organizacional. Y la razón de este alto porcentaje de fracasos suele estar relacionada con las expectativas.

En un estudio al respecto, Eric Dent y Susan Goldberg, de la Universidad George Washington, analizaron los libros más populares de gestión empresarial y descubrieron que en la mayoría de ellos se asumía que los trabajadores se resistirían a los cambios; y eso, en opinión de estos investigadores, había influido en las expectativas de directivos de todo el mundo. Por eso, cuando un ejecutivo espera encontrar algún tipo de resistencia al cambio por parte de sus trabajadores, en realidad debe lidiar con algo que ha contribuido a crear. Desde este punto de vista se considera cualquier desacuerdo (incluso los legítimos) como una oposición implacable a las propias ideas; y, en lugar de aprovechar esas sugerencias (a menudo muy útiles) de la plantilla, la respuesta más habitual es sancionarlas: quienes disienten o aportan otras perspectivas son silenciados o despedidos. La consecuencia es que la motivación del personal se resiente, lo que le lleva a resistirse a cualquier iniciativa de cambio; es decir, se convierten justo en aquello que cualquier empresa querría evitar.

Vemos, pues, que cuando desde la dirección existe la expectativa de que su propuesta de cambio se enfrentará a alguna resistencia actuará de acuerdo con tal premisa... y eso obtendrá. A veces se tiene la tentación de mantener el cambio en secreto o tratar de disimularlo ante los trabajadores que se espera que sean más propensos a sabotearlo. El resultado es que, cuando el cambio al fin sale a la luz, esos empleados se resisten a él porque no se ha tenido en cuenta su opinión.

Sin embargo, la realidad es que, en la mayoría de los casos, el personal de una empresa ni apoya ni se resiste a los cambios, sino que se mantiene neutral. Aun así, dicha neutralidad puede transformarse en resistencia activa si se espera que la haya. Lo mismo puede decirse respecto a otros ámbitos de la vida profesional o personal: si esperamos lo peor —malos resultados, equipos poco fiables o hijos perezosos— solemos obtener lo peor.

Sin duda, no resulta en absoluto beneficioso etiquetar a alguien como incompetente antes de conocerlo o desechar un proyecto sin saber de qué trata. Por este motivo, en vez de encasquetar un sombrero de burro en la cabeza de otras personas deberíamos seguir el ejemplo de Madame C. J. Walker y usar otros «complementos» para embellecer sus testas.

═══════════

Mucha gente se esfuerza por lograr un buen autoconcepto, pero, pese a la tendencia natural a tener expectativas positivas, a veces también *nos* adjudicamos las peores. Y claro, ser nuestros críticos más despiadados nos lleva a esperar muy poco de nosotros mismos. En esos casos, nos repetimos una y otra vez todo tipo de *pensamientos negativos*: que somos incapaces de hacer algo, que no somos lo bastante buenos o que somos unos impostores.

Katy DeCelles, Jane Dutton y yo llevamos a cabo un estudio en el que entrevistamos a unos cuantos activistas en defensa del medio ambiente. Sus esfuerzos influían en el modo en que las empresas modificaban sus productos para hacerlos más sostenibles; además, solían aconsejar a las personas de su entorno para que fueran más responsables con los recursos naturales. Sin embargo, pese a su dedicación y su gran labor, solían tener una actitud común: la autoderrota.

Aunque ese sentimiento no tuviera sentido, gran parte de las personas que entrevistamos dudaban de que su lucha fuera suficiente para cambiar las cosas. Cuando entramos en detalle descubrimos que en realidad se autosaboteaban, convenciéndose de que siempre podrían hacer más de lo que hacían. Por ejemplo, si tenían un coche híbrido se preguntaban por qué no usaban el transporte público; y si lo hacían se preguntaban por qué no se desplazaban a pie. Una de las personas a la que entrevistamos analizó su alimentación para calcular su impacto ambiental y, para reducir la huella ecológica que generaba, compró compensaciones de carbono. Tales acciones nos parecieron sorprendentes, pero ella no estaba nada impresionada. Al revés, nos dijo: «Sabiendo todo lo que sé, sigo eligiendo opciones que no siempre son correctas. Por ejemplo, como carne, bebo vino y cerveza… Siempre que puedo compro ropa de la marca Patagonia, pero a veces también me compro algo de North Face»*.

Según los resultados de nuestra investigación, el antídoto para este tipo de pensamientos autodestructivos es sembrar semillas positivas. Al reflexionar acerca de todos los recursos que poseían los ecologistas —en cuanto a conocimientos, experiencia y valores— descubrimos que era posible protegerse de los pensamientos negativos. Sin embargo, para ello era necesario sembrar expectativas positivas; en caso contrario, pese a su pasión y su buena voluntad, nunca lograrían una satisfacción total.

---

* Patagonia y North Face fabrican ropa deportiva y de aventura, pero la primera tiene fama de ser una empresa sostenible desde el punto de vista medioambiental. Por ejemplo, en 2011 pidió a sus clientes que comprasen menos prendas nuevas y más de segunda mano.

SIEMBRA SEMILLAS POSITIVAS

En última instancia, tus perspectivas de éxito y bienestar son el resultado de tus expectativas, de modo que sembrando semillas (expectativas) positivas obtendrás mejores resultados, mejorarás tu rendimiento, fortalecerás tus relaciones, crearás oportunidades y lograrás aquello que sea más importante para ti. En cambio, si siembras expectativas negativas es probable que termines arrancando malas hierbas. Por eso es fundamental controlar las expectativas sobre los demás y las propias. Después de todo, si hasta un caballo es capaz de sumar y restar, ¿qué no podrás esperar de otras personas y de ti?

SIETE

HALLA TU MEZCLA PERSONAL

EL PODER DE LAS COMBINACIONES INESPERADAS

En 1972, la familia Choi emigró con su hijo pequeño a Estados Unidos desde Seúl (Corea del Sur) y se estableció en Los Ángeles. Los Choi educaron a Roy respetando la tradición coreana, enfocada en el éxito y la reputación, y desde pequeño lo presionaron para que estudiara una carrera como Derecho o Medicina. Sin embargo, Roy se rebeló y halló en las drogas la forma de enfrentarse a los estrictos planes de sus padres.

El sueño de Roy era ser chef y necesitaba con desesperación que su familia lo apoyara. Durante muchos años le insistieron para que renunciara a esa aspiración, pero al final dieron su brazo a torcer y le dijeron que, si era lo que quería hacer, se matriculase en la mejor escuela de cocina del país.

Ubicado en el pintoresco Hyde Park, al norte de la ciudad de Nueva York, el Culinary Institute of America alberga el mejor centro de formación para chefs de Estados Unidos. Cuando Roy Choi llegó allí, canalizó su espíritu rebelde poniendo en práctica ingeniosos experimentos culinarios. Pero sus compañeros no sabían apreciar sus aportaciones de nuevos ingredientes a los platos tradicionales, porque estaban centrando sus esfuerzos en perfeccionar las recetas clásicas.

Tras graduarse trabajó en varios hoteles de lujo en ambas costas, este y oeste, y al final se colocó como chef en la cocina del Beverly Hills Hilton. Allí tuvo la oportunidad de cocinar para gente muy famosa y mandatarios como Barack Obama. Pero lo que de verdad transformó su trayectoria profesional, y vital, fue colaborar con Mark Manguera, gerente de alimentos y bebidas.

Una noche, Manguera estaba tomando una copa de champán con un taco; una combinación, sin duda, poco habitual. Entonces comentó en voz alta a su cuñada, Alice Shin, si sería posible sustituir el relleno de un taco mexicano por carne coreana. Al día siguiente le hizo la misma pregunta a Choi y le planteó el reto de fusionar esas dos recetas.

El caso es que, sustituyendo la carne picada habitual de los tacos por la coreana, Choi obtuvo un éxito instantáneo. Muchos de sus clientes de Los Ángeles nunca habían probado la comida coreana, pero enseguida se enamoraron de aquel original y sabroso plato.

A continuación, en vez de abrir directamente un restaurante para vender su creación, el trío de visionarios alquiló una furgoneta, le pusieron un cartel con el lema «KOGI KOREAN BBQ» y se dedicaron a recorrer la ciudad ofreciendo sus particulares tacos. No eran los primeros en hacerlo: ya en 1866, el ganadero texano Charles Goodnight transformó un antiguo vagón de un tren del ejército en un camión repleto de utensilios de cocina y alimentos con los que cocinaba platos de carne y alubias y hacía café para los ganaderos que se dirigían a los mercados del norte y el este. Por su parte, en la década de 1930, la famosa Oscar Mayer Wienermobile —una furgoneta de 6 m con forma de perrito caliente— circulaba por todo el país vendiendo salchichas a miles de familias. Hoy en día, hordas de *food trucks* (expresión que se podría traducir como «gastronetas») dan de comer, de forma barata, a miles de trabajadores de la construcción. Sus detractores las llaman *food trash trucks* «furgonetas de comida basura», para destacar que la comida que venden suele ser de baja calidad.

Sin embargo, la diferencia entre el negocio de Choi y las *food trucks* que lo precedieron residía en lo inusual de su mezcla: alimentos de gran calidad —de los que se sirven en restaurantes de lujo— ofrecidos en formato *food truck*. Así, Choi y sus socios modificaron la imagen de las *food trash trucks* proyectando una más parecida a la de un restaurante gourmet sobre ruedas, digno de figurar en las mejores guías gastronómicas. Además, la movilidad le permitía a Choi ampliar el alcance de su negocio y, de ese modo, llevar sus delicias a una mayor variedad de clientes, tanto hípsters al acecho de nuevas tendencias como universitarios hartos del típico menú de cafetería. Por último, gracias a la reducción de costes, podían ofrecer productos de buena calidad a precios asequibles; por ejemplo, cobraban solo un par de dólares por sus tacos de ternera coreana, que se presentaban cubiertos con una salsa casera elaborada con más de veinte ingredientes.

En 2008, el primer año de su andadura, Kogi recaudó unos 2 millones de dólares atendiendo a cientos de entusiasmados clientes que a veces hacían más de dos horas de cola. Tras ese espléndido comienzo, el negocio siguió creciendo hasta contar con tres *food trucks* y dos restaurantes. Aquel invento de meter un restaurante de lujo en una furgoneta transformó la cultura gastronómica no solo de una ciudad, sino de todo el país; porque, inspiradas por el éxito de Choi y por las películas y series en las que aparecía este nuevo tipo de negocio, miles de personas (procedentes de mundos tan distintos como la informática y la cocina) pusieron en marcha sus propias *food truck* gourmet.

Dentro de la cocina, Roy Choi mezclaba los ingredientes de forma muy original, cualidad idónea para ser un buen chef. No obstante, el ejemplo perfecto de lo que veremos en este capítulo fue su capacidad para hallar una combinación de éxito fuera de la cocina. Recordando aquella máxima de Aristóteles según la cual «el todo es mayor que la suma de sus partes», aprenderás a incrementar el valor de tus recursos a partir de las combinaciones más insospechadas.

Veremos a gente de todo tipo, desde inventores hasta secretarias, mezclar diferentes recursos tangibles e intangibles. Porque resulta que hacer combinaciones a priori extrañas (como competencia/ amistad, rutina/creatividad, lo personal y lo profesional, etc.) da lugar a hallazgos sorprendentes, mejores formas de trabajar y un mayor bienestar. El problema suele ser que, en teoría, es complicado mezclar recursos que a primera vista no parecen relacionados o son incompatibles. Para superar este primer obstáculo hay que aprender a pasar por alto las diferencias superficiales y persistir hasta encontrar la combinación adecuada.

DURMIENDO CON EL ENEMIGO

El caso de Roy Choi —es decir, su certeza de que los chefs con menos recursos que los restaurantes tradicionales pueden, gracias a ello, ofrecer platos más innovadores y baratos— fue para mí una muestra de ingenio tal que me pareció oportuno aprender más sobre el sector. Enseguida me di cuenta de la magnitud del impacto que había provocado Choi: cuando, en 2013, inicié mi estudio en Houston, ya había más de cien *food trucks* gourmet en la ciudad. Visité todas las que pude, probé su comida (y de camino engordé 5 kg) y entrevisté a propietarios y empleados. Para un apasionado de la comida como yo, aquel era un proyecto de investigación muy apetitoso, pero en realidad saqué mucho más partido de lo que aprendí que de lo que comí.

En primer lugar, resultaba innegable que los dueños de *food trucks* a los que conocí tenían muchos aspectos en común con otros emprendedores a los que había estudiado antes: eran personas que habían cumplido sus sueños con recursos limitados y trabajando de forma incansable (en algunos casos más de 18 horas al día); y, como otros que estiran sus recursos, ellos también necesitaban menos para obtener más. En realidad, contaban con muchas menos prestaciones que las de una cocina tradicional y, además, trabajaban hacinados en un pequeño camión de metal donde se solían alcanzar temperaturas elevadísimas.

Pero, más allá de los típicos contratiempos que sufren los emprendedores, también descubrí algo bastante insólito en el mundo de las *food trucks*: sus grandes perspectivas de éxito y la satisfacción que proporcionaban. Y todo ello porque este modelo de negocio era capaz de combinar la competencia y la amistad.

Si le pides a cualquiera su opinión sobre la competencia, es probable que te responda algo parecido a lo que declaró el exdirector de General Electric, Jack Welch (quizá uno de los ejecutivos de mayor prestigio de Estados Unidos): «Sal ahí fuera y compra o cárgate a la competencia». Bajo la perspectiva de un acumulador de recursos, el consejo de Welch tiene mucho sentido; los recursos son escasos y cualquier competidor se podría quedar con una parte demasiado grande del pastel: clientes, ofertas, reputación o capital. Además, algunas investigaciones psicológicas apoyan la afirmación de Welch: cuando un recurso parece escaso, la tendencia natural es arrebatárselo a los demás.

Ahora bien, para quienes estiran sus recursos hundir a sus competidores, como recomienda Welsh, no solo es desaconsejable, sino también una absoluta estupidez. Las personas con esta tendencia valoran los recursos por su potencial y no por su abundancia; por eso, luchar por obtener más impide sacar todo el partido posible a los que ya se poseen. En un experimento, los psicólogos Peter Carnevale y Tahira Probst pidieron a la mitad de sus participantes que negociaran con un socio, pero que, a la vez, lo consideraran como un competidor, es decir, que intentaran obtener más beneficios que él. En cambio, al resto les solicitaron que cooperaran con sus socios para obtener entre todos la mayor cantidad de dinero posible.

Antes de empezar las negociaciones, Carnevale y Probst entregaron a cada participante una caja de cerillas, una caja de cartón llena de chinchetas y una vela pequeña, y les plantearon un pequeño desafío: debían fijar la vela en un soporte para que ardiera bien y no goteara sobre la mesa. El resultado fue que los participantes que debían negociar con un socio de forma competitiva llegaron a una solución mucho menos ingeniosa —consistente en sacar las tachuelas, usar una caja y una tachuela para fijarla a la pared y emplearla como soporte para la vela— en comparación con los que debían cooperar con su socio. El estudio de Carnevale y Probst muestra que una mentalidad competitiva limita la capacidad para aprovechar los recursos.

No obstante, hay otra forma de entender la competencia, una que no se parece en absoluto a la que recomienda Jack Welch. Pero para entender de qué modo no ha de convertirse en una lucha por los recursos es necesario comprender primero que la competencia y la amistad pueden convivir en paz.

William Ortiz trabaja en una *food truck* de tacos gourmet en Houston. Como chef ambicioso que es, le gusta deleitar a sus clientes con nuevos platos que van más allá de los tradicionales tacos mexicanos. Durante un tiempo, estuvo experimentando para dar con su propia versión de los tacos de carne coreana de Choi. Un día, con el ánimo de perfeccionar la receta y obtener los elogios de la crítica, compró los ingredientes y marinó la carne durante unas horas. Todo parecía ir bien hasta que llegó a su plaza de aparcamiento.

Ortiz se percató de que otra *food truck* había estacionado cerca de su ubicación habitual. Así que, como solía hacer, se acercó a saludar.

El saludo derivó enseguida en una conversación sobre el menú respectivo de aquel día. Y Ortiz se dio cuenta de que tenía un problema: «No sabía que el otro servía comida coreana… Quiero decir, conozco al tipo, pero no tenía ni idea de que iba a estar allí. Y yo había preparado mi carne coreana, la había marinado durante horas, de modo que le dije: "Oye, como estás aquí no voy a vender mi taco coreano". Es decir, le propuse colaborar, no pisarnos. Porque no éramos rivales. Nosotros somos una comunidad, por eso le dije que no lo vendería».

La decisión de Ortiz me sorprendió: había decidido guardar para otro día un plato cuya preparación le había requerido tanto tiempo. Sin embargo, no fue esa la primera vez que fui testigo de los increíbles esfuerzos de este colectivo para ayudarse entre sí cuando es necesario; desde ir al supermercado porque un compañero que vende pizzas se ha quedado sin mozzarella hasta reparar una furgoneta que no arranca. Se tratan como amigos y no como competidores a los que apartar del negocio. Además, también comparten las estrategias de venta más rentables, trabajan de forma voluntaria en las furgonetas de los demás en sus días libres y se hacen publicidad; por no mencionar las cervezas que toman juntos en su escaso tiempo libre.

Por supuesto, tales gestos amistosos no eliminan la competencia. Todos ellos luchan por destacar, desean tener más éxito, más clientes, mejores plazas de aparcamiento y el menú más atractivo. Pero añadir la amistad a una relación que, de otro modo, sería conflictiva, ha contribuido en gran medida a mejorar la situación general.

Esta mezcla entre competencia y amistad sirvió de inspiración a los propietarios de *food trucks* para trabajar más duro hasta alcanzar la excelencia. Querían estar a la altura de sus amigos y ofrecer comida de alta calidad, logrando al mismo tiempo un buen rendimiento económico. Y yo me pregunté cómo había surgido aquello: ¿por qué un grupo de empresarios que lucha por ganarse la vida hace amistad con quienes intentan captar a los mismos clientes u otros recursos escasos, como las plazas de aparcamiento o la influencia en las redes sociales?

En 1954, el prestigioso psicólogo Gordon Allport afirmó que es posible que dos grupos sin confianza mutua logren relacionarse e incluso gustarse gracias al contacto social. La investigación de Allport analizaba los prejuicios que justifican la hostilidad entre grupos étnicos. Él propuso una solución difícil de creer, pero sencillísima: juntar a dos personas de orígenes distintos para que interactuasen; eso sí, respetando cuatro condiciones: debían tener el mismo estatus y metas comunes, así como cooperar y respetar las costumbres respectivas.

Otras investigaciones más recientes han profundizado en la llamada «hipótesis del contacto» de Allport y han demostrado que esas cuatro condiciones iniciales ni siquiera son necesarias. En un metaanálisis de 515 estudios sobre esta cuestión se halló que el simple contacto con potenciales rivales incrementaba su aceptación. Pero ¿por qué el mero contacto con personas que, en principio, no son de nuestro agrado transforma las relaciones de una manera tan positiva? La respuesta tal vez te sorprenda: es la misma razón por la que te acaba gustando esa canción tan pegadiza y molesta que escuchas una y otra vez.

Poco después de aparecer el trabajo de Allport sobre la hipótesis del contacto, el psicólogo Robert Zajonc se preguntó por qué, cuando descubrimos algo nuevo, en primer lugar solemos experimentar miedo, pero más tarde nuestras sensaciones se vuelven positivas. Examinando los estudios pioneros sobre los efectos de la música, Zajonc descubrió que la mera exposición a melodías consideradas «desagradables» en un primer momento hacía que la gente acabara sintiendo cierto apego por ellas. Este fenómeno es bastante sencillo y no requiere de recompensa alguna para producirse (como pagar a la persona para que escuche la canción). Tampoco se trata de obtener ningún beneficio. Y ocurre lo mismo con las relaciones: cuando mantenemos contacto con otra persona suele gustarnos más. En realidad, es bastante contradictorio, porque a la vez damos por ciertos tópicos como ese de que «la distancia alimenta el amor» o que «la confianza da asco». En cambio, aplicando este método en nuestras relaciones podemos llegar a simpatizar con nuestros rivales (con los que, hay que reconocerlo, compartimos muchas experiencias) aunque evitemos entablar una amistad, ya que competimos por los mismos recursos.

William Ortiz y los otros propietarios de *food trucks* con los que charlé tenían una especie de ritual que fortalecía sus lazos: compartían sus recetas. Sin importar que el objetivo fuera conocer a un nuevo rival o solo ponerse al día, se hacían frecuentes visitas e intercambiaban recetas. Existía una razón obvia para hacerlo: así conocían nuevos ingredientes. Pero el trueque tenía otra ventaja más, que apoyaba la hipótesis del contacto: los hacía relacionarse entre sí; y esas interacciones suavizaban la competencia y ayudaban a establecer relaciones más significativas que, en muchos casos, llegaban a convertirse en auténticas amistades[*].

En otras palabras, el contacto nos permite entablar una amistad con nuestros competidores y a la vez nos ayuda a mantener una relación más provechosa de lo que nunca hubiéramos imaginado. Y esto es así porque la competencia juega un papel vital en el modo de entender un negocio, ya sea motivándonos a hacerlo mejor o incluso,

---

[*] Los resultados de mi investigación sugieren que esta combinación entre competencia y amistad no se da entre las *food truck* gourmet de otras ciudades. Es decir, cuando una nueva empresa llega a Houston lo hace asumiendo que encontrará un entorno competitivo. Sin embargo, al acercarse a los demás enseguida se da cuenta de que las reglas de ese mercado admiten tanto la amistad como la competencia. En realidad, en un primer momento nadie fue con la intención de entablar amistad con sus competidores. Pero con el tiempo reconocieron la importancia de esos lazos y por eso se unieron.

como ocurre en el caso de William Ortiz y sus colegas, ayudándonos en nuestra labor.

Paul Ingram, de la Universidad de Columbia, y Peter Roberts, de la Universidad Emory, examinaron en un estudio los principales hoteles de Sídney (Australia), que entre todos suman catorce mil habitaciones. Se entrevistaron con sus gerentes e indagaron sobre el tipo de relación que mantenían con la competencia. Luego compararon el número de amistades que tenía cada director en su sector con el rendimiento de su hotel. Y se sorprendieron al descubrir que había una correlación positiva entre la cantidad de amigos de la competencia y el incremento de los ingresos: por cada competidor-amigo se ganaban unos 268.000 dólares más, lo que aumentó las ventas del sector en 90 millones de dólares, es decir, en torno a un 15%. Y es que la inesperada amistad entre quienes competían por los mismos clientes estimuló la colaboración entre ellos, mitigó la competencia despiadada y facilitó el intercambio de información.

En muchas empresas, distintos equipos compiten por los mismos recursos y es posible que eso los lleve a desconfiar entre sí. Pero, si los propietarios de *food trucks* y los directores de hotel fueron capaces de ser amigos a pesar de competir por los mismos recursos, entonces también esos equipos pueden colaborar de una forma amistosa. En este sentido, poner en práctica estrategias como reunirlos en un mismo espacio donde puedan intercambiar recursos —ideas, herramientas o incluso objetos personales— puede generar relaciones inesperadas, pero productivas.

LEJOS DE LA «RUTINA»

Si las relaciones personales son «el corazón» de las empresas —es decir, el tejido social que nos conecta—, las rutinas son su cerebro, porque fijan las bases para llevar a cabo el trabajo y nos indican cómo hacer las tareas. Por eso las amamos y las odiamos al mismo tiempo:

porque facilitan nuestra labor al simplificar las necesidades de pensamiento activo, pero con un coste: a la mayoría de la gente no le gusta trabajar sin «usar el cerebro».

Al pensar en las rutinas, solemos asignarles adjetivos como «aburridas», «impersonales» o «irreflexivas». Es posible que así sea, pero también suponen gran parte de las tareas de una empresa: contratar personal, negociar con los clientes o hacer presupuestos, entre muchas otras. La opinión mayoritaria de los investigadores es que las rutinas proporcionan estabilidad y permiten obtener resultados coherentes y predecibles. Si se diseñan con cuidado y se ejecutan bien, no importa quién se encargue de una determinada rutina, pues siempre se hará de la misma manera y con los mismos resultados. Porque, igual que un hábito o el funcionamiento de un software, las rutinas se ejecutan en piloto automático, sin mucha reflexión, esfuerzo u originalidad.

No obstante, hay otra forma de entender las rutinas que implica relacionarlas con un concepto que todo el mundo cree que significa lo contrario: la creatividad. De hecho, si analizamos lo que aparenta ser una rutina impersonal y poco creativa podemos descubrir un punto de vista muy distinto. En este sentido, los investigadores Martha Feldman y Brian Pentland (este último profesor de la Universidad Estatal de Míchigan) se propusieron cambiar el concepto de rutina que tiene la gente y ofrecieron su propia lista de adjetivos para etiquetarlas: «dinámicas», «creativas» y «personales». No es una idea descabellada: las rutinas permiten hacer aportaciones personales y añadir ciertas dosis de creatividad. Con el fin de explicar este sorprendente cambio de perspectiva sobre las rutinas, Feldman y Pentland distinguen dos de sus aspectos fundamentales:

En primer lugar, afirman que una rutina es un concepto abstracto, una imagen mental. Gracias a la cantidad de repeticiones hechas para crearlas, tenemos un amplio conocimiento sobre ellas. Por ejemplo, los preparativos para que mi hija vaya a la escuela incluyen hacerle el desayuno poniendo tres lonchas de pavo entre dos trozos de pan y envolver el bocadillo, y también revisar sus deberes. Yo etiqueto este conjunto de tareas como una rutina a la que llamo «preparar a mi hija para el cole». De esta forma puedo entender mejor las acciones que debo hacer y referirme a ellas con facilidad. Así, cuando le pido a mi mujer, Randi, que prepare a nuestra hija para el cole, ella ya sabe qué hacer.

Pero existe un segundo aspecto a tener en cuenta que no está tan estructurado: las rutinas son también una serie de acciones específicas que lleva a cabo una persona en concreto durante un instante determinado. Es decir, a pesar de ser una misma rutina, siempre ponemos algo de nuestra parte en ella y la hacemos cada vez un poco diferente. Y en ocasiones esas diferencias son deliberadas. Por ejemplo, quizá decida de repente dejar una nota en la bolsa del almuerzo de mi hija deseándole un buen día. Otras veces las desviaciones son accidentales, como cuando pongo dos lonchas de pavo y no tres en su bocadillo. Además, en ciertas ocasiones una misma situación puede requerir acciones diferentes, como hacer el bocadillo con otro tipo de pan cuando no tenemos el de siempre. Así pues, sea por casualidad o por iniciativa propia (y por pequeñas que sean), estas desviaciones tienen el potencial de provocar distintos efectos. Sin ir más lejos, mi decisión de adjuntar una nota puede alegrarle la mañana a mi hija y eso quizá la ayude a hacer mejor un examen. En cambio, un bocadillo con menos relleno puede dejarla con el estómago vacío y afectar en negativo a su rendimiento en ese examen. Por otro lado, cambiar el pan del bocadillo le dará la oportunidad de probar algo nuevo y, si le gusta, podríamos modificar la rutina en el futuro.

Como vemos, las rutinas cobran vida gracias a los individuos que las llevan a cabo y están determinadas por su comportamiento. Por ejemplo, si mi mujer no tuviera pan de molde podría haber preparado un desayuno distinto; y esa modificación, estrictamente suya, cambiaría nuestra rutina para siempre.

Ahora bien, si a mi hija no le gustase el nuevo desayuno, este podría haber acabado en la basura. Y esto nos lleva a pensar que la recogida de basuras también es una rutina bastante sencilla: consiste en seguir una ruta, volcar en el camión los cubos de basura de los residentes y llevar esos residuos al vertedero. Pero con la intención de saber de verdad qué es necesario para recoger la basura los profesores Scott Turner y Violina Rindova analizaron los datos proporcionados por los servicios de limpieza de seis municipios de Carolina del Norte.

Los equipos de limpieza municipales están sometidos a una enorme presión para ofrecer un servicio constante, sobre todo en lo que se refiere al horario de recogida de la basura. Llegar muy pronto implica que los residentes aún no han sacado sus bolsas y llegar tarde supone recibir un aluvión de llamadas preguntando si el camión se ha saltado una calle o una casa.

Y es que incluso los trabajos en apariencia más sencillos se enfrentan a retos inesperados, y el cumplimiento de los plazos es de todo menos rutinario para los trabajadores de este sector: los camiones se averían, las rutas deben adaptarse a los cortes puntuales de algunas calles, el mal tiempo o la caída de un árbol puede bloquear un tramo en concreto… o simplemente hay gente que falta al trabajo. Por eso, los investigadores descubrieron que los basureros debían tirar de ingenio para cumplir con las expectativas de los usuarios: con buen criterio y una creatividad asombrosa, estos trabajadores seguían una rutina, aunque a veces no la respetaran. Por ejemplo, había días que invertían la ruta o que pedían ayuda a sus compañeros e intercambiaban tareas. Incluso en alguna ocasión se veían obligados a reparar sus propios camiones para respetar el horario, o bien añadían nuevos elementos a su rutina.

El caso es que los equipos de recogida de basuras se esforzaban tanto por ceñirse al horario que los usuarios llegaban a ajustar sus propias rutinas a la hora de recogida de la basura. Vemos, pues, que en cualquier rutina, hasta en la que parece más sencilla, una gran cantidad de personas deben actuar con ingenio y creatividad para resolver los problemas que surgen a diario.

Por tanto, combinar rutina y creatividad nos ayuda a darnos cuenta de que un solo individuo puede cambiar las cosas incluso en los trabajos en apariencia más aburridos. Sin embargo, las rutinas son solo una de las formas de expresarnos en el trabajo —nuestras creencias, experiencias o puntos de vista—; también lo hacemos mediante nuestra identidad, que no solo refleja quiénes somos, sino que rige casi todo lo que hacemos. El problema es que con frecuencia separamos nuestras identidades y vivimos vidas muy distintas dentro y fuera de la oficina. Por eso has de saber que combinar tus distintas identidades te permitirá abordar los problemas, las oportunidades y los cambios de una manera más provechosa.

LAS IDENTIDADES MÚLTIPLES

Bette Nesmith Graham nació en Dallas, Texas, a principios de los años veinte. Fue madre soltera y para mantener a su hijo dejó los estudios y empezó a trabajar como secretaria en el Texas Bank & Trust. Pero ese no era el trabajo que quería: ella deseaba ser artista. Tras finalizar la Segunda Guerra Mundial y separarse de su marido, aprendió taquigrafía y mecanografía para encontrar un trabajo con el que pagar las facturas. Y así, a base de esfuerzo y dedicación, ascendió hasta ser secretaria del presidente del consejo de administración del banco.

Por aquel entonces, las máquinas de escribir eléctricas empezaron a revolucionar el mundo laboral; permitían teclear de forma más rápida y sencilla, pero también presentaban un gran inconveniente: como eran más rápidas y sensibles, se cometían errores con más frecuencia; y el más mínimo error podía cargarse una página entera y obligar a empezarla de cero.

A Graham le preocupaba que sus errores pudieran hacerle perder el trabajo, pero un día se fijó en unos pintores que trabajaban en los ventanales del banco; habían cometido algunos errores, pero empleaban un método sencillo para enmendarlos: pintar encima. Entonces, Graham se las apañó para combinar dos de sus identidades —secretaria y artista— y se dio cuenta de que podía utilizar la pintura para ocultar los errores en el papel. Aquella idea podía salvar su empleo, le ahorraría mucho tiempo y dinero, y sería de utilidad para muchas otras secretarias.

Dicho y hecho: probó con algunos documentos para su jefe y para ocultar sus errores usó pintura blanca de secado rápido con una base de agua, y encima escribió las letras correctas. El método fue un éxito, pero no lo compartió con su jefe, que nunca se enteró de la triquiñuela.

Después de experimentar un poco, la secretaria-artista perfeccionó el que ha llegado a ser uno de los artículos de oficina más vendidos del siglo XX. Su empresa, Liquid Paper, se convirtió en una especie de salvavidas para los mecanógrafos, porque transformaba documentos que, por un pequeño desliz, iban a ir a la basura en un trabajo sin erratas[*].

Lo que Bette Nesmith Graham fue capaz de inventar combinando dos facetas de su vida es solo un ejemplo del impacto que tienen nuestras diversas identidades en el trabajo. A casi todas las personas que entrevisto para mis estudios —sin importar el sector al que se dediquen— les pido que hagan un ejercicio simple pero significativo: describirse de cinco maneras mediante la siguiente formula: «Yo soy [espacio en blanco]». Algunas personas optan por rellenar esos espacios con un conjunto de rasgos sociodemográficos como género,

---

[*] El hijo de Graham también se hizo famoso: Michael Nesmith fue miembro de la banda The Monkees y coprotagonista de la serie de televisión del mismo nombre.

edad, etnia o religión. Otras prefieren poner cualidades como la inteligencia o la solidaridad. Y hay otro grupo que prefiere definirse con su profesión. La realidad es que nuestras identidades son una mezcla de diferentes características, aptitudes y ocupaciones que nos ayudan a entender la variedad de aspectos que utiliza nuestro cerebro para resolver los problemas.

Las identidades múltiples nos permiten, por ejemplo, destacar o atenuar la relevancia de unas cosas u otras. La mayoría de la gente posee varias identidades —yo soy hombre, marido, padre, investigador, profesor y jugador de squash— que es difícil conjugar al mismo tiempo. Así que solemos segmentarlas y activamos solo los mecanismos adecuados para ajustarnos al entorno inmediato.

En las clases que imparto en el MBA, donde abundan los ingenieros, mis alumnos tienen dificultades para emplear sus habilidades directivas, porque abordan los problemas técnicos solo desde el enfoque de la ingeniería. También los equipos multidisciplinares suelen potenciar que sus miembros se ciñan a la identidad de su disciplina particular —marketing, finanzas, contabilidad o I+D— e ignoren lo que tienen en común, que suele ser cierta habilidad directiva. De este modo, cada cual se queda atrincherado en su área y es incapaz de percibir el panorama general. Hemos visto que Graham necesitó observar a los pintores para «activar» su identidad artística. Pero si pudiéramos hallar una manera de mezclar nuestras identidades podríamos considerar los problemas desde otra perspectiva siempre, sobre todo cuando se trata de combinar dos de las identidades básicas del ser humano: la profesional y la maternal/paternal.

―――――――――

«La maternidad (o la paternidad) no es un tema de discusión habitual entre los empresarios, porque las convenciones dictan que son dos ámbitos que no pueden mezclarse», señala Andrew Dowling, fundador de Tapestry.net. Y sí, solemos vernos en la necesidad (con el beneplácito de las empresas) de separar nuestra vida personal de la profesional.

Existe una buena razón para ello, no obstante. Durante mucho tiempo, la opinión general entre los científicos fue que la multiplicidad de identidades agotaba psicológicamente a las personas, porque implicaba trabajar al mismo tiempo con aspectos muy distintos de su vida. Y, más allá de esa dificultad, también se consideraba que hacer bien más de una cosa a la vez resulta muy complicado, así que, por ejemplo, si somos buenos padres no se espera que rindamos tanto como profesionales, y viceversa.

Sin embargo, Dowling ofrece un punto de vista distinto al señalar que, a pesar de que una adecuada dedicación a los hijos requiere mucho tiempo, también aporta beneficios al trabajo, porque potencia el desarrollo de cualidades como la paciencia, la capacidad de enfrentarse al caos o la amplitud de miras. Esta perspectiva goza ahora del respaldo de la comunidad científica. Por ejemplo, en un estudio del Center for Creative Leadership se entrevistó a 61 mujeres (desde mandos intermedios hasta altas ejecutivas) y les preguntaron qué influencia tenían sus actividades personales en su trabajo. Las participantes respondieron que la mejora de sus habilidades sociales era consecuencia directa de las experiencias extralaborales. Pero había mucho más: por ejemplo, ciertos recursos psicológicos, como la autoestima y la autoconfianza, mejoraban de forma notable gracias a las experiencias personales y afectaban de forma directa al desempeño profesional.

A continuación, con el fin de obtener resultados más fiables, los investigadores administraron una encuesta a 276 mujeres, con cargos de alta o media responsabilidad. Mediante un cuestionario de 21 ítems para evaluar las identidades múltiples —profesional, de pareja, maternal, comunitaria, etc.— determinaron la mezcla de identidades de cada participante. También evaluaron su satisfacción personal y sus habilidades directivas. Los resultados revelaron que, cuanto más variados eran los perfiles de una mujer, más satisfecha estaba consigo misma y mejores aptitudes mostraba para la dirección.

Del mismo modo, lo que aprendemos en el trabajo puede ser de gran ayuda en nuestra vida familiar. Por ejemplo, contribuye a mejorar la capacidad de organización o de gestión de conflictos. Un año después de empezar a salir juntos, Randi y yo hicimos una evaluación de rendimiento mutua; es decir, aprovechamos una herramienta del trabajo y la usamos en el ámbito personal. Así, una estructura típicamente laboral nos ofreció la posibilidad de hablar de aspectos muy personales y gracias a ello nos dimos cuenta de que nuestra relación tenía futuro. En una línea similar, un estudio reciente del psicólogo James Córdova y su equipo examinó a 215 matrimonios y solicitó a algunos que completaran una especie de test de pareja; es decir, una evaluación de los puntos fuertes y débiles de cada miembro de la pareja. Dos años más tarde, quienes habían participado en dicho test mostraron una mejoría en su capacidad para relacionarse, su intimidad y su aceptación mutua, en comparación con los matrimonios del grupo control.

Una de las claves para superar la segregación de nuestras identidades —y, en realidad, de cualquier recurso— consiste en comprender que solemos clasificar los recursos como si hubiera que sacrificar uno por otro; es decir, que las relaciones deben ser competitivas o amistosas, el trabajo, rutinario o creativo, y las identidades, laborales o personales. Por el contrario, las personas que saben estirar los recursos hallan formas de integrar diferentes recursos estableciendo relaciones que conectan lo que, en apariencia, es antagónico.

CÓMO SUPERAR LAS DISYUNTIVAS

El impresionante valle de las Mil Colinas se ubica entre las ciudades sudafricanas de Pietermaritzburg y Durban. La belleza natural de la zona oculta la difícil situación de sus habitantes negros. El apartheid diezmó esa empobrecida región y sus ciudadanos carecen de recursos básicos como agua corriente o electricidad. En 1998 pasé una noche en el pueblo de Maphephethe, en una cabaña con el suelo de adobe. Antes de acostarme, me reuní con mis anfitriones en su ahumadero para tomar una cerveza e intercambiar historias sobre las transformaciones que estaba viviendo su comunidad. En el cercano instituto de Myeka había visitado un laboratorio de informática recién construido; era el primero que funcionaba con energía solar en toda Sudáfrica y, 18 meses después de poner en marcha esa instalación eléctrica, el índice de aprobados se disparó del 30 al 70 %.

Había ido a Sudáfrica por un proyecto de investigación de varios años que tenía como objetivo analizar el modo en que una empresa con sede en Washington, D. C., llamada Solar Electric Light Fund, abastecía de electricidad a países en vías de desarrollo al tiempo que minimizaba cualquier posible daño ambiental. Se acercaba el siglo XXI y muchos habitantes de esos países seguían sin tener electricidad y, por tanto, carecían de sus ventajas, como la refrigeración para conservar medicamentos o la luz artificial para que los niños hicieran sus deberes después de la puesta de sol. No obstante, para Neville Williams, director de la empresa, la llegada de la electricidad a esos países conllevó, como contrapartida, una preocupación por los daños que se podían causar al medio ambiente.

Williams viajó a más de 50 países en vías de desarrollo y observó de primera mano cómo la electricidad mejoraba de forma notable la vida de la gente y, al mismo tiempo, amenazaba el equilibrio ambiental. Esto sucede porque, en general, quienes han vivido mucho tiempo sin energía eléctrica no empiezan a preocuparse por sus efectos sobre la naturaleza hasta pasadas varias décadas. Además, antes el suministro eléctrico se prestaba a partir de combustibles fósiles, perjudiciales para el medio ambiente.

Pero Williams se enfrentaba a un segundo problema: cómo pagar los costes de la electricidad, porque las mejoras tecnológicas necesarias superaban con creces el capital de su empresa; y, para los lugareños que podían pagarlo, dichos costes ascendían a la mitad de sus ingresos anuales. Además, Williams pensaba que regalar la electricidad quitaba a la gente la responsabilidad que conlleva el uso de esta; estaba convencido, pues, de que la mejor forma de llevar la electricidad al pueblo implicaba que sus habitantes adquirieran sus equipos a precios de mercado.

A la postre, Williams consideró que podía cumplir su propósito sin generar contradicción entre el desarrollo económico y las cuestiones medioambientales, las familias empobrecidas y las que podían pagar, y el proceso de electrificación de una zona aislada.

Aunque la solución tradicional habría sido pedir dinero, por ejemplo, al Gobierno o a una compañía eléctrica, esto habría resultado perjudicial para el medio ambiente. Por eso, Williams adoptó un enfoque diferente que le permitió hallar un equilibrio: apostó por la energía solar y convenció a los miembros de las comunidades pobres de pagar por ella. Las primeras instalaciones en escuelas o juzgados sirvieron para que los residentes observaran de primera mano el impacto que podía tener en su vida este tipo de tecnología. Su coste, relativamente elevado, animó a la gente a preocuparse por el mantenimiento, si bien el aislamiento geográfico de estas comunidades redujo el coste de la tecnología respecto al uso de otros métodos más perjudiciales para el medio ambiente. Además, a medida que mejoraba la calidad de la educación, se abrían nuevas vías de desarrollo económico, como la fundación de empresas locales.

A menudo nos enfrentamos a situaciones en las que nos creemos en la obligación de escoger entre dos opciones opuestas que parecen irreconciliables. La investigación revela que existen dos formas de abordar estas situaciones: la primera consiste, como digo, en tratar esas dos opciones como excluyentes; es decir, si eres un buen padre debes renunciar a ser un buen profesional y si pretendes abastecer de energía eléctrica los países en vías de desarrollo necesariamente has de dañar el medio ambiente. Este tipo de categorización busca ubicar cada parte de una disyuntiva en su propio compartimento estanco. De esta forma, se simplifica el mundo clasificándolo todo en grupos ordenados y definidos. La lógica dicta que es inútil mezclar dos elementos que pertenecen a categorías distintas; no importa cuánto se intente: como el aceite y el agua, su naturaleza es estar separados.

Este tipo de estructura destaca las similitudes entre los elementos de una categoría y las diferencias con las demás; en consecuencia, es muy difícil imaginar una mezcla. Pero la realidad es que existe mucha diversidad dentro de cada compartimento: hay distintas formas de ser padre o profesional; o, por poner otro ejemplo, de ser republicano o demócrata.

Por tanto, existe una segunda manera, mucho mejor, de abordar tales situaciones; y esta permite alcanzar todo el potencial de cada parte de la disyuntiva. Se trata de mezclar conceptos opuestos. Para Neville Williams, por ejemplo, el desarrollo económico y la sostenibilidad ambiental pueden ir de la mano perfectamente. Al mezclarlos, fue capaz de crear algo mucho más valioso, un modelo de negocio en el que el desarrollo económico permitía a la población adquirir tecnología respetuosa con el medio ambiente y, al mismo tiempo, preocuparse por su mantenimiento, porque habían trabajado muy duro para pagarla.

Wendy Smith, profesora de la Universidad de Delaware, ha dedicado gran parte de su carrera profesional a analizar este tipo de aparentes «disyuntivas». Junto con sus compañeros, ha propuesto tres pasos fundamentales para superar la categorización de los recursos. En primer lugar, hay que aceptar las exigencias contrapuestas de la disyuntiva; es obvio que hay ocasiones en las que distintos aspectos entran en conflicto y, si los ignoramos, nos exponemos a una decepción inevitable.

En segundo lugar, debemos reconocer el valor de cada parte de la disyuntiva. Para hacerlo bien necesitamos entender el valor de cada una por separado. Por ejemplo, ¿qué ventajas tiene ser padre? ¿Y qué ventajas tiene ser un buen empleado fuera del trabajo? ¿Tiene también ventajas ser una persona con familia de cara al ámbito laboral (en cuanto a organización, disciplina, trabajo en equipo, etc.)?

En tercer lugar, es importante detectar las sinergias de ambos aspectos. Así, pregúntate de qué modo ser padre o madre contribuye a ser un buen profesional, y viceversa. Aunque nuestra tendencia natural es ver ambos papeles como opuestos, la profesora Smith nos anima a considerar que, en realidad, cada uno puede favorecer los fines del otro.

A la postre, descubrir un modo de que las distintas facetas de nuestra vida funcionen en armonía es muy satisfactorio, porque nos permite conectar con nosotros mismos, a pesar de que con frecuencia nos damos mucha prisa en descartar lo que parecen conceptos opuestos, ya sean ideas, estrategias u otros recursos. Las empresas cometen los mismos errores y asumen (de modo equivocado) que muchos de sus objetivos son incompatibles. Así, los departamentos de marketing se focalizan en los productos más rentables y los equipos de ingeniería apuestan por la tecnología más novedosa. Por su parte, los trabajadores intentan obtener un salario justo, mientras que la dirección presiona para sacar más beneficios.

Pero está claro que la solución para algunos de los mayores problemas del mundo pasa por hacer combinaciones que otras personas han pasado por alto, han descartado o han considerado imposibles de llevar a cabo. Por supuesto, aunque parezca sencillo, no lo es. Como le sucedió a uno de los inventores más influyentes de Estados Unidos, superar las disyuntivas y dar con la mezcla adecuada para un conjunto de recursos suele llevar tiempo.

UN EXTRAORDINARIO ACCIDENTE TRAS AÑOS DE BÚSQUEDA

En la década de 1830, todo Estados Unidos se quedó prendado de un nuevo material: el caucho. Esta sustancia impermeable procede de la savia de unos árboles brasileños y, en principio, se utilizaba para borrar las marcas de los lápices. Sin embargo, poco tiempo después se convirtió en un material muy apreciado por su resistencia al agua. Dicho potencial generó un gran entusiasmo en los Estados Unidos, donde muchas personas pusieron en riesgo incluso sus fortunas familiares.

Charles Goodyear era hijo de un empresario de maquinaria arruinado de New Haven (Connecticut). La situación económica de Goodyear júnior no era mucho mejor que la de su padre, y en 1834 fue encarcelado por no poder hacer frente a sus deudas. No era su primera condena por moroso y no sería la última. Goodyear quería subirse al carro de la moda del caucho y le pidió a su esposa que le llevara un poco de ese material tan prometedor, junto con un rodillo, para conocer mejor las propiedades de aquella sustancia gomosa. Ese fue el inicio de una pasión que le duraría el resto de su vida.

La intención de Charles Goodyear era hallar una fórmula para que el caucho, mezclado con otros productos químicos, fuera más útil. Tras salir de la cárcel, creó unas zapatillas de goma con las que esperaba sacar a su familia de la pobreza. Sin embargo, al llegar el verano se dio cuenta de cuál era su punto débil, lo que echó por tierra las expectativas y pretensiones de muchos inversores: el caucho era muy sensible a las temperaturas; se derretía con el calor, con lo que cualquier producto elaborado con él se convertía en un amasijo pegajoso que desprendía un olor insoportable. Tampoco era muy útil en invierno, porque el frío reducía su flexibilidad.

Tocado, pero no hundido, Goodyear se trasladó a Nueva York, donde buscó un nuevo local para proseguir con sus experimentos. Estaba convencido de que encontrar los materiales adecuados para hacer el caucho más estable solo era cuestión de tiempo. Una mañana iba escaso de caucho y tuvo que reutilizar una vieja muestra para uno de sus experimentos. Goodyear solía pintar sus materiales y para eliminar la capa de bronce que había aplicado en esa vieja muestra usó ácido nítrico. Al hacerlo, la goma se oscureció y la tuvo que tirar. No obstante, unos días después decidió darle otra oportunidad, así que rebuscó en la basura y descubrió que la goma se había vuelto suave y seca; era un material mucho más estable que cualquier otra mezcla de las que había hecho. Entusiasmado por este descubrimiento, un inversor de Nueva York le adelantó varios miles de dólares para que aumentara la producción de lo que parecía tener mucho más potencial.

Pero la suerte abandonó a Goodyear en cuanto cundió el pánico financiero en 1837, debido a una crisis del sistema bancario que arruinó muchos negocios, incluido el suyo. La paciencia de los inversores se agotó y él tuvo que detener sus experimentos. De nuevo sin un céntimo en el bolsillo, Goodyear se vio obligado a vivir en su fábrica de caucho abandonada y a pescar en un puerto cercano para alimentarse.

Por fortuna, no pasó mucho tiempo antes de que otro inversor se interesara por el último experimento de Goodyear y lo ayudara a sacarle partido. Su primer éxito comercial llegó con un contrato para producir 150 sacas de correo utilizando la mezcla de caucho con ácido nítrico. Además, logró vender varios miles de salvavidas de ese mismo material. Estaba tan convencido de las virtudes de su producto que guardó las sacas en una habitación sin ventilación. Al volver de un largo viaje de trabajo… las sacas se habían derretido. Su futuro se presentaba más sombrío que nunca.

A pesar de ello, Goodyear no desfalleció. A esas alturas, su familia había sufrido mucho por sus fracasos: tenían que mudarse de ciudad una y otra vez, y vivían en la pobreza. Goodyear no hallaba una solución… hasta que ocurrió un accidente de lo más afortunado.

En el invierno de 1839, Charles Goodyear estaba en la cocina con algunos familiares, haciendo una de las cosas que más le gustaba hacer: explicar sus últimos experimentos, esos que algún día le ayudarían a resolver el rompecabezas del caucho. En aquella ocasión apenas podía contener su excitación y, al hacer un entusiasmado movimiento con la mano, un pedazo de caucho se cayó por accidente en el horno encendido.

Cuando Goodyear se percató de ello, se llevó una gran sorpresa: no se había derretido; al revés, las altas temperaturas carbonizaron el caucho y lo convirtieron en una sustancia parecida al cuero.

Nuevamente ilusionado por su descubrimiento, decidió dejar ese pedazo de caucho carbonizado en el exterior durante una gélida noche de invierno. A la mañana siguiente, el material se mantenía flexible. Goodyear había dado al fin con la fórmula para crear un producto rentable*.

El resumen de esta historia es que, a lo largo de muchos años, Goodyear intentó hallar la mezcla adecuada para hacer el caucho más estable y dúctil, y con ello sentar las bases de una industria multimillonaria que revolucionaría desde el mercado automovilístico hasta la atención sanitaria. Su hallazgo definitivo se produjo gracias a un hecho fortuito, pero fueron sus incontables intentos fallidos los que hicieron posible que llegara a ese resultado y que se diera cuenta de ello.

La enseñanza que se puede entresacar es que, cuanto más perseveres en algo, más posibilidades tendrás de dar con la combinación ganadora. En el libro *Originales*, Adam Grant nos explica por qué las mejores ideas surgen de las personas con más ideas. Es decir, Charles Goodyear no tuvo un golpe de suerte para hallar la fórmula correcta; más bien recogió los frutos de experimentar con nuevas combinaciones durante tantos años.

AGUA Y ACEITE

Todo el mundo sabe que el agua y el aceite no se mezclan. El agua es un compuesto polar, es decir, sus moléculas tienen un extremo con una carga ligeramente negativa y el otro con una ligeramente positiva. Esta propiedad forma puentes de hidrógeno y le permite unirse

---

* Aunque Goodyear demostró ser un ingenioso inventor, fue un pésimo hombre de negocios y despilfarró sus recursos en malas inversiones y registrando patentes obsoletas. La empresa que lleva su nombre, que es la mayor del mundo dedicada al caucho (Goodyear Tire and Rubber) no tiene ninguna relación directa con él. «La vida», escribió, «no debe valorarse solo en función del dinero. No estoy dispuesto a quejarme por el hecho de que yo haya sembrado y otros hayan recogido los frutos. Un hombre solo tiene motivos para lamentarse cuando siembra algo y nadie lo recoge».

a otros compuestos polares. El aceite, en cambio, es un compuesto apolar y no puede formar puentes de hidrógeno. Por eso, cuando se juntan en un mismo recipiente, el aceite y el agua nunca llegan a mezclarse, sino que forman dos capas.

Lo mismo ocurre con nuestra forma de tratar los recursos. Nos cuesta aprovechar el potencial de su interacción. Agitando una botella se mezclan el aceite y el agua, pero pronto ambos líquidos vuelven a separarse. Del mismo modo, para dar con una combinación potente y duradera de recursos es necesario algo más que una breve sacudida; tendremos que cambiar nuestra forma pensar y de trabajar con los recursos disponibles.

Continuando con el mismo símil, añadir un emulsionante a un recipiente con agua y aceite permite obtener una mezcla más estable. Y eso es justo lo que hacemos al estirar nuestros recursos: buscar experiencias, situaciones u otros catalizadores para combinarlos y crear nuevas conexiones, a la vez que evitamos tratarlos como si estuvieran en compartimentos estancos.

Como ya hemos visto, probar combinaciones inusuales nos ayuda, por ejemplo, a entablar amistad con la competencia y a dar con formas de aportar aspectos de la propia personalidad a ciertas rutinas que, de otro modo, serían impersonales y estáticas. Además, eso es justo lo que permitió a Roy Choi revolucionar el sector gastronómico, a Bette Nesmith Graham transformar el mercado de los suministros de oficina, a Neville Williams cubrir de instalaciones eléctricas los países en vías de desarrollo y a Charles Goodyear perfeccionar uno de los mayores inventos de la época moderna. Porque, cuando ponemos todo nuestro empeño en hallar combinaciones insospechadas que otros incluso se niegan a considerar, tenemos la oportunidad de dar con mezclas de las que obtener un gran provecho.

OCHO

EVITA LOS DAÑOS

===

CÓMO ESTIRAR LOS RECURSOS DE FORMA ADECUADA

A lo largo de este libro hemos conocido a personas que estiraban sus recursos en todo tipo de contextos y hemos visto cómo lograron grandes resultados (más allá del ámbito laboral) aprovechando lo que tenían a su alcance. El imperio cervecero de Dick Yuengling se expandió mientras sus competidores, de mayor tamaño y con más recursos, se tambaleaban; pretendían alcanzar un crecimiento sin medida que nunca llegó a materializarse. Por eso Yuengling pudo adquirir sus fábricas y equipos a precio de ganga y ganó en cuota de mercado. Por su parte, Bob Kierlin construyó una de las empresas de mayor éxito mundial aplicando y promoviendo la austeridad. Y en el Netflix Prize, el polifacético Gavin Potter, pese a no disponer de los mismos recursos que sus oponentes, no tuvo problema en ser competitivo y lograr mejores resultados que otros equipos. En cuanto al ejemplo de Robert Rodriguez —tirar adelante con un proyecto sin seguir un guion establecido—, nos enseña a apañárnoslas con lo que tenemos a mano. Porque la espera hasta contar con los recursos «adecuados» puede ser agotadora y eterna, mientras que pasar a la acción nos enseña a valorar los recursos disponibles. También el caballo Clever Hans nos ha mostrado que las expectativas positivas pueden hacer que cualquiera (persona o animal) mejore su rendimiento. Y las extrañas combinaciones del chef Roy Choi —dentro y fuera de la cocina— demuestran por qué el todo suele ser mayor que la suma de sus partes.

Sin embargo, por mucho éxito que hayan tenido estas personas, por mucha prosperidad que hayan logrado en su vida o en sus empresas, como ocurre con la mayoría de los fenómenos científicos —y, de hecho, con la mayor parte de lo que ocurre en la vida—, abusar de lo bueno puede resultar dañino. En este capítulo aprenderemos a evitar cinco problemas muy comunes, derivados de estirar demasiado los recursos. Son los siguientes: caer en la tacañería, deambular hacia ninguna parte, lanzarse al vacío sin aprender nada, la maldición de las altas expectativas y hacer combinaciones tóxicas.

CAER EN LA TACAÑERÍA

En un barrio acomodado de Los Ángeles, unas tejas descascarilladas adornan el tejado de una casa de estuco rodeada de residencias de mediados del siglo XX. Una lona azul y negra, que los vecinos consideran una vergüenza para la comunidad, cubre las goteras del tejado. De vez en cuando se puede ver al descuidado propietario de la casa, vestido con un albornoz y trasteando sin éxito con la lona. Bajo el dañado techo se halla una vivienda tan infestada de moho que hasta su inquilino reconoce que le ha causado problemas de salud. Su mujer, de hecho, se ha mudado al otro extremo de la ciudad porque se niega a vivir en una casa como esa, insalubre y en ruinas.

En ese destartalado inmueble vive Edward Wedbush, director de la multimillonaria empresa de inversiones que lleva su nombre. La compañía tiene más de un centenar de oficinas por todo el mundo, pero trabaja de una forma muy distinta a la de sus glamurosos y llamativos competidores. En las oficinas de su sede central no hay muebles lujosos, obras de arte ni otras muestras de opulencia. A revés, el espartano espacio que él llama «oficina» contiene un simple escritorio y está muy poco iluminado. Bueno, también hay una maltrecha alfombra que antes hacía tropezar a las trabajadoras porque los tacones se les atascaban en sus numerosos agujeros. Tras varios años de quejas... Wedbush la reparó con cinta adhesiva.

Haber vivido su infancia durante la Gran Depresión enseñó a Edward Wedbush a usar el dinero con inteligencia. Su filosofía, basada en la austeridad, apenas cambió al fundar su negocio con un socio en 1995, juntando 10.000 dólares entre ambos. Incluso cuando se convirtió en multimillonario mantuvo esa actitud: tenía un coche pequeño y eludía las comidas ostentosas. Su empresa evitaba endeudarse de forma excesiva y siempre gastaba solo lo que podía permitirse.

Pero, a pesar de su exitosa trayectoria, a veces Wedbush estiraba demasiado los recursos. De hecho, su obsesión por controlar los gastos le ocasionó algunas disputas con los organismos reguladores y con muchos de sus empleados. Un comité de arbitraje calificó el comportamiento de su empresa como «moralmente reprobable» y concedió 3,5 millones de dólares a un operador de bonos que, junto con otros trabajadores de la compañía, había sufrido una retención de sueldo. Las autoridades reguladoras también multaron a la empresa en repetidas ocasiones por su escasa supervisión y, en 2012, suspendieron de empleo y sueldo a Wedbush durante 31 días. Además, la Financial Industry Regulatory Authority (FINRA) lo citó a declarar por no notificar de manera adecuada los despidos y falló en su contra en distintos arbitrajes. Este organismo regulador no halló pruebas de fraude o engaño intencionado; más bien consideró que la empresa había actuado de forma imprudente, porque no destinaba suficientes recursos a sus obligaciones ni a la gestión de riesgos.

Como dijo Aristóteles, toda virtud puede convertirse en defecto si se lleva al extremo. En este caso, en un extremo se halla lo que el filósofo llamaba «vulgaridad»: gastar en exceso, más allá de lo que piden las circunstancias, muchas veces para llamar la atención. Este es un comportamiento habitual de los acumuladores de recursos. Pero, según Aristóteles, el otro extremo es igual de condenable: centrarse solo en reducir costes y acumular riquezas en lugar de utilizarlas para un fin más elevado. Se trata de un vicio que provoca un daño mayor: caer en la tacañería.

De esta manera, la actitud tacaña de Edward Wedbush resultó perjudicial para el futuro de su empresa: la falta de inversión en elementos reguladores y el trato injusto a sus empleados provocaron que los activos de la compañía —algunos tan importantes como la reputación o los recursos humanos— perdieran valor. De igual modo, aunque disponía de los medios para reparar su casa, dejó que se deteriorara y no le importó que su esposa se mudara para evitar percances. Entonces, ¿Edward Wedbush era austero o tacaño?

═══════════

Existen diferencias muy pronunciadas entre la austeridad y la tacañería. Las personas austeras se sienten satisfechas al ahorrar, mientras que los tacaños sufren cuando gastan. En este sentido, un equipo de investigadores de la Universidad Estatal de Míchigan liderado por el profesor Scott Rick entrevistó a más de 13.000 individuos, entre lectores de los principales periódicos estadounidenses y canadienses, telespectadores de Filadelfia, y estudiantes, padres y parte de la plantilla de dos universidades de Pittsburgh. Luego analizaron las diferentes reacciones de estas personas al gastar dinero. Los participantes calificados como «derrochadores» gastaban sin entender que eso implicaba poder comprar menos más tarde; es decir, no se daban cuenta de las consecuencias que tiene adquirir algo. Este tipo de personas suelen encajar en el perfil de acumulador de recursos y son consumidores insaciables y compulsivos.

Por otro lado, los «tacaños» creían que tendrían que renunciar a algo en el futuro para comprar en el presente, y esa forma de ver las cosas les impedía sacar la billetera. En otras palabras, eran muy conscientes de que las elecciones que hacemos ahora afectan a nuestras opciones futuras. Más o menos el 25% de los encuestados se ajustaban al perfil de tacaños y un 15%, al de derrochadores[*].

Sin embargo, las personas austeras mostraron una diferencia fundamental en su punto de vista, en comparación con las tacañas. Scott Rick y su equipo preguntaron a 966 de sus participantes si la sensación de gastar les resultaba incómoda. Y los resultados revelaron que los tacaños se sentían afectados de forma negativa, pero las personas austeras no experimentaban ese daño emocional.

Para profundizar más en el asunto, preguntaron a 316 participantes hasta qué punto ahorrar les resultaba placentero. Lo sorprendente fue que las personas que obtenían placer al ahorrar fueron las austeras, no las tacañas.

Lo que nos dice este resultado es que las personas que aprovechan los recursos no sufren cuando gastan su dinero; es más, gastar con cabeza y sacarle todo el partido posible les genera satisfacción. Y esa es la razón por la que son austeras en vez de tacañas.

En una serie de estudios llevados a cabo con universitarios, propietarios de viviendas, clientes de tiendas de alimentación, trabajadores taiwaneses y empleados de una entidad de protección del medio ambiente, se halló que, para quienes estiraban los recursos, actuar de

---

* En la muestra de lectores de periódicos canadienses, las cifras fueron un tanto diferentes: el 36% eran tacaños y solo el 6%, derrochadores.

forma austera era en sí satisfactorio; es decir, no se trataba solo de un medio para llegar a un fin. Esto no significa que quienes estiran los recursos suelan evitar aprovecharlos o incluso gastar el dinero: solo deben tener un motivo adecuado para hacerlo. Dick Yuengling y Bob Kierlin invirtieron mucho dinero en hacer crecer sus negocios, pero evitaron el gasto descontrolado que caracterizaba a sus competidores. Así, a pesar de su éxito y su capacidad para disponer de una gran cantidad de recursos, disfrutaban del simple placer de sacar el máximo provecho de lo que tenían.

Pero no solo existe el peligro de caer en la tacañería. Veamos otro problema derivado de estirar demasiado los recursos: al acumular múltiples experiencias, algunas personas acaban perdiendo el rumbo.

DEAMBULAR HACIA NINGUNA PARTE

Ronald Wayne considera que Pahrump, una ciudad de 35.000 habitantes perdida en el desierto de Mojave, es su hogar. Este autodenominado «hombre del Renacimiento» vive en una modesta casa de 150.000 dólares donde vende monedas raras y sellos para complementar su pensión de la Seguridad Social. Wayne es un ingeniero electromecánico de gran talento y tiene en su haber una docena de patentes. Su curiosidad es insaciable y los más de 40 años de experiencia con los que cuenta en el mercado de divisas le han llevado a invertir en oro y a plasmar sus conocimientos en un libro que confía en que sea su principal legado. A este ilustrador, mecánico y diseñador le gusta probar suerte en las máquinas tragaperras de los casinos de su ciudad hasta altas horas de la noche. Las tragaperras, además, ocupan un lugar especial en su corazón: uno de los logros de los que se siente más orgulloso fue diseñar, fabricar y montar una de estas máquinas desde cero —incluyendo todos los componentes y circuitos electrónicos, el diseño de la carcasa, los gráficos, los símbolos de los rodillos y la red central electromagnética—. No obstante, pese a sus enormes conocimientos sobre este aparato, el negocio que emprendió para fabricarlo en serie no funcionó y tuvo que pasarse un año pagando deudas y compensando las pérdidas de los inversores. Su capacidad para asumir responsabilidades en vez de ocultarse tras el velo corporativo fue moralmente encomiable, pero también agotadora.

Los numerosos intereses de Ronald Wayne le hacen vivir experiencias muy diversas. Además, utiliza todo ese conocimiento para abordar los problemas de forma original, lo que sin duda le ha ayudado a registrar muchas patentes. Pero tanta variedad de intereses y actividades nos lleva a plantearnos una cuestión fundamental: ¿es malo tener múltiples experiencias?

Ezra Zuckerman, investigador del MIT, ha estudiado la influencia de la diversidad de experiencias en el mundo del cine. Por un lado, están los actores polifacéticos que protagonizan películas de varios géneros (acción, drama, comedia, etc.). Esto les permite representar todo tipo de papeles y hace a sus personajes más complejos y aptos para distintos públicos. Algunos ejemplos de esta clase de intérpretes serían Leonardo DiCaprio, Robert De Niro o Angelina Jolie. Por otro lado están los actores de un solo género, es decir, quienes se han encasillado en papeles concretos. Ejemplos de ello podrían ser Jennifer Aniston (comedias románticas), Jackie Chan (acción) y Will Ferrell (comedias disparatadas).

Del mismo modo, cada persona orienta su carrera profesional haciendo elecciones que le permiten, bien ser especialista —es decir, muy buena en un número limitado de tareas o disciplinas—, o bien generalista, esto es, con un conocimiento amplio, pero no tan profundo. Lo mismo ocurre con las empresas: algunas se centran en una línea de productos o un conjunto reducido de servicios, mientras que otras abarcan una extensa variedad de ellos.

Desde luego, existe una buena razón para especializarse: hacerlo define con claridad qué puedes hacer y qué no. Imagínate a Arnold Schwarzenegger en una comedia romántica. De manera similar, nunca contratarías a un médico para que te hiciera la declaración de la renta ni confiarías en un fabricante de maletas para producir comida congelada.

Al final, si te centras en una especialidad podrás llegar a hacerlo muy bien, pero también es probable que te encasilles y te cueste conseguir roles o trabajos diferentes. Aunque tiene mucho mérito desarrollar un conjunto de aptitudes admirables y una sólida reputación en una especialidad, salir de ella también aporta enormes beneficios: la adquisición de nuevas habilidades, el planteamiento de diferentes retos e incluso mayores recompensas. Aun así, si no tienes cuidado, abrir demasiados caminos puede suponerte un problema, porque acabas deambulando hacia ninguna parte.

El citado análisis de Zuckerman, que incluía una base de datos de Internet de las películas producidas entre 1995 y 1997, ofrece mucha información sobre cómo evitar encasillarse o perder el rumbo. Este investigador descubrió que, en primer lugar, los seres humanos necesitamos tener una identidad central y coherente, es decir, una carrera en una disciplina específica o, en el caso de las empresas, un tipo de producto o servicio determinado. Si diversificamos demasiado rápido —saltando entre sectores o áreas de conocimiento sin establecer un punto de partida— estaremos mandando señales contradictorias a los demás, que pensarán cosas como: ¿qué aptitudes tiene esta persona? ¿Es capaz de comprometerse con algo en particular? ¿A qué se dedica esta empresa?

Es decir, solo después de establecer una identidad central podemos empezar a diversificar. Por ejemplo, se pueden seguir los pasos del actor Matthew McConaughey, que se labró una reputación haciendo comedias románticas, pero más adelante ha interpretado papeles gracias a los que ha sido aclamado por la crítica, en dramas como *El inocente* o *Dallas Buyers Club* (película esta última por la que ganó un Oscar al mejor actor protagonista). Sin embargo, si nos quedamos demasiado tiempo en nuestra zona de confort luego es más difícil romper moldes. Así lo demuestran los intentos fallidos de Sylvester Stallone por salirse del cine de acción, como en *La fiebre continúa* y *Over the Top*.

Otra estrategia para evitar andar sin rumbo consiste en elegir cosas nuevas que apenas difieran de tu enfoque principal. De ese modo, tras acumular pequeños cambios graduales, obtendrás experiencias muy útiles y variadas. En esta línea, en un estudio sobre el mercado laboral en la plataforma Elance, Ming Leung, investigadora de la Universidad de California-Berkeley, intentó hallar cuáles eran las técnicas más empleadas para diversificar la experiencia sin alejarse demasiado de la disciplina principal. Esta plataforma es un lugar idóneo para hacer esa búsqueda, porque pone en contacto a autónomos (con distintas habilidades) con otras personas o empresas que buscan servicios por horas. Los autónomos publican en sus perfiles sus trabajos anteriores, sus aptitudes, su formación y los comentarios de clientes previos. Por su parte, los demandantes de servicios facilitan información sobre los encargos y su remuneración.

Leung examinó los 32.949 trabajos que se publicaron en Elance en 2004. Durante ese año, 2779 autónomos pujaron por al menos uno de esos encargos. Leung descubrió que la diversidad de experiencias los ayudaba a conseguir trabajos, pero con una salvedad: quienes los obtuvieron no cambiaban de actividad de forma radical; de hecho, solicitaban encargos no muy distintos de los que ya habían hecho antes. Con el tiempo, es posible que estos profesionales llevaran a cabo otros trabajos muy diferentes, pero tenían que llegar a ellos de forma gradual, paso a paso.

Dicho de otro modo, los autónomos que diversificaron poco a poco su actividad acabaron llevándose más proyectos que quienes se quedaron anclados en su especialidad o quienes se movieron de forma errática, sin sentido, de un tipo de actividad a otra. Los resultados de Leung en la plataforma Elance coinciden con los de otras investigaciones que han demostrado que diversificar de manera paulatina la actividad profesional permite tener una mayor creatividad y ascender más rápido.

A veces, cuando buscas nuevas experiencias necesitas cambiar de aires, ya sea con un nuevo puesto de trabajo o mudándote a otra ciudad. Estos cambios tan drásticos aportan muchos beneficios, gracias a las experiencias que se adquieren con ellos. Pero, por muy valiosos que puedan ser, si se vuelven demasiado frecuentes pueden conllevar también ciertos inconvenientes.

En 2016, mi esposa Randi tuvo que tomar una importante decisión: le habían hecho dos ofertas de trabajo tan suculentas que, desde el punto de vista de una persona que acumula recursos, eran imposibles de rechazar. Su sueldo mejoraría mucho, el tamaño de su equipo se triplicaría hasta superar las cien personas, trabajaría en una empresa más grande y de mayor prestigio, y tendría un despacho mucho más amplio. Pero al final, a pesar de la tentación que suponían, rechazó ambas ofertas.

Al fin y al cabo, por muy tentadoras que fueran ambas, no superaron la prueba decisiva: ¿qué me gusta más de un trabajo, lo que puedo aprender en él o el mero hecho de ocupar un cargo? Así, una vez que Randi se planteó el problema en términos entendibles para quienes aprovechan los recursos, tomar una decisión le resultó bastante fácil.

El primer trabajo le habría supuesto dirigir a varios equipos similares a los que había coordinado antes; es decir, no le iba a dar muchas oportunidades de adquirir nuevas experiencias. Y el segundo habría implicado un cambio tan grande de sector que podría desviarla de su rumbo y dejarla perdida. Además, ese sector no le entusiasmaba, y eso no hizo sino aumentar aún más sus reservas.

Por otro lado, yo también estaba implicado en la decisión. Ambos trabajos le exigían trasladarse a otra zona del país, algo que en parte nos atraía, pero que también podría desestabilizar a la familia.

El psicólogo Shigehiro Oishi, de la Universidad de Virginia, ha descubierto que cuando las personas se mudan con frecuencia se acaban desarraigando y sus relaciones sociales se ven afectadas. Estas personas se fijan en la novedad de la experiencia, lo que sin duda es importante, pero subestiman el valor de lo que ya tienen, sobre todo sus relaciones. Hacer nuevas amistades puede ser muy emocionante, pero perder las que ya tienes no merece tanto la pena.

En uno de sus estudios, Oishi hizo seguimiento a 7108 adultos estadounidenses durante diez años. Su edad oscilaba entre 20 y 75 años y, más o menos, había la misma cantidad de hombres que de mujeres. Este investigador evaluó la satisfacción vital de sus participantes con preguntas como: «¿Cuán satisfecho/a estás con tu vida?»; y su bienestar psicológico, pidiéndoles que expresaran su acuerdo o desacuerdo con afirmaciones del tipo: «Para mí, la vida ha sido un proceso continuo de aprendizaje, cambio y crecimiento».

A continuación, Oishi midió el grado de introversión o extraversión de cada persona, así como sus relaciones sociales (es decir, la calidad de sus amistades, relaciones familiares y vecinales). Por último, les preguntó el número de veces que habían cambiado de residencia en su infancia.

Para las personas introvertidas no hubo muy buenas noticias: el número de mudanzas era inversamente proporcional a la satisfacción vital y el bienestar psicológico. En cambio, para las extravertidas no había relación entre el número de mudanzas y el bienestar. Tras profundizar en el tema, Oishi halló que los individuos introvertidos tenían dificultades para establecer relaciones sociales positivas cuando cambiaban de residencia, y eso disminuía su bienestar. Es decir, mudarse tenía mayores consecuencias para ellos; y, si se habían trasladado con frecuencia en la infancia, también sufrían un mayor riesgo de muerte[*]. Como yo soy el único introvertido de mi familia, no podía pasar por alto semejante dato.

De acuerdo con los resultados del estudio de Oishi, algunas investigaciones médicas muestran correlaciones positivas entre el cambio

---

[*] Mudarse no afectaba las posibilidades de morir en el caso de los extravertidos.

frecuente de residencia y ciertos efectos adversos para la salud, como practicar menos deporte, el tabaquismo y el alcoholismo.

Así pues, es fundamental considerar la frecuencia y cantidad adecuadas respecto a diversificar las experiencias (en especial, si somos de carácter introvertido), porque puede ser peor el remedio que la enfermedad. Además, creer que la única forma de vivir nuevas experiencias consiste en hacer cambios vitales tan grandes que pueden afectar a tus relaciones y tus recursos en ocasiones es incluso peligroso. Es posible dar con formas mucho menos arriesgadas de adquirir experiencias diferentes, a veces hasta sin salir de casa. Por lo tanto, lo ideal es buscar situaciones novedosas que al mismo tiempo nos permitan mantener cierta sensación de estabilidad.

Siguiendo con el ejemplo anterior, a pesar de sus idas y venidas, a principios de los años setenta Ronald Wayne sembró la semilla de lo que podría haber sido un futuro muy distinto, uno en el que no necesitaría en absoluto la ayuda del Gobierno para subsistir. Wayne tenía una prometedora carrera informática y pasó un tiempo como dibujante en Atari, donde conoció a un ambicioso genio de la informática llamado Steve Jobs. Este, junto a su socio, Steve Wozniak, soñaba con inventar el ordenador personal. Los dos Steve solían discutir mucho, así que recurrieron a Wayne, a quien respetaban y que tenía veinte años más que ellos, para que les ayudara a solucionar sus disputas y supervisara la nueva empresa. El 1 de abril de 1976, los tres firmaron un contrato para crear Apple Computer. Wayne diseñó el logotipo original y redactó el manual del primer producto de la compañía, el Apple I.

En definitiva, Ronald Wayne cofundó una de las empresas más grandes, innovadoras y de mayor éxito de la historia; pero la dejó doce días después de empezar la aventura. Le preocupaba que el éxito inicial de los ordenadores condenara, paradójicamente, a la empresa (que carecía de recursos) al mismo destino que había sufrido su negocio de máquinas tragaperras: no ser capaz de cumplir con los pedidos. Además, Wayne quería participar en más aspectos del desarrollo del producto. Más tarde diría: «Me fui para dedicarme a lo mío, para divertirme haciéndolo y para tomar cualquier rumbo que me pareciera oportuno en ese momento». Cuando abandonó la empresa, Wayne vendió su 10% por 2300 dólares, que habrían sido miles de millones de dólares hoy en día. Hace poco declaró: «Siempre he llegado un día tarde y con un dólar de menos». A finales de 2014, para hacer frente a sus deudas, subastó lo último que lo mantenía unido a Apple: un archivo de documentos de los comienzos de la compañía por el que obtuvo 25.000 dólares.

Ronald Wayne aprendió por las malas el peligro de caminar sin rumbo. Su participación inicial en Apple contribuyó a fundar una empresa de éxito, pero apenas se benefició de ello, porque prefirió tomar otro camino. Al final, Apple llegó a ser un gigante de la tecnología y Wayne se quedó al margen.

LANZARSE AL VACÍO SIN APRENDER NADA

En 2011, una icónica empresa minorista en apuros pensó que había dado con su salvador: contrató a un CEO de primera categoría, con una hoja de servicios impoluta; se llamaba Ron Johnson y era el ejecutivo que había convertido a Apple en un gigante de la venta al por menor, con unos ingresos de 6000 dólares por m^2 de tienda, más del doble que el siguiente minorista del ranking, el fabricante de joyas Tiffany & Co. Antes de llegar a Apple, Johnson había ayudado a relanzar la imagen de Target, que pasó de ser una tienda de ofertas a una marca de moda que combinaba estilo y calidad. Es decir, sobre el papel, Johnson parecía el candidato perfecto para rescatar otra empresa: JC Penney.

Su fichaje generó tantas expectativas que, incluso antes de anunciarlo, las acciones de JC Penney se dispararon un 17,5% en un solo día. Sin embargo, 17 meses más tarde la empresa estaba al borde de la bancarrota. Durante el breve periodo bajo el mando de Johnson, JC Penney perdió casi la mitad de su valor de mercado y sus ventas disminuyeron en torno a un 30%; las pérdidas en ese tiempo se calculan en unos mil millones de dólares.

La explicación es la siguiente: poco después de empezar a trabajar en JC Penney, Ron Johnson se dio cuenta de que había que cambiar ciertas cosas y se puso manos a la obra. Para dar un empujón a la empresa, aplicó una nueva estrategia de precios a la que llamó «*Fair and Square*»; consistía en bajar de forma estable los precios de los productos y eliminar los cupones de descuento que rebajaban a la mitad los precios hinchados de los artículos en oferta.

Para Johnson, la nueva estrategia era estupenda; él confiaba en su instinto para los negocios, creía que JC Penney se había quedado estancada y eliminó también las reuniones de seguimiento y rendimiento; no tenía la necesidad de poner a prueba su estrategia, no era la primera vez que se lanzaba al vacío. Cuando creó el Genius Bar de Apple —el servicio de ayuda y soporte a los clientes— se aferró a su instinto, a pesar de que los primeros resultados fueron decepcionantes. Él declaró: «No puedes echarte atrás. […] Si nos hubiéramos fijado en los resultados del primer año y medio tendríamos que haber cerrado la tienda. Pero era algo en lo que creía con cada célula de mi cuerpo».

Así, Johnson confió tanto en la nueva estrategia de precios como cuando asumió el proyecto de Apple. Su arrogancia se topó con el escepticismo de algunos miembros de la nueva empresa, que cuestionaron esa fe ciega. Pretendían echarse atrás, pero Johnson no lo permitió. Le gustaba decir cosas como: «En Apple no se probaban todas las ideas». Él se limitaba a seguir sus corazonadas. «Mis ideas salen adelante y ya está. No sé cómo explicarlo, es muy intuitivo… No se trata de recabar información y luego preguntarse qué hacer; solo hay que tener cierto instinto».

Cuando los números empezaron a bajar y pusieron en evidencia que el instinto de Johnson era erróneo, él culpó a los consumidores y mantuvo su estrategia de precios, exactamente del mismo modo que se había aferrado con uñas y dientes a su intuición para sacar adelante el Genius Bar. Su creencia era que los clientes primero tienen que educarse; una vez que lo hicieran, se quedarían prendados de la nueva JC Penney. Por desgracia, las ventas siguieron cayendo en picado y la satisfacción de la clientela descendió. Pero la dirección de la empresa vivía en una realidad paralela y él aseguraba que «los consumidores están encantados con lo que encuentran en nuestras tiendas». Sin embargo, insisto, los números decían todo lo contrario.

Lo que pretendo explicar es que, por muy buenas que fueran las ideas de Ron Johnson sobre el papel, y por mucho que hubiera acertado en el pasado, nunca llegó a entender a los clientes de JC Penney, que disfrutaban de la emoción y la satisfacción de hacerse con una gran oferta gracias a su audaz búsqueda de gangas. Para Johnson, la estrategia de precios *«Fair and Square»* era mejor porque era más sencilla; pero a los seguidores de esa marca les encantaba demostrar lo buenos compradores que eran al aprovechar al máximo las ofertas y los descuentos temporales. Estaban jugando y querían ganar.

Más adelante, Bill Ackman, responsable de la contratación de Johnson para JC Penney, admitió que «quizá uno de los peores errores fue hacer cambios demasiado rápidos, sin preocuparnos por evaluar el impacto que podían tener». Así fue; Ron Johnson y JC Penney se lanzaron de cabeza hacia una nueva y (teóricamente) fructífera aventura. Pero en realidad se lanzaron al vacío y no pudieron, o no quisieron, aprender de los errores.

——————

El premio nobel Daniel Kahneman y el psicólogo experto en intuición Gary Klein estudiaron las ventajas y desventajas de usar la clase de instinto que llevó a Ron Johnson a proceder así en JC Penney. Sus resultados mostraron que el principal requisito para emprender con éxito un nuevo proyecto es tomárselo como un proceso de aprendizaje. Es decir, si aprendemos de nuestras acciones podremos hacer cambios cruciales por el camino. Por desgracia, Ron Johnson persistió en su fallida apuesta porque se resistió a entender que sus decisiones estaban perjudicando a la empresa. En realidad, cuando más adelante se le preguntó si habría cambiado su forma de actuar, respondió: «Por supuesto que no».

Por el contrario, el director Robert Rodriguez adoptó una perspectiva muy distinta en su proyecto cinematográfico: él estaba siempre dispuesto a aprender. Consideró que producir *El Mariachi* sería como asistir a una escuela de cine barata y eso le permitió sacar partido de los errores y controlar sus instintos. Así, al igual que Johnson, Rodriguez se tiró a la piscina; pero, a diferencia de él, también observó y aprendió de la experiencia.

Los expertos en estrategia Chet Miller y Duane Ireland recomiendan un enfoque basado en el *feedback* rápido y el aprendizaje lento para minimizar los daños de actuar con demasiada celeridad. JC Penney necesitaba eso, acciones inmediatas, pero también aprender de la experiencia. Miller e Ireland señalan que, si se analiza el *feedback* con rapidez, es posible ajustar las acciones a tiempo. De ese modo, aunque se suele necesitar mucho tiempo para afrontar problemas tan complejos como los que padecía JC Penney, los ajustes graduales pueden acercarnos poco a poco a nuestras metas.

Estos autores proponen otra medida de seguridad que Johnson pasó por alto en JC Penney: no tirarse a la piscina si, en caso de que el proyecto vaya mal, las consecuencias pueden llegar a ser catastróficas. La razón es muy simple: es posible recuperarse de una mala decisión siempre que se pueda aprender de ella. Por ejemplo, la apuesta de Johnson por el Genius Bar en Apple suponía un riesgo muy pequeño para la empresa. Sin embargo, cuando aplicó de una forma tan agresiva su nueva estrategia de precios en JC Penney y luego se negó a modificarla, estaba poniendo en juego el futuro de la compañía por una idea sin ninguna garantía.

Además, hay que tener en cuenta que las personas no solo apostamos nuestros recursos a una idea; también los apostamos por otras personas. Y, cuando lo hacemos, les enviamos señales que, o generan expectativas positivas, o bien les hacen daño.

LA MALDICIÓN DE LAS ALTAS EXPECTATIVAS

En 1998, dos de los mejores *quarterbacks* de la historia del fútbol americano universitario entraron en el *draft* de la NFL y muchos equipos quisieron hacerse con sus servicios. El primero había batido 42 récords de la NCAA y del instituto, y quedó segundo en la votación para el Trofeo Heisman al mejor jugador universitario. El otro llevó a su equipo a participar por primera vez en 67 años en la Rose Bowl, quedó tercero en el Trofeo Heisman y ganó el prestigioso Trofeo Sammy Baugh, otorgado al mejor pasador universitario del país.

Aquel año, los Colts de Indianápolis estaban los primeros para elegir en el *draft* y los Chargers de San Diego pretendían fichar a uno de estos prometedores jugadores. De modo que, intercambiando dos elecciones de primera ronda, una de segunda ronda y a un jugador de su plantilla, los Chargers lograron colocarse segundos para elegir, justo por detrás de los Colts.

Así, como estaba previsto, los dos *quarterbacks* fueron escogidos en la primera ronda del *draft*: uno fue a los Colts y el otro a los Chargers.

Decir que los Colts y los Chargers eran equipos con margen de mejora era un eufemismo: los primeros acabaron la temporada anterior con un cómputo de tres victorias y trece derrotas, y los Chargers no lo habían hecho mucho mejor: cuatro victorias y doce derrotas.

La elección de los Colts, Peyton Manning, acabaría siendo uno de los mejores *quarterbacks* de todos los tiempos y cumplió las enormes expectativas que la gente había depositado en él para que el equipo ganara su primera Super Bowl desde 1971. Manning consiguió tres Super Bowls con tres equipos distintos y fue nombrado el jugador más valioso de la liga en cinco ocasiones.

Por su parte, los Chargers ficharon a Ryan Leaf, procedente de la Washington State University. Ellos creían que aquel joven prodigio tenía tanto futuro que le ofrecieron 11,25 millones de dólares de prima por firmar con ellos. En aquel momento fue el acuerdo más lucrativo obtenido jamás por un novato.

Como con Manning, las expectativas sobre Leaf eran altísimas. Lógico, teniendo en cuenta tanto el enorme esfuerzo que habían hecho los Chargers por situarse en buena posición para elegir como todos los titulares que aquello generó y los términos del contrato. Además, obviando cualquier posible obstáculo hacia el éxito, él mismo declaró: «No sé por qué hay tanto alboroto en torno a los defensas de la NFL. He visto casi todo lo que me pueden hacer y no es para tanto».

Leaf debutó en el partido que enfrentaba a los Chargers con los Buffalo Bills. Su equipo ganó 16-14, pero el rendimiento de este jugador quedó lejos de colmar las expectativas generadas; no logró cuajar una buena actuación ante un público que esperaba el mejor juego posible de su recién fichada superestrella. Sufrió cuatro bloqueos, aunque dos de ellos fueron anulados por penalizaciones a los Buffalo.

Al final, pese a su prometedor futuro, Ryan Leaf no tuvo tanto éxito como Peyton Manning; solo ganó cuatro partidos como titular, logró 14 *touchdowns* y sufrió 36 bloqueos. Apenas disputó 25 partidos en cuatro temporadas. Su récord de victorias antes de debutar en la NFL no lo había preparado para perder, así que cuando sufrió sus primeros contratiempos entró en una espiral descendente. «Nunca había perdido y no sabía cómo gestionarlo», recuerda.

El fracaso de Ryan Leaf fue, pues, tan extraordinario como el éxito de Peyton Manning. Sus trayectorias, tan distintas, nos pueden ayudar a comprender cuándo funcionan las profecías positivas y cuándo no. Ambos jugadores habían generado altas expectativas, pero en el campo encontraron destinos opuestos.

Peyton Manning nunca experimentó la presión de esas altas expectativas. Suele comentar que «si analizas las tácticas y el plan de juego, nunca sientes esa presión». Es decir, supo entender la conexión entre el trabajo duro y la superación personal, y enfocó su labor mediante lo que la psicóloga Carol Dweck llama «mentalidad de crecimiento».

En cambio, Ryan Leaf luchaba todo el tiempo por estar a la altura de las altas expectativas ajenas, y fue dolorosamente consciente de su decepcionante debut. Como él mismo dijo: «Tal como fueron las cosas, las expectativas que la ciudad había depositado en mí y la forma que tuve de defraudar al público, siempre sentí cierto desconsuelo». El juego físico le golpeó el cuerpo con la misma dureza que el desgaste emocional de la derrota lo hizo con su mente; y nunca llegó a recuperarse.

Para empeorar las cosas, Leaf recurrió a los calmantes con la intención de aliviar sus preocupaciones. «Rehuía a la gente y me quedé solo. Las pastillas me quitaban el malestar. Ya sabes, todas aquellas críticas, que por qué no era un gran jugador o por qué había decepcionado de tal manera a mi familia, a mi universidad o a tanta otra gente. Era mi forma de afrontarlo», confesó más tarde. Su adicción acabaría con una detención en la frontera canadiense por intentar pasar medicamentos ilegales a Estados Unidos. Leaf se declaró culpable de ocho cargos. No era la primera vez que tenía problemas con la ley por culpa de las drogas y, por desgracia, tampoco sería la última.

Su adicción también frustró una segunda oportunidad de triunfar, esta vez como entrenador. Cómo él mismo dijo: «Yo era bueno en dos cosas, los deportes y las mentiras. Siempre andaba preocupado por lo que el resto de la gente pensara de mí o por la imagen que transmitía. Las mentiras me servían para que mi historia se pareciera más a lo que la gente quería escuchar que a la realidad». En resumen, las altas expectativas acabaron condenando al fracaso a Ryan Leaf porque siempre deseaba agradar a los demás.

———————

Las altas expectativas, si se gestionan de forma adecuada, pueden generar profecías autocumplidas de carácter positivo. En cambio, si se imponen sin ningún tipo de salvaguarda pueden echar a perder incluso a las personas más prometedoras. Ryan Leaf creía que su carrera en la NFL sería estelar porque eso era lo que la gente esperaba de él. Pero en cuanto afrontó las primeras dificultades sus propias expectativas se vieron muy afectadas. A fin y al cabo, que el resto las tuviera tan altas fue el origen de sus inseguridades. Un público que espera solo éxitos se decepciona con los fracasos. Ryan Leaf era consciente de las esperanzas que los aficionados tenían puestas en él y empezó a centrarse de manera exclusiva en no defraudarlos.

Cuando otras personas se crean expectativas positivas sobre nosotros, nos ofrecen dos tipos de información: en primer lugar, una que moldea nuestras propias expectativas. Es decir, si confiamos en las de los demás, es más probable que las cumplamos, porque creemos que si esperan grandes cosas de nosotros seremos capaces de lograrlas.

Pero existe otro aspecto social de las expectativas positivas que fue responsable del fracaso de Ryan Leaf: las presiones sobre el rendimiento, que nos distraen de nuestros objetivos con la necesidad de satisfacer esas expectativas ajenas.

En un experimento del equipo de investigación liderado por el psicólogo Roy Baumeister se examinó cuándo las expectativas generaban profecías autocumplidas positivas y cuándo, en cambio, presiones en el rendimiento. Lo que hallaron fue que las altas expectativas ajenas generan presión cuando la persona no cree que sean ciertas y, por tanto, no le aportan los beneficios que implica marcarse unas metas altas, sino solo apremio social.

En el experimento se comunicó a 30 universitarios que existía una correlación positiva entre un test de personalidad que habían hecho antes y su capacidad para resolver problemas complejos. En realidad, el test no era indicativo de nada, pero se dijo a todo el grupo que habían alcanzado una puntuación de 75, con independencia de los resultados reales de cada cual. Los estudiantes del grupo de control no recibieron ninguna directriz sobre cómo interpretar esos 75 puntos, pero al resto se les aseguró que, basándose en su puntuación, no deberían tener dificultades para resolver problemas complejos. En este último grupo, además, la mitad vio un gráfico con la correlación entre el test de personalidad y esa supuesta capacidad para resolver problemas complejos (eran el «grupo confiado») y la otra mitad, un gráfico que mostraba que las investigaciones previas no respaldaban la existencia de dicha correlación («grupo desconfiado»).

En otras palabras, ambos grupos (confiados y desconfiados) creían que los investigadores esperaban que resolvieran de forma correcta los problemas complejos; la gran diferencia entre ambos era que los confiados internalizaron las expectativas positivas de los investigadores mucho más que los desconfiados; en consecuencia, sus propias expectativas fueron más favorables. Por el contrario, el grupo de desconfiados solo experimentó presiones sobre su rendimiento, ya que sus expectativas provenían únicamente del exterior.

Cuando los investigadores comprobaron el rendimiento de los miembros de cada grupo, el patrón obtenido fue sorprendente: el número de problemas resueltos por el grupo control —es decir, los estudiantes a quienes no se había ofrecido ninguna información sobre el significado de su puntuación— era aceptable; hallaron la solución en una media de 5,2 problemas. En cambio, el grupo confiado logró resolver una media de 7,1 problemas. Y, de forma asombrosa, el grupo desconfiado quedó por debajo del grupo control al resolver apenas una media de 3,4 problemas. La explicación es que, en este último grupo, los investigadores habían generado una presión sobre el rendimiento que no se tradujo en una profecía positiva, sino todo lo contrario.

=========

Quizá haber debutado en San Diego, su tierra natal, fuese un agravante (casual) para los problemas de Leaf. Y es que, pese a que solemos pensar que jugar en casa es ventajoso en cualquier deporte, cuando el partido es decisivo los resultados no son tan evidentes. En un estudio sobre este particular, el profesor Baumeister analizó los partidos de las Series Mundiales de béisbol entre 1924 y 1982[*] y confirmó nuestras sospechas: jugar en casa, en general, supone una ventaja; el equipo local tenía un 62,2% de probabilidades de ganar en los dos primeros partidos de la serie. Sin embargo, quienes jugaban en casa solían perder los partidos decisivos: ganaban solo el 40,8% de los finales de la serie. Además, si nos centramos en el dato más revelador, es decir, el séptimo y último partido —en el que el ganador se lleva la serie—, el equipo local solo ganaba en un 38,5% de las ocasiones.

Otra explicación para los patrones de victorias que descubrió Baumeister podría ser simplemente que el equipo visitante jugara mejor, y no que los locales sucumbieran a la presión del rendimiento. Y es que tal vez haya algo en el hecho de estar en un campo hostil que saca lo mejor del equipo visitante (abucheos, etc.).

Pero si echamos un vistazo a los errores cometidos en el campo es fácil comprobar si sucede lo uno o lo otro. En teoría, el equipo local debería tener un porcentaje de errores constante, porque están acostumbrados a jugar en ese campo todo el año. Sin embargo, los equipos visitantes deberían jugar mejor a medida que avanza la serie, porque se

---

[*] Se trata de las eliminatorias de final de temporada, con un mínimo de cuatro partidos y un máximo de siete (nota del traductor).

van habituando a hacerlo en ese campo (con el viento, la superficie y las dimensiones que lo caracterizan). Pero, por mucho que se adapten al terreno durante una serie al mejor de siete partidos, no deberían superar al equipo local, que conoce el campo a la perfección.

Y eso es justo lo que Baumeister descubrió que ocurría en los dos primeros partidos de la serie: el equipo local cometía una media de 0,65 errores, mientras que la del visitante era de 1,04. Además, los locales lograban completar 33 entradas sin ningún error, frente a las 18 de los visitantes. Sin embargo, en el último y decisivo partido, la ventaja del equipo local no solo se desvanecía, sino que se transformaba en desventaja: su tasa de error se duplicó hasta 1,31, mientras que la del visitante se redujo a 0,8; y este último también logró completar el doble de entradas sin errores (12) que el equipo local[*].

En resumen, para aprovechar el poder de las profecías positivas y evitar la «maldición» de las altas expectativas es básico que tales expectativas sean creíbles, de modo que se evite ejercer una presión innecesaria sobre el rendimiento. Es decir, puede que resulte cómodo jugar en casa, pero a medida que las expectativas son más altas es mejor trabajar en un entorno en el que se nos apoye sin demasiado entusiasmo o esperando la perfección.

Otra forma de evitar la maldición de las altas expectativas es lograr pronto «pequeñas victorias». Por instinto, las personas suelen desear grandes triunfos, como ganar una Super Bowl, llevar a cabo un proyecto que deje a todo el mundo boquiabierto o firmar con el mayor cliente de la empresa; pero esas grandes victorias, si suceden muy pronto, elevan aún más las expectativas sobre nosotros, antes de que seamos capaces de mantenernos a la altura. Así que conseguir

---

[*] Baumeister halló un efecto similar al analizar los tiros libres en las semifinales y finales de la NBA: el porcentaje de tiros libres de locales y visitantes suele ser casi idéntico, excepto en el último partido, en el que el equipo visitante supera al de casa (a pesar de que la afición local suele intentar distraer a los jugadores visitantes haciendo ruido o empleando otras argucias).

«pequeñas victorias» —como acabar un partido de fútbol americano sin bloqueos, finalizar un primer proyecto o firmar con un nuevo cliente, sea el que sea— ayuda a interiorizar las expectativas ajenas, al tiempo que disminuye poco a poco la presión. Volviendo al ejemplo anterior, los problemas de Ryan Leaf empezaron cuando las grandes esperanzas que tenía sobre sí mismo se desvanecieron tras una serie de pequeños errores que, al final, provocaron una gran derrota.

Después de haber examinado algunos problemas que surgen por estirar demasiado los recursos, como caer en la tacañería, deambular hacia ninguna parte, tirarse a la piscina sin aprender nada o verse abocados al fracaso por las altas expectativas, abordaré el último problema que podemos encontrarnos: ¿qué ocurre cuando hacemos mezclas novedosas que resultan en un auténtico descalabro?

HACER COMBINACIONES TÓXICAS

En 1974, a Gerber, el famoso fabricante de comida para bebés, se le ocurrió una idea genial para hacer crecer su negocio: sacar partido a lo mejor de la empresa —sus instalaciones, suministros, procesado y envasado— y combinarlo con un giro comercial para ofrecer otro producto a un nuevo grupo de consumidores. Dicho producto, Gerber Singles, salió al mercado con ímpetu y la marca, antes imprescindible en la sección de bebés, de pronto estaba presente en otras estanterías de las tiendas de alimentación. El nuevo producto tenía el mismo aspecto y sabor que la comida para bebés, pero estaba destinado a universitarios y trabajadores.

El problema fue que, en lugar de conquistar un nicho de mercado interesante (al ofrecer comida rápida y saludable para personas solteras), la empresa tuvo que retirar el producto tres meses después de su lanzamiento. La idea de comer papillas —eso sí, con sabores como crema de carne o delicias de arándano— en un frasco y con una cuchara diminuta no se ajustaba a lo que la mayoría de la gente consideraba una buena comida casera. Además, llamar al producto Gerber Singles («solteros») tampoco fue un gran acierto. Un periodista llegó a decir: «Podrían llamarlo más bien "Vivo solo y todavía como papillas"».

Tiempo después, en Ithaca (Nueva York) Robert McMath puso en marcha el Centro de Aprendizaje y Exhibición de Productos Nuevos. Él lo llama «el Museo de los Productos Fracasados». Allí no solo expone fiascos como Gerber Singles, sino otros miles de combinaciones que resultaron en productos fallidos, como Maalox Whip (un antiácido en aerosol), un desodorante comestible o agua embotellada de sabores para mascotas, por mencionar algunos. Y es que no todas las combinaciones dan buen resultado; a veces, la suma de las partes tiene menos valor que cada parte por separado. En otras palabras, la comida para bebés y la comida para solteros son dos buenos productos, pero mezclarlos… fue una idea terrible.

A veces ocurre que estropeamos una mezcla porque nos cuesta gestionar la tensión que generan dos aspectos clave de las combinaciones de éxito: la novedad y la utilidad. En el caso de Gerber, meter comida para adultos en un frasco de papilla era una idea novedosa, pero no resultaba muy útil para sus clientes potenciales, a quienes la marca y el tipo de envase no convencieron en absoluto. Por otro lado, si no hay novedad, esas mezclas tienen escaso valor, porque es probable que alguien haya pensado ya cómo hacer la combinación. Si, además, no hay utilidad, el resultado no tiene sentido.

Diversos investigadores han descubierto que la «preparación» de mezclas novedosas y útiles requiere de dos enfoques muy diferentes: cuando la motivación es intrínseca se suelen ocurrir ideas originales. Es así porque la gente disfruta aprendiendo y experimentando para encontrar nuevas combinaciones; en cambio, si lo prioritario es el rendimiento, surgen más bien ideas útiles. La razón es que se adopta la perspectiva de los demás y quien inventa se basa en ideas más familiares, que no suelen generar rechazo entre la gente.

En este sentido, se hizo un estudio en el que 189 personas acudieron a un laboratorio de la universidad y cada una recibió un kit compuesto por dos papeles de origami, seis palitos de helado, un palo de piruleta, dos clips, cuatro limpiapipas, una taza, dos vasos de plástico pequeños, una pinza de ropa pequeña, una barra de pegamento y un rollo de cinta adhesiva. Luego, se pidió a cada participante que, con los recursos disponibles, diseñara un artículo de decoración novedoso y útil en 20 minutos.

Antes de que cada cual empezara la tarea, se proporcionó una serie de indicaciones a cada participante, dependiendo del grupo al que hubiera sido asignado al azar. A algunos se les pidió que tuvieran en cuenta el aspecto didáctico del ejercicio (es decir, que no pasaba nada si cometían algún error, porque era el proceso natural del aprendizaje); otros recibieron indicaciones para centrarse en el rendimiento (haciendo hincapié en la importancia de obtener un artículo mejor que el del resto); por último, hubo gente a la que se orientó tanto al rendimiento como al aprendizaje. También se contó con un grupo de control, que no recibió ninguna indicación.

Cuando todo el mundo acabó de diseñar sus artículos, los investigadores evaluaron algunas cuestiones clave. En primer lugar, contaron el número de elementos que cada participante había utilizado en su diseño (como forma de evaluar su flexibilidad para aprovechar los recursos disponibles). En segundo lugar, midieron el afán por terminar lo antes posible (es decir, la necesidad de encontrar una solución rápida) o la paciencia de mantener la apertura a nuevas ideas durante el proceso. Por último, un jurado independiente evaluó la novedad y utilidad de cada artículo decorativo.

El equipo de investigación halló que el enfoque didáctico potenciaba una mayor flexibilidad en las combinaciones y, en consecuencia, la obtención de productos más novedosos. En cambio, centrarse en el rendimiento llevaba a los sujetos a apresurarse para dar con una solución inmediata, con lo cual se quedaban con las primeras ideas que se les hubieran ocurrido, en vez de explorar nuevas opciones que fueran surgiendo en el proceso; en consecuencia, sus artículos eran más útiles. No obstante, nadie de estos dos grupos logró diseñar un artículo novedoso y útil al mismo tiempo, según la valoración del jurado.

El tercer grupo, es decir, aquel cuyos miembros recibieron indicaciones para asumir un enfoque didáctico teniendo en cuenta también el rendimiento, sí diseñó artículos novedosos y útiles. Sin embargo, dentro de ese grupo la forma de recibir las indicaciones resultó muy relevante: a unos se les había pedido al mismo tiempo usar ambos enfoques, mientras que a otros se les dieron primero instrucciones para centrarse en el aprendizaje y luego, a mitad de la tarea, las del rendimiento, o viceversa.

Los resultados mostraron que quienes construyeron artículos más novedosos y útiles fueron las personas que habían recibido de forma simultánea las instrucciones sobre los enfoques didáctico y de rendimiento, respecto al resto, que recibieron unas y otras en diferentes momentos. Por tanto, se entendió que, en vez de separar cada enfoque, lo verdaderamente interesante es mezclar ambos a lo largo de la tarea.

Asimismo, las combinaciones inesperadas pueden dar lugar no solo a productos innovadores, sino también a nuevas relaciones y formas de trabajar. Pero hay que tener cuidado de no forzar demasiado la mezcla de recursos, porque se puede caer en la trampa de fabricar algo que no sea útil. Es decir, que a veces es mejor controlar el ingenio y quedarse con las cosas tal y como están, en lugar de combinarlas.

APROVECHAR BIEN LOS RECURSOS

En este capítulo te he mostrado cómo evitar algunos problemas que implica estirar demasiado los recursos. Edward Wedbush, Ronald Wayne, Ron Johnson, Ryan Leaf y los diseñadores de Gerber Singles estaban preparados para aprovechar sus recursos, pero se pasaron de la raya. Aprender de los propios errores es una buena estrategia para entender cómo estirar los recursos de forma adecuada.

Llegados a este punto, y una vez presentados los estudios que se han hecho para explicar los fundamentos de estirar los recursos, las historias que ilustran sus consecuencias positivas y los límites que no deben cruzarse, está todo listo para dar el último paso: aprender algunos ejercicios que te ayudarán a fortalecer el aprovechamiento de tus recursos.

Nueve

EJERCICIOS

EJERCICIOS PARA APROVECHAR
MEJOR LOS RECURSOS

En la década de 1960, el tétanos suponía una grave amenaza para la salud de la población universitaria. Esta enfermedad, generada por una bacteria que suele entrar en el cuerpo a través de una herida, puede provocar espasmos musculares y problemas respiratorios. Por ejemplo, si pisas un clavo oxidado tienes muchas posibilidades de infectarte de tétanos. En el mejor de los casos, los síntomas son leves; pero, en el peor, puede ser mortal. Y aunque el tétanos no tiene cura hay una forma muy sencilla de prevenirlo: vacunarse.

Para muchos estudiantes, ir al hospital no es quizá la mejor forma de pasar la tarde. Pero a un grupo de psicólogos de la Universidad de Yale se les ocurrió una idea: asustarlos para que acudieran por iniciativa propia.

Con este fin, los investigadores reunieron a los participantes de su estudio en un edificio con el pretexto de revisar un folleto sanitario. Dependiendo de la sala, asignada al azar, algunos estudiantes recibieron uno que describía la enfermedad del tétanos de forma bastante cruda. Por si eso no fuera suficiente, el folleto incluía imágenes de personas que habían contraído la enfermedad. El resultado era tan perturbador que algunos estudiantes, al leer el folleto, llegaron a palidecer y estremecerse. Al otro grupo se le ahorró el lenguaje directo y las imágenes, pero se le dio la misma información sobre los riesgos de contraer la enfermedad.

Asimismo, todo el mundo recibió una explicación acerca de que vacunarse era la única forma de protegerse contra el tétanos y que la propia universidad administraba la vacuna de forma gratuita en la clínica del campus.

La estrategia dio resultado: quienes recibieron la información a través de un lenguaje y unas imágenes más impactantes se asustaron más y mostraron mayores niveles de malestar, nerviosismo y tensión; es decir, el tipo de emociones que se espera que lleven a reaccionar.

Para evaluar la eficacia de esta «estrategia de terror», los investigadores formularon dos preguntas: «¿Crees que es importante vacunarse contra el tétanos?» y «¿Tienes la intención de vacunarte?».

Para los miembros de ese grupo al que se había atemorizado, ponerse la vacuna era mucho más relevante que para los otros. Además, también se mostraron más dispuestos a vacunarse. Así que… ¡misión cumplida!

¿O no?

Lo siguiente que hicieron los investigadores fue revisar el historial médico de sus participantes en las semanas transcurridas entre el experimento y el final del curso, y lo que descubrieron no parecía tener sentido: aquellas personas expuestas a un mensaje más alarmista no se vacunaron en mayor proporción que las demás. Es decir, pese al miedo y a la intención aparente de vacunarse, la información no había logrado alterar su comportamiento.

Pero sí hubo un grupo de participantes que se vacunó en mayor proporción que el resto; y, además, su conducta no tuvo nada que ver con el miedo que tuvieran: fueron los estudiantes a los que se había facilitado un mapa para llegar a la clínica del campus. Es decir, aunque casi todos sabían dónde estaba la clínica antes de participar en el estudio, el hecho de darles un mapa supuso un impulso adicional para pasar del dicho al hecho: quienes recibieron el mapa presentaron un porcentaje de vacunación ocho veces mayor que sus compañeros.

Como profesor y científico social que ha pasado gran parte de la última década enseñando sobre los procesos de cambio e investigando acerca de ellos, soy muy consciente de que existe una diferencia abismal entre modificar una creencia y hacer lo mismo con un comportamiento. Es decir, aunque hayas leído este libro, entiendas los riesgos de acumular recursos sin medida y comprendas el valor de aprovecharlos mejor, las estadísticas indican que no harás nada al respecto a menos que te facilite «un mapa» para hacerlo. Por lo tanto, voy a darte justo eso: una docena de ejercicios para que dejes de acumular recursos y empieces a aprovechar los que tienes a tu alcance, tanto si deseas mejorar tu carrera profesional como si lo que pretendes es incrementar el rendimiento de tu empresa, educar mejor a tus hijos o vivir una vida más satisfactoria. Y es que, como si fuera un músculo, tu capacidad para aprovechar los recursos se fortalecerá con la práctica, pero eso no impide que puedas empezar a disfrutar ya de algunos beneficios de esta poderosa forma de trabajar... y vivir.

SOLO TIENES QUE DECIR «NO»

Cuando era niño, en la televisión nos lanzaban mensajes constantes para que aprendiéramos a decir «no». Nancy Reagan acuñó por casualidad el pegadizo eslogan durante una visita escolar. Cuando un niño le preguntó qué debía hacer si alguien le ofrecía drogas, la primera dama respondió: «Solo tienes que decir que no».

Para quienes se dedican a acumular recursos, esa conducta es en sí una adicción, porque desarrollan una dependencia malsana de tener más y más, y alimentan la falsa creencia que ya hemos visto, esa de que, si dispones de más recursos, obtendrás mejores resultados.

Pero al cambiar de perspectiva para aprovechar mejor los recursos nos damos cuenta de que lo que importa es lo que hacemos con lo disponible. De esta forma es más sencillo negarse a acumular recursos y sacar el mayor partido de lo que ya tenemos.

En 1957, el escritor Theodor Geisel empezó una obra por culpa de una apuesta. Su editor, Bennet Cerf, se apostó con él 50 dólares a que no sería capaz de escribir un libro utilizando solo 50 palabras distintas. Para la mayoría de la gente, esta limitación habría sido insuperable, porque se necesitan muchas más palabras para escribir un libro completo. Pero a Geisel el obstáculo le supuso más bien un alivio, una especie de liberación: no usar un número ilimitado de palabras le permitió ser creativo con las que sí podía. Como resultado, este autor (también conocido como Dr. Seuss) escribió su libro de mayor éxito: *Huevos verdes con jamón*[*].

Lo que nos enseña el ejemplo de este escritor es la siguiente estrategia: en vez de quedarte en el clásico «si *tuviera* esto, podría…», trata de adoptar el enfoque opuesto, es decir, niégate a usar más recursos; es más, pide menos y piensa: «Si *no tuviera* este recurso, podría…».

---

[*] Para quien sienta curiosidad al respecto, las 50 palabras eran: *a* (un), *am* (soy), *and* (y), *anywhere* (en cualquier lugar), *are* (son), *be* (ser), *boat* (bote), *box* (caja), *car* (coche, automóvil), *could* (podría), *dark* (oscuro), *do* (hacer), *eat* (comer), *eggs* (huevos), *fox* (zorro), *goat* (cabra), *good* (bueno), *green* (verde), *ham* (jamón), *here* (aquí), *house* (casa), *I* (yo), *if* (si), *in* (en), *let* (dejar), *like* (gustar), *may* (poder/puede), *me* (yo), *mouse* (ratón), *not* (no), *on* (sobre), *or* (o), *rain* (lluvia), Sam, *say* (decir), *see* (ver), *so* (tan/así), *thank* (gracias), *that* (que), *the* (la/el), *them* (ellos/ellas), *there* (allí), *they* (ellos/ellas), *train* (tren), *tree* (árbol), *try* (probar), *will* (podrías), *with* (con), *would* (haría), *you* (tú/usted).

En este sentido, tanto si se trata de reducir a propósito el número de integrantes de un equipo para un proyecto como de adelantar un plazo, limitar un presupuesto, preparar una comida especial solo con los ingredientes que tienes en la nevera o planificar la fiesta de cumpleaños de tu hija con apenas 25 dólares, desecha la idea de que no puede hacerse sin recursos adicionales.

Y es que ciertas cosas que creemos imprescindibles a menudo no tienen tanta relevancia. Eso es justo lo que aprendieron las personas a las que has conocido en este libro y que supieron estirar sus recursos. Ellas carecían de algunos elementos de los que, en teoría, dependían otros en situaciones similares. Y esa necesidad estimuló su forma de aprovechar los recursos. Por ejemplo, Dick Yuengling no contaba con el presupuesto de una gran cervecera y Phil Hansen no tenía unas manos tan sensibles como los demás artistas. Sus, en apariencia, enormes limitaciones les dejaron pocas opciones, pero al final se dieron cuenta de todo lo que podían hacer con lo que tenían a su alcance. En realidad, no hacen falta limitaciones físicas o económicas para reconocer el poder de estirar los recursos; si dices «no» a la acumulación estarás adoptando una nueva forma de vivir y trabajar.

ENCUENTRA A TU BELLA DURMIENTE

El clásico de Disney *La bella durmiente* nos cuenta la historia de Aurora, una princesa que sufre la maldición de una villana llamada Maléfica: en su decimosexto cumpleaños, la princesa se pinchará el dedo con el huso de una rueca encantada y morirá. Pero la rápida reacción del hada madrina Primavera modifica el hechizo para que, en lugar de morir por el pinchazo, la princesa caiga en un profundo sueño hasta que reciba un beso de amor verdadero.

Primavera y otras dos hadas madrinas acogen a Aurora en el bosque, como si fuera una campesina, para mantenerla fuera de peligro, lejos de cualquier huso. Pero Maléfica se las apaña para que Aurora salga de su refugio y toque una rueca el día de su decimosexto cumpleaños. Así que al final cae en un sueño profundo y, quizá, eterno.

Es necesario un beso de amor verdadero, el de un príncipe llamado Felipe, para que la princesa despierte y la nueva pareja pueda vivir feliz para siempre.

Como he mostrado en este libro, en el mundo real (más allá de la fantasía) muchos recursos permanecen ocultos. Pero si prestas atención los encontrarás a tu alrededor; esperan una oportunidad para mostrar su valía y hace falta «despertarlos» para sacar de ellos su máximo potencial. De esta forma, podrás resolver diferentes problemas y aprovechar buenas oportunidades que, de lo contrario, nunca conocerías. De hecho, un estudio de la consultora Bain ha concluido que la inmensa mayoría de los cambios organizacionales —es decir, esos que se producen cuando las empresas redefinen su actividad principal— surgen de activos ocultos que no utilizaban previamente.

Mi experiencia con los recursos «inactivos» viene de la gran cantidad de conocimientos que produce la comunidad científica y permanecen a la espera de ser descubiertos. Sin ir más lejos, en un estudio reciente llevado a cabo por investigadores de la Universidad de Indiana se comprobó que algunos de los mayores hallazgos de la ciencia habían sido «bellas durmientes», es decir, artículos científicos publicados mucho tiempo atrás y que pasaron desapercibidos durante décadas. De hecho, uno de los trabajos más influyentes de Albert Einstein, publicado en 1935, no se citó en la literatura científica hasta casi 60 años después. Los mayores periodos de «hibernación» en la ciencia se dan en campos como la física, la química, las matemáticas y la medicina. En todas estas disciplinas hay caso de sueños profundos ¡que duran más de 70 años!

Y los investigadores han descubierto, además, que suele hacer falta que llegue alguien de otra disciplina para despertar a una de estas «bellas durmientes», precisamente porque las múltiples experiencias de una persona polifacética permiten que se dé cuenta de que aquello es un recurso inactivo y lo pueda revivir.

Lo mismo ocurre con los productos que pasan de moda. Madame C. J. Walker, la primera mujer afroamericana multimillonaria, a la que conocimos en el capítulo 6, emprendió un negocio de cosméticos de gran éxito en una época en la que la población afroamericana apenas tenía derechos legales. Aquella idea languideció tras la muerte de Walker, incapaz de perpetuarse sin su enérgica e inteligente fundadora; durante décadas, la marca cayó en un profundo sueño hasta que, en 2016, despertó y se hizo un hueco en las estanterías de las perfumerías Sephora. Esta nueva línea, llamada Madame C. J. Walker Beauty Culture, basada en los productos originales y destinada a la misma clientela, abrió un nuevo mercado para Sephora y atrajo a otro perfil de compradores a sus locales.

Así que, para encontrar tus propias bellas durmientes, pregúntate: ¿qué recursos personales (habilidades, conocimientos, contactos, etc.) y organizativos (productos, procesos, equipamiento, etc.) he podido pasar por alto durante años? O, mejor aún, pide consejo sobre tu situación a alguien ajeno a tu empresa. A continuación, haz una lista de posibles estrategias para que tus recursos inactivos te ayuden a avanzar; y no olvides pasar a la acción para «resucitar» tus objetivos.

SAL A VER MUNDO

Cuando Steve Jobs tenía 27 años dijo, al recibir un premio en la Academy of Achievement, que la única diferencia entre tú y un amigo tonto es la cantidad de experiencias que llevas a tu espalda. Y hacer acopio de experiencias atractivas requiere salir del lugar de trabajo habitual, de la ciudad donde vives o de las zonas que frecuentas.

Pero también es posible seguir la regla de las competencias múltiples (descrita en el capítulo 4) sin hacer cambios tan drásticos. Solo invierte unas horas a la semana (o al mes) en leer algo distinto (una revista, un libro o una web), asiste a talleres o a conferencias que no tengan relación con tu sector o colabora con otras personas; por ejemplo, un día puedes intercambiar, de forma puntual, tus tareas con un colega de la oficina. Otras opciones son quedar para comer con personas que hagan un trabajo similar al tuyo, pero en otro sector, y buscar a alguien que se anime a estudiar contigo otra disciplina. A mí también me ha resultado muy beneficioso aprender sobre diferentes campos. Por ejemplo, durante mis años de estudiante tuve distintos tutores: en el grado, a un filósofo; en el máster, a un economista; y en el doctorado, a uno de los profesores más polifacéticos que he conocido nunca.

Para llevar este ejercicio un paso más allá puedes seguir el ejemplo de Fred Cook, el director general de Golin, que es una de las mayores empresas de relaciones públicas de Estados Unidos. Su *expertise* es tan variada que incluye trabajos como chófer, profesor, mánager de una banda de rock o portero. Puesto que conoce la importancia de la regla de las competencias múltiples, a finales de 2014 Cook puso en marcha un programa de prácticas en su empresa. Mediante un concurso abierto a todo el mundo, planteó un reto muy sencillo: adquirir nuevas experiencias empleando para ello 40 dólares y una cámara.

El ganador, Akinbola Richardson, creyó que mendigar y conducir un taxi por Chicago le darían un punto de vista original sobre la ciudad. Su recompensa fue una beca que empleó en planificar un itinerario de nuevas experiencias, como bucear en Georgia, participar en la Tough Mudder en Virginia, construir una casa para los sintecho en Nueva Orleans y vivir con los amish y con una comunidad de nativos americanos. Al hablar de la beca, Richardson comenta: «Elegí una combinación que me asustara, que me pusiera en contacto con diferentes culturas y me ofreciera nuevas oportunidades de ser útil». Cook tiene depositadas grandes esperanzas en este programa de prácticas, porque todas esas experiencias de los participantes aportan nuevas ideas que repercuten en el servicio que ofrece a los clientes de su bufete.

Pero si este no es tu caso, y no puedes tomarte unas vacaciones o patrocinar a alguien para que viva nuevas experiencias, aprovecha las de la gente que te rodea. Rite-Solutions, una empresa de software que lleva a cabo proyectos de alto secreto para el ejército, diseñó una solución para aprovechar la diversidad de experiencias de sus trabajadores: creó un «mercado interno de ideas». En este sistema, cualquiera puede proponer una, como apostar por una nueva tecnología, lanzar un producto novedoso o desarrollar un proceso alternativo para abordar una tarea. Esas propuestas se convierten en «acciones» que otros empleados pueden comprar y vender por un precio que depende de las opiniones del resto de la empresa. Es decir, cada idea se cotiza en principio a 10 dólares y la gente puede pujar por ella, aumentando así su valor. De esta forma, la empresa utiliza las experiencias de sus trabajadores de forma colectiva, pero también independiente, para que puedan influir en las decisiones de la compañía.

Eso sí, tanto si sales a ver mundo por tu cuenta como si lo haces de forma indirecta —por ejemplo, contratando a un equipo polifacético—, siempre debes tener en cuenta que lo importante es salir de tu zona de confort.

TÓMATE UN RESPIRO (Y RELÁJATE)

Desde muy pequeños se nos inculca que es básico prestar atención, y se hace por una buena razón: resulta difícil aprender y actuar estando distraídos. Pasamos más de la mitad del tiempo pensando en algo distinto de lo que hacemos, lo que, según la investigación, nos causa un gran malestar. Incluso, en el peor de los casos, la falta de atención puede provocar accidentes graves, como los de tráfico.

Sin embargo, abusar de la concentración disminuye la creatividad, mientras que la distracción en cierto modo la potencia. Por ejemplo, las personas que padecen un trastorno por déficit de atención e hiperactividad (TDAH) tienden a sacar mejores puntuaciones en las pruebas de creatividad que el resto de la gente. ¿Cuál es el motivo? Sobre todo, que dejan que su mente divague y a menudo hacen conexiones que otros pasan por alto.

En un estudio llevado a cabo por un equipo de psicólogos se pidió a los 145 participantes que dijeran el mayor número posible de usos poco comunes de dos objetos. En un principio, cada cual trabajó con dos de los cuatro objetos disponibles: un clip, una hoja de papel, un palillo y un destornillador. Este ejercicio permitió a los investigadores evaluar el ingenio de los sujetos a partir del número de usos novedosos que encontraban para cada objeto. A continuación, los distribuyeron al azar en cuatro grupos; en tres de ellos, contaban con doce minutos para completar una actividad: el primer grupo debía hacer algo que suponía un desafío para su intelecto; el segundo, algo que no implicaba un gran esfuerzo mental; y el tercer grupo se limitó a esperar. Luego, los sujetos respondieron a una serie de preguntas sobre su grado de divagación mental. El cuarto grupo no tuvo descanso, solo se saltó la actividad y pasó a responder las preguntas. Por último, los miembros de los cuatro grupos abordaron una segunda tarea de ingenio: los investigadores les dieron dos minutos para encontrar el mayor número posible de usos novedosos para los cuatro objetos del ejercicio anterior; es decir, los dos con los que habían trabajado en el primer ejercicio y los otros dos, que no habían visto antes.

Los resultados mostraron que los miembros del segundo grupo, es decir, quienes habían abordado una actividad que no exigía esfuerzo mental alguno, divagaron más que el resto. La baja carga cognitiva que requería su actividad les permitió pensar en otras cosas. Pero eso resultó beneficioso y apenas afectó a su rendimiento, porque, de hecho, estos sujetos mostraron una mejora del 40 % a la hora de encontrar nuevos usos para los mismos objetos con los que habían trabajado antes; un progreso notable respecto a los grupos que llevaron a cabo una actividad exigente, descansaron o no tuvieron descanso. Es decir, trabajar en algo sin esfuerzo mental les había ayudado a ampliar de forma inconsciente su manera de concebir los objetos cuando volvieron a enfrentarse a ellos[*].

Kim Elsbach y Andrew Hargadon, profesores de la asignatura de Comportamiento Organizacional, nos dan un consejo contraintuitivo: dar tareas sencillas a las personas que tienen demasiado trabajo. ¿Verdad que parece una idea ridícula? ¿Por qué alguien con exceso de trabajo debería molestarse en hacer tareas sencillas y sin importancia, si podría estar trabajando en proyectos más relevantes? Si además, precisamente desde la década de los setenta, los psicólogos organizacionales han proclamado a los cuatro vientos que hagamos justo lo contrario: diseñar trabajos estimulantes para dotar de sentido las tareas y, de ese modo, tener satisfecha a la gente para que rinda mejor.

No obstante, aunque diseñar trabajos estimulantes tiene tales ventajas, también puede generar mucha presión y causar fatiga mental. Por eso, para que los trabajadores puedan tomarse un descanso, Elsbach y Hargadon abogan por alternar las tareas complejas con otras muy sencillas, porque estas últimas sirven para cargar las pilas, nos preparan para retomar el trabajo habitual y permiten a la mente divagar para hallar nuevas conexiones entre los recursos disponibles.

Así que, antes de nada y de vez en cuando, haz tareas para las que tengas sobrecualificación; es decir, que sean poco exigentes y te resulten fáciles de dominar, pero que, aun así, sean fundamentales para tu trabajo. Por ejemplo, en mi caso, para descansar de tareas que exigen mucha concentración (como la investigación o la escritura) dedico 30 minutos a revisar mi correo electrónico; y con bastante frecuencia, cuando estoy respondiendo un correo de un proyecto distinto, se me ocurre una idea. De modo que, si tu trabajo habitual consiste en estar en tu despacho, sal de la oficina y relaciónate con

---

[*] En el caso de los dos nuevos objetos, no hubo diferencias de rendimiento entre los cuatro grupos. Una posible explicación es que los participantes no podían pensar de forma inconsciente en esos nuevos objetos porque no los habían visto antes; solo pensaban en los que ya habían visto.

los clientes; si te dedicas a la ingeniería, invierte parte de tu tiempo en tareas rutinas, como las administrativas. Seas quien seas, haz hueco para los trámites burocráticos; o pinta y colorea, limpia la oficina, prepárate la comida o juega al solitario.

También puedes probar con uno de mis rituales favoritos: dar un paseo. Un grupo de psicólogos de la Universidad de Stanford ha descubierto que las personas que pasean muestran al menos un 81 % más de eficacia a la hora de encontrar usos novedosos y apropiados de los recursos que las personas que permanecen sentadas. Porque caminar, razonan los científicos, libera la mente para que pueda divagar.

En segundo lugar, delimita tu horario de trabajo. Para la mayoría de los profesionales, la existencia de turnos —es decir, entrar y salir de trabajar respetando un horario— es una característica de los puestos de baja cualificación. Esto se debe a que los ejecutivos suelen definir su jornada laboral no en función de las horas, sino de los proyectos o de la carga de trabajo. Pero, a pesar de la aparente flexibilidad que supone no tener que fichar, eso disminuye nuestra capacidad para organizarnos el horario, porque al final pasamos de una tarea urgente a otra sin descansar. En cambio, el hecho de respetar un horario nos obliga a empezar y finalizar el trabajo, y eso no solo genera más satisfacción, sino que también concede algo de tiempo a la mente para divagar. Por tanto, intenta marcarte un número específico de horas de trabajo y respétalo, aunque cuando salgas de la oficina tengas la tentación de no soltar el teléfono móvil. Luego pasa al siguiente nivel y lee *La semana laboral de 4 horas*, de Tim Ferriss, para tratar de hacer la misma cantidad de trabajo en mucho menos tiempo.

CAMBIA DE VECINOS

El quinto ejercicio que te propongo se basa en la idea de que, para fortalecer la capacidad de estirar los recursos, primero hay que librarse de la necesidad de acumular. Y eso es bastante difícil de cumplir… si tus vecinos no son los más adecuados.

Nos relacionamos todo el tiempo con otras personas, no solo con vecinos, sino también con compañeros de trabajo, amistades de nuestros hijos o cualquier persona con la que pasemos nuestro tiempo libre.

Y la gente con la que elegimos estar determina gran parte de nuestro comportamiento. En un estudio reciente, un grupo de psicólogos analizó la desigualdad de ingresos de los residentes en cada estado de los Estados Unidos mediante los términos de búsqueda de Google: pidieron a un equipo de analistas independientes que identificaran las búsquedas relacionadas con la compra de productos que indicaban riqueza o éxito, esto es, lo que los economistas llaman «bienes posicionales». Este tipo de búsquedas (por ejemplo, de ropa de la marca Ralph Lauren, pendientes de David Yurman o chalecos de piel) fueron las más frecuentes en las ciudades con mayor desigualdad económica, mientras que los términos de búsqueda en los estados con poca desigualdad se centraron en bienes no posicionales, como comedias románticas, los nombres de algunas flores o recetas de tartas. En realidad, las personas con menos poder adquisitivo que residían en estados donde había mucha desigualdad económica también buscaban más bienes posicionales, en comparación con quienes vivían en un estado con menor grado de desigualdad. Esto quiere decir que, con independencia del nivel de ingresos, la desigualdad económica incrementa el deseo de bienes posicionales, porque la gente menos pudiente siempre trata de ponerse a la altura de los ricos.

Cuando mi mujer, Randi, y yo nos mudamos de Silicon Valley a la pequeña ciudad universitaria de Ann Arbor (Míchigan), nuestros ingresos se redujeron más de la mitad, pero nos sentíamos mucho más ricos, porque estábamos rodeados de estudiantes de posgrado y en una cultura universitaria muy estimulante.

Quizá uno de los lugares de este país que representa mejor la necesidad de acumular recursos sea Hollywood, donde las estrellas de cine intentan superarse entre sí en todos los ámbitos de la vida, desde el aspecto físico hasta quién tiene más seguidores en Twitter. Esa es una de las razones por las que la ganadora del Oscar Brie Larson se mantiene alejada de Hollywood. Su filosofía de vida le dicta evitar a la gente del *star system*. «En realidad, no me siento parte de la industria de Hollywood. Soy una extraña y me esfuerzo por no formar parte de ella. No vivo en Los Ángeles, solo trabajo allí y apenas voy para las audiciones, me muevo poco por la ciudad».

Aun así, tampoco es que sea necesario trasladarse a la otra punta del país, ni siquiera cambiar de ciudad o de trabajo, para tener nuevos vecinos. No, limítate a identificar a una persona que admires y pasa tiempo con ella al menos una vez al mes. Puedes hacer lo mismo en todos los ámbitos de tu vida: un amigo, la madre de un amigo de tu hija o un colega de tu empresa.

MUESTRA TU AGRADECIMIENTO

Alex Turnbull, fundador de la empresa de software de atención al cliente Groove (a quien conocimos en el capítulo 6), cree que la gente suele dar las gracias sin mostrar realmente su aprecio. A medida que Groove crecía, Turnbull seguía siendo tan generoso como siempre y le gustaba que las personas que habían tenido algo que ver en su éxito —sus empleados y clientes, y, por supuesto, su familia— supieran lo profundamente agradecido que estaba por ese apoyo. Además, mostrar gratitud, me dijo Turnbull, le ayudó a apreciar mejor el tiempo libre, porque se dio cuenta del inmenso derroche de energía y tiempo que supone acumular recursos y se mantuvo firme en la idea de mantener un perfil bajo en la empresa y trabajar como máximo 9 horas al día.

A medida que su negocio prosperaba, Alex fue relatando en su blog los éxitos y fracasos que vivía y empezó a agradecer en público la ayuda recibida. De este modo pretendía, a su vez, ayudar a otras empresas emergentes que se enfrentaban a problemas similares, para que no cometieran los mismos errores que él.

En general, los estudios psicológicos sostienen que cuando las personas muestran agradecimiento amplían su forma de pensar sobre los recursos, sobre todo si buscan la forma de ayudar a los demás. El blog de Turnbull respondió a un esfuerzo por devolver las contribuciones que él había recibido; de una forma inusual, pero muy eficaz. Ahora, compartir sus valiosas experiencias con sus accionistas le ha hecho generar una extraña conexión en la empresa y, al mismo tiempo, su transparencia genera confianza entre los lectores del blog y ha llevado a algunos a ser clientes de Groove. En torno a un 10% de quienes se suscriben a su blog hacen una prueba gratuita con Groove y pasan a ser clientes a un ritmo muy superior en comparación con los visitantes de la web corporativa. En otras palabras, la generosidad le ha permitido a Turnbull pensar en otras formas de ayudar a los demás, al tiempo que su negocio saca partido de ello.

Por otra parte, como Alex aprecia lo que tiene, no le resulta complicado renunciar a las tentaciones que se le presentan, pero que ni quiere ni necesita. Sin embargo, para mucha gente centrarse en los placeres del presente es algo que les impide ser felices en el futuro. ¿Qué hizo Alex Turnbull para evitar las tentaciones del ahora?

En un estudio donde participaron 32 hombres y 43 mujeres, un equipo de psicólogos los agruparon de forma aleatoria en tres grupos: quienes tenían que recordar un suceso que les inspirara gratitud, quienes debían recordar un acontecimiento que les provocara felicidad y quienes habían de recordar un día normal (este era el grupo de control). Después de escribir sobre su recuerdo durante cinco minutos, los participantes rellenaron unos cuestionarios para confirmar que se hallaban en el estado emocional asignado por los investigadores, es decir, que sentían gratitud, felicidad o, en el caso del grupo de control, indiferencia. Luego tuvieron que elegir hasta en 27 situaciones distintas si preferían recibir pequeñas sumas de dinero en ese momento o cantidades más grandes en el futuro. Los sujetos que habían experimentado felicidad o indiferencia eligieron cobrar 55 dólares en el presente, renunciando con ello a recibir 85 dólares al cabo de tres meses.

En cambio, quienes escribieron sobre la gratitud se mostraron menos impacientes con el dinero. Para renunciar a esos mismos 85 dólares a tres meses vista necesitaron que les ofrecieran 63 dólares en el presente. Por lo tanto, su gratitud les ayudó a priorizar el futuro, es decir, tuvieron más paciencia y cayeron en menor medida en las «tentaciones» del presente. Alex Turnbull conocía bien esa sensación: rechazó una gran oferta de compra de su compañía a corto plazo para poder construir la empresa de sus sueños.

Los investigadores Robert Emmons y Michael McCullough diseñaron un ejercicio muy sencillo, pero eficaz, para expresar gratitud. Consiste en lo siguiente: una vez a la semana, haz hueco para sentarte a escribir cinco cosas de tu vida por las que dar las gracias. Pueden ser cuestiones cotidianas, como el simple hecho de vivir, o bien logros mayores, como un ascenso, cumplir un objetivo de ventas o unas vacaciones familiares memorables. Emmons y McCullough descubrieron que, en comparación con un grupo de participantes que enumeró cinco dificultades o cinco acontecimientos que les habían ocurrido durante la semana, el grupo que escribió sobre la gratitud mostró mayores niveles de bienestar y menos dolencias físicas. Además, también hicieron más ejercicio en ese periodo. Por tanto, llevar a cabo de vez en cuando esta sencilla práctica te permitirá apreciar lo que posees, sea grande o pequeño.

VACÍA TU ARMARIO

Courtney Carver se pasaba la vida acumulando recursos; se hallaba atrapada en esa idea de necesitar siempre más de lo que tenía para lograr el éxito y ser feliz. Pero cuando le diagnosticaron esclerosis múltiple renunció a ese estilo de vida y emprendió el Proyecto 333, mediante el cual retaba a la gente a usar solo 33 prendas y accesorios de su armario durante 3 meses. Con ello, aparte de darse cuenta de que no necesitaba más de 33 artículos para vestir con estilo, Carver también ganó tiempo para otras cosas más importantes, como estar con su familia. Por otro lado, descubrió nuevas posibilidades para la ropa que ya tenía en el armario, combinaciones originales para sus 33 prendas.

Como Courtney Carver, Lauri Ward acabó frustrada por su incansable necesidad de consumir y gastar recursos. Cuando se graduó en la escuela de diseño, fue decepcionante para ella comprobar que todas sus perspectivas profesionales consistían en lograr que la gente comprara más cosas. Para ella, el diseño de interiores estaba relacionado con las experiencias vitales, no con el consumo de muebles y persianas. Por eso, en vez de buscar trabajo fundó una empresa de diseño de interiores basada en esta filosofía: «Usa lo que tienes».

En 2014, Marie Kondo presentó al mundo el particular «arte» japonés del desorden y la organización. Su exitoso libro cautivó a millones de lectores, que aprendieron que la satisfacción no se obtiene acumulando posesiones, sino organizando mejor los bienes esenciales; una vez hecho esto, es más fácil utilizar lo que tenemos.

Así, podemos inspirarnos en Courtney Carver, Lauri Ward y Marie Kondo, y vaciar nuestros armarios repletos de recursos. En lugar de pedir más en el trabajo, echa un vistazo a tu oficina y valora el talento o las habilidades de tus colegas que hasta ahora te han pasado desapercibidos o sientes que has desaprovechado. En casa, toma nota de lo que podrías estirar: un periódico podría ser el envoltorio de un regalo de cumpleaños, una alfombrilla de ratón se puede reutilizar como salvamanteles ay un tenedor doblado transformarse en un gancho para la cocina.

Muchos de los inventos más famosos han surgido a partir de productos existentes. Sin ir más lejos, Play-Doh era un compuesto para limpiar el papel pintado de pared que quedó obsoleto con el auge de los murales de vinilo que aparecieron en los años cincuenta; el sacacorchos fue una modificación de una herramienta militar para extraer balas; y el Pyrex surgió de un material experimental para hacer lentes que la esposa de un científico de Corning Glass Works usó para hornear un pastel. Por su parte, las zanahorias *baby* fueron el resultado de modificar las zanahorias dañadas que la gente no quería comprar, y al hacerlo obtuvieron un alimento más dulce, jugoso y rentable.

Para escribir este libro, utilicé un archivo con *retazos* de historias, estudios y ejemplos que fui hallando durante mi investigación y que no parecían encajar en los capítulos que ya había esbozado. Aun así, los guardé en un documento de Microsoft Word que leía al menos una vez al mes para ver si podían serme útiles en capítulos posteriores; bien, pues justo de ahí salieron todos los ejemplos del párrafo anterior.

PLANIFICA A POSTERIORI

El octavo ejercicio nos lleva al capítulo 5, donde presenté una metáfora musical para describir dos formas muy diferentes de enfocar el trabajo, el funcionamiento de las empresas y la vida en general. La mayoría de la gente se siente más cómoda con el modelo de la música sinfónica: primero planificar y luego actuar. Se pueden lograr grandes cosas funcionando de esta manera. La familiaridad de las rutinas y disponer de un plan sólido son cosas muy tranquilizadoras, pero tienen un coste. Porque tocar bien música sinfónica depende de tenerlo todo preparado antes de pasar a la acción. Sin un plan, es complicado hacerlo.

En cambio, en el jazz prima la improvisación, lo que nos enseña a actuar y responder de forma espontánea. Es decir, una vez que nos ponemos en marcha, dejamos atrás la preocupación de trazar y seguir un plan y nos centramos en observar y aprender de nuestras propias acciones. Así, aunque cometeremos errores, estos, en lugar de ser una fuente de frustración, se verán como una oportunidad para mejorar. El mítico músico de jazz Miles Davis no entendía los errores como un problema que solucionar; más bien los usaba como punto de partida para explorar nuevas melodías.

Metafóricamente, para poder vivir como si tocaras jazz has de invertir la típica secuencia de planificar y actuar; es decir, debes actuar primero y planificar después. En esta línea, el experto en comportamiento organizacional Karl Weick nos plantea una curiosa pregunta: «¿Cómo puedo saber lo que pienso si no oigo lo que digo?». Lo que intenta explicar con ello es que nunca sabemos de verdad lo que pensamos hasta que reflexionamos sobre lo que ya hemos dicho o hecho. La planificación nos priva de los beneficios de la reflexión profunda, porque nos vamos directamente al siguiente paso si todo marcha según lo previsto.

Para poner en práctica este ejercicio inicia un proyecto, esfuérzate en cumplir un objetivo, vete de viaje o sal de casa sin una ruta establecida. Y lleva un diario de tus acciones, pero solo después de haberlas hecho. Repite la operación a medida que avances en tu proyecto, objetivo, viaje o paseo. Cuando acabes, tu diario contendrá una lista de acciones; es lo que me gusta llamar «un plan a posteriori».

A continuación, tómate tu tiempo para analizar el plan que has redactado y compáralo con cualquier otro que harías de forma natural, es decir, proyectando hacia el futuro. ¿Qué puedes aprender de él? ¿Has actuado más rápido? ¿Qué has dejado escapar por no haberlo planificado de antemano? ¿Qué ventajas tuvo no planear nada?

RECOLOCA LAS PIEZAS DEL TABLERO

En el verano de 1996, uno de los mejores jugadores de ajedrez de la historia hizo un importante anuncio: centenares de periodistas y aficionados acudieron a Buenos Aires (Argentina) para escuchar lo que tenía que decir Bobby Fischer. ¿Y de qué se trataba? Pues la noticia era que sobre aquel juego que tanto amaba se cernía una grave amenaza; los mejores jugadores de ajedrez se pasaban incontables horas analizando partidas ya jugadas y memorizando todas las aperturas posibles. Es decir, la planificación exhaustiva se había convertido en la clave del éxito, dejando a un lado con ello la habilidad, la originalidad y la capacidad de adaptación. Hasta tal punto era intensa esa preparación, que muchos jugadores sufrían cuando, tras haber ejecutado todos los movimientos que habían memorizado previamente, debían afrontar, ya sin esa red, la parte final de la partida.

Fischer quería que el ajedrez volviera a ser un juego de habilidad y, por eso, propuso cambiar una de sus reglas: que se colocasen al azar —aunque siguiendo unas pautas determinadas— las piezas de la primera fila del tablero, la que se sitúa detrás de la fila de los peones. No era el primero en hacer una propuesta semejante; sin embargo, él creía que la variante del todo aleatoria del ajedrez (la que implicaba colocar completamente al azar todas las piezas) resultaba demasiado anárquica; porque muchos cambios en poco tiempo pueden ser contraproducentes, del mismo modo que muchas comodidades pueden hacer que una persona se vuelva rígida y aburrida.

Dicho de otro modo, Fischer halló una solución intermedia. Su variante, a la que llamó «ajedrez 960» o «ajedrez aleatorio de Fischer», consiste en mezclar al azar las piezas de la primera fila, con lo que se evita que el juego pueda planificarse de antemano. Ante la posibilidad de 960 aperturas distintas, los jugadores deben confiar en sus capacidades y pensar sobre la marcha para ganar. Así aprenden a adaptarse a un tablero que no han visto antes y gracias a ello se concentran en los movimientos que han de hacer, en vez de memorizarlos.

De igual manera, si eres consciente de que pasas demasiado tiempo en piloto automático, quizá sea el momento de recolocar las piezas en tu tablero. Es cierto que los hábitos nos hacen la vida más agradable, más cómoda, pero también es fundamental no ser demasiado complacientes, porque entonces renunciamos a mejorar las cosas. Así que recoloca tus piezas: haz cambios en tu equipo de trabajo e incorpora en él a personas polifacéticas. Celebra tu reunión semanal en una sala diferente, un día distinto o con una disposición nueva. ¿Se ve afectada la dinámica del grupo al hacer estos cambios? Ve al despacho de alguien para solucionar la cuestión que sea en persona, en vez de por correo electrónico. Modifica tu ruta para ir al trabajo o a clase, aparca en otro sitio. Cambia tu horario durante unos días para llegar antes o salir más tarde, de modo que puedas relacionarte con gente a la que no te sueles encontrar en el pasillo.

HAZ PROPÓSITOS A MITAD DE AÑO

Hace 4000 años, los babilonios celebraban la llegada de la época de cosecha y, con ella, el inicio del nuevo año. Los festejos religiosos duraban doce días y se llamaban Akitu; estas fiestas se aprovechaban para reafirmar el poder del monarca o para elegir a un nuevo líder. También hacían algo que ha marcado nuestras costumbres de cada año nuevo: formulaban promesas que, para los babilonios, consistían en acciones como pagar deudas pendientes o devolver objetos prestados. Hoy en día, muchas religiones (y también las costumbres de las sociedades laicas) asocian el inicio de un nuevo año con ciertos propósitos de superación personal.

El psicólogo John Norcross lleva años estudiando ese tipo de propósitos y ha comprobado que en torno al 40 % de los adultos los formulan en Año Nuevo. Y, a pesar de lo que en general se cree, se ha estimado que hacer propósitos de Año Nuevo multiplica por diez las posibilidades de éxito de los cambios positivos.

Pero ¿por qué esperar al comienzo del año para marcarnos un propósito? Linda Andrews, periodista especializada en salud, prefiere hacerlos el 4 de julio, Día de la Independencia de los Estados Unidos. Ella argumenta que el estrés generado por las fiestas navideñas, las reuniones familiares o, simplemente, la resaca de champán pueden fastidiarnos el estado de ánimo necesario para fijarnos un propósito. Además, plantearlos a mitad de año también nos permite hacer balance de los resultados de esos propósitos de Año Nuevo, así como marcar objetivos adicionales desde una mayor claridad mental.

Cada año, a partir del 1 de junio y durante seis semanas, Randi y yo nos preparamos comidas saludables y tratamos de hacer más ejercicio. Es parte de un ritual que empezamos hace casi quince años, en aquella ocasión para ponernos en forma para nuestra boda. Pero los propósitos del 1 de junio se convirtieron en tradición y ahora la repetimos, año tras año, y siempre con un toque divertido. Así, celebramos nuestro aniversario como si este largo matrimonio fuera otra vez una relación de recién casados, y pasamos una noche en la ciudad con nuestros trajes de novios. Incluso, para dar más intensidad a la experiencia, recupero el ramo de novia de Randi y ella me compra una flor para el ojal.

Una y otra vez, la gente se nos acerca para darnos la enhorabuena y desearnos una feliz vida de casados. Nosotros sonreímos, les seguimos la corriente y paladeamos ese momento; en especial, apreciamos no solo que nuestra relación haya superado otro año más, sino que podamos seguir poniéndonos la ropa de la boda; sacar partido a un vestido de novia y un esmoquin (que, si no fuera por este ritual, estarían guardados, acumulando polvo) es para nosotros la guinda del pastel.

DESMENUZA LOS RECURSOS

En una zona muy pobre de Filipinas, había gente que vivía en casas ruinosas y usaba su escaso dinero para pagar la electricidad con la que dar luz a sus hogares. Ese afán por aprovechar los recursos dio lugar a un ingenioso invento, consistente en encajar en un agujero del techo una botella de plástico de dos litros llena de agua; el líquido reflejaba la luz solar y la distribuía por toda la casa, y así, en los días soleados, no era necesaria la luz eléctrica.

Durante su doctorado en Psicología en la Universidad de Massachusetts, Anthony McCaffrey se dio cuenta de que, igual que en el caso de esa improvisada botella de plástico en el techo, casi todos los principales inventos de la humanidad habían seguido un patrón similar: alguien descubre funciones o características ocultas de los objetos cuando los divide en componentes más pequeños.

Para ayudarnos a desmenuzar los recursos, McCaffrey desarrolló una técnica muy eficaz, que funciona del siguiente modo: Plantéate estas dos preguntas sobre cualquier recurso: (1) ¿Puede descomponerse en varias partes? y (2) ¿Las partes resultantes tienen algún uso por separado? El truco consiste en dividirlo en distintos componentes; eso nos permitirá hallar muchos otros usos «ocultos».

La técnica de McCaffrey funciona con todo tipo de recursos, pero en tu caso empieza con uno sencillo, para que sea más cómodo manipularlo. Toma cualquier objeto de tu hogar y pon en práctica esta técnica. Por ejemplo, una vela: está compuesta de cera y una mecha. La cera tiene un uso convencional de combustible. Pero McCaffrey advierte que si observas los recursos basándote en ese uso estándar no serás capaz de imaginar otros atípicos. Así, considera, por otro lado, que la cera es un tipo de grasa con forma cilíndrica. En cuanto a la mecha, si la reduces a unas hebras entrelazadas verás que puede tener un montón de usos diferentes.

En uno de sus estudios, McCaffrey enseñó esta técnica a los participantes y les planteó varios retos que debían resolver con unos recursos limitados; uno consistía en unir dos pesados anillos de acero utilizando una vela, una cerilla y un cubo del mismo metal. Como la cera derretida no es lo bastante fuerte para pegar los anillos, la solución correcta estaba en la mecha, que podía desmenuzarse hasta obtener una cuerda con la que atar ambos anillos. Los sujetos que habían aprendido la técnica resolvieron el conjunto de problemas, entre los cuales estaba el de los anillos, con un 67,4% más de frecuencia que quienes la desconocían.

TRANSFORMA LA BASURA EN ALGO VALIOSO

En el capítulo 3 conocimos a Jenny Dawson, que supo aprovechar los productos que acababan en la basura para convertirlos en alimentos gourmet con los que emprendió con éxito un nuevo negocio. Pero Jenny no es la única que rebusca en los contenedores de basura para crear nuevos recursos. Igual que ella, Tom Szaky fundó una empresa de fertilizantes sostenibles a partir de excrementos de gusano que envasa en botellas recicladas de Coca-Cola. Este fue el comienzo de un negocio multimillonario llamado TerraCycle, en el que recicla todo tipo de residuos, como envases de zumo que convierte en bolsas de viaje. Por su parte, John Bradburn dirige el programa de reciclaje de General Motors, donde también se pretende dar valor a los residuos. «En General Motors consideramos los residuos como recursos que se encuentran fuera de lugar», asegura. «Al analizar los desechos que generan nuestras instalaciones no nos preguntamos cómo eliminarlos, sino cómo hallar un mejor uso para ellos». Su hogar también está abarrotado de valiosos objetos que sacó del vertedero: tiene dos cobertizos construidos con restos de contenedores y 19 baterías de coche que sirven como nido para la fauna de la zona. En General Motors, este tipo tan imaginativo ha liderado iniciativas como la de convertir los sedimentos de pintura en cajas de transporte, las bombas de aceite en piezas para el Chevrolet Volt y los neumáticos usados en deflectores de aire y agua.

Pero también podemos crear valiosos recursos si animamos a la gente a poner en práctica iniciativas novedosas. En 2014, el huracán Odile arrasó Los Cabos (México) y destruyó muchos de sus hoteles, de los que dependía en gran medida la economía local. Mauricio Martínez, director general de un complejo turístico de lujo, tuvo que cerrar su hotel durante meses para reparar las infraestructuras dañadas. Ya no necesitaba a su equipo, porque no había clientes, pero en lugar de despedirlos los empleó a todos, desde los camareros hasta los monitores de tenis, en las labores de reparación. Así, consiguió rehabilitar el hotel mucho más rápido que cualquiera de sus competidores, ya que contaba con un «equipo de trabajo» más grande. Además, retuvo a su plantilla, que de otro modo podrían haber encontrado otro empleo mientras el hotel permanecía cerrado.

Si tienes intención de descubrir recursos valiosos en la basura, empieza escribiendo un «diario de beneficios»: haz una lista de eventos, actividades o experiencias clave, y junto a cada uno anota al menos un beneficio inesperado. En el caso de las experiencias positivas —un ascenso o la celebración del cumpleaños de tu hija— es un proceso bastante sencillo; para las más ambiguas —como cocinar o redactar un proyecto de investigación— ya resulta un poco más difícil; pero para las situaciones que solemos entender como negativas —ir al médico o, en mi caso, corregir los trabajos de mis alumnos— es casi imposible. Sin embargo, si insistes un poco hallarás beneficios ocultos en ello. En los ejemplos que he puesto, llevar un estilo de vida más saludable a partir de un chequeo médico o aprender algo nuevo de los trabajos del alumnado. Y, una vez detectado un beneficio oculto en algo, es fácil convertirlo en un tesoro.

CUALQUIER MAPA BASTARÁ

En este capítulo has aprendido algunos ejercicios que te ayudarán a incrementar tu capacidad para estirar los recursos. Algunos te parecerán más atractivos que otros, como es lógico. Eso es bueno, siempre es necesario un punto de partida. Mi consejo es que afrontes cada ejercicio como si fuera un recurso que puedes aprovechar y adaptar a tus circunstancias.

En el capítulo 5 te conté la historia de un grupo de soldados que, sin saberlo, usó un mapa erróneo para regresar a su base. Pese a perderse en los Alpes con un mapa de los Pirineos, volvieron sanos y salvos; y lo lograron porque ese mapa, en primer lugar, los tranquilizó, y además los animó a ponerse en marcha y aprender. En este capítulo te he ofrecido una especie de mapa para estirar mejor los recursos, pero lo más importante no es qué ejercicios hagas, ni si los sigues al pie de la letra; no, lo que me gustaría es que te pusieras en marcha, nada más; porque, igual que cualquier músculo, la capacidad para aprovechar los recursos se fortalece con la práctica.

CONCLUSIÓN

TU RECORRIDO

C asi todo el mundo ha optado alguna vez por acumular recursos o, al menos, ha sentido la tentación de hacerlo. Conozco de primera mano lo difícil que resulta romper ese hábito, sobre todo cuando estamos rodeados de gente que lo adora. Pero también soy testigo de que es posible y útil renunciar a esa mentalidad y empezar a estirar tus recursos.

También he aprendido que una de las principales razones para acumular recursos es que creemos que no existe alternativa. En este libro he presentado diversos ejemplos de casos personales e investigaciones que te ayudarán a renunciar a la acumulación de recursos y actuar de otra forma, es decir, aprovechándolos.

Los protagonistas de los ejemplos de este libro eligieron estirar sus recursos porque gracias a ello podían lograr resultados extraordinarios, tanto en lo profesional como en lo personal. Fue así como Dick Yuengling construyó un emporio cervecero que legó a sus hijas; Van Man tuvo la posibilidad de ser mejor jugador de béisbol... dentro y fuera del campo; Jenny Dawson se forjó una carrera profesional más satisfactoria e influyente, al transformar los desperdicios en conservas; Madame C. J. Walker utilizó los productos de belleza para convertir a un grupo de afroamericanas oprimidas en auténticas mujeres de negocios; Robert Rodriguez contó con un equipo de producción muy reducido para producir películas que luego obtuvieron grandes beneficios y fueron aclamadas por la crítica, y trabajó mucho más que la mayoría de sus compañeros; y Alex Turnbull rechazó una oferta millonaria para, a cambio, ganar mucho más en todos los ámbitos de su vida. Estas personas aprovecharon los recursos que tenían a mano y de ese modo lograron que su carrera profesional o su negocio tuvieran éxito; pero lo principal es que obtuvieron satisfacción con su vida.

Por muy útiles que sean estos ejemplos, también se da el caso de muchas otras personas para las que es muy urgente empezar a estirar sus recursos, porque la acumulación solo les ha llevado al desastre. Hoy en día, todo el mundo sufre más presiones que nunca. Sin ir más lejos, el 70 % de los estadounidenses presenta al menos uno de los siguientes problemas financieros: gastan más de lo que ganan, sus deudas consumen casi la mitad de sus ingresos mensuales, o bien carecen de suficiente efectivo para mantenerse durante un mes.

Asimismo, para otras personas el tiempo es un gran obstáculo. Antiguamente, el tiempo libre era un privilegio de la gente pudiente. Y no hay que irse muy atrás: hacia 1965, los hombres con estudios universitarios disponían de más tiempo libre que los que solo habían llegado a secundaria. Esta situación se dio la vuelta hasta el punto de que en 2005 los universitarios ya tenían 8 horas menos de tiempo libre a la semana que los graduados de secundaria. Por otro lado, la mayoría de los niños estadounidenses viven en la actualidad en hogares donde trabajan ambos progenitores o que son monoparentales.

Aparte, en un mundo como el nuestro, en constante cambio, con frecuencia hemos de hacer tareas para las que no nos hemos preparado. Una encuesta reciente de Harris (en la que participaron 2000 adultos) reveló que el 41 % no había recibido ninguna formación en el trabajo en los últimos dos años. Y cada vez más a menudo nos enfrentamos a situaciones de creciente complejidad; por eso es esencial ajustar, estirar y transformar nuestros recursos con rapidez.

El primer paso para conseguirlo es un simple pero significativo cambio de mentalidad: renunciar a la creencia de que tener más recursos garantiza mejores resultados y sustituirla por la convicción de que aprovecharlos mejor es lo que lleva a unos resultados óptimos. Este cambio te evitará participar en una carrera deshumanizada e inútil, cuya meta es el logro de más recursos, y te proporcionará un método para arreglártelas con lo que ya posees, aprovechando todo su potencial.

Más tarde, una vez que hayas renunciado a acumular recursos, debes desarrollar las aptitudes necesarias para estirar los que tienes. Conviértete en una persona polifacética y busca nuevas experiencias y conocimientos para usar los recursos de una forma original y no convencional. Acostúmbrate a trabajar de vez en cuando sin un plan establecido; estimula las profecías autocumplidas positivas para aumentar el valor de los recursos; y combina estos con ingenio, para que el todo sea mucho mayor que la suma de sus partes.

En los últimos capítulos del libro te he mostrado cómo aprovechar tus recursos de forma que evites cinco problemas que surgen al sobrepasar tus límites: caer en la tacañería, vagar hacia ninguna parte, confiar en falsas intuiciones, condenarte al fracaso por las expectativas ajenas y hacer combinaciones perjudiciales. También te he ofrecido una docena de ejercicios para que dejes de acumular recursos y empieces a aprovecharlos.

Imagina lo liberador que puede llegar a ser no preocuparte por lo que necesitas y, en cambio, apreciar lo que tienes. Plantéate ser un ejemplo para los demás —desde tus colegas del trabajo hasta tus hijos—, de modo que también aprendan a aprovechar sus recursos en vez de desear siempre lo que no está a su alcance. Piensa en la satisfacción que produce incrementar el valor de tus recursos en el trabajo, en cualquier grupo al que pertenezcas o en casa; y en lo bien que podrás adaptarte a un mundo en constante cambio una vez que aprendas a estirar tus recursos en cualquier situación.

Hemos visto que estirar los recursos tiene muchos beneficios. Si practicas esta forma de ver la vida a diario podrás deshacerte de esa interminable búsqueda que es la acumulación; en su lugar, disfrutarás más con tu trabajo, crearás empresas sólidas y sentirás el orgullo de sacar partido a lo que tienes. No siempre será fácil, por supuesto, pero los resultados harán que merezca la pena. Este libro es como un mapa; despliégalo y ponte en marcha para estirar tus recursos.

AGRADECIMIENTOS

La creación de este libro ha supuesto un esfuerzo colectivo, y son muchas las personas a quienes quiero agradecérselo. Empezaré por la más importante: mi esposa, Randi. Vivir con alguien que aprovecha sus recursos de una forma tan extraordinaria ha sido para mí una gran inspiración. Mis ideas se volvían más claras al fijarme en ella. Además, Randi aportó un poco de su sabiduría en cada página, corrigiendo varias veces todo lo que yo escribía, al mismo tiempo que era una madre atenta, una compañera inmejorable y una profesional consumada. Este libro es mucho mejor gracias a ella, y yo también.

Mi agente, Richard Pine, me hizo aprovechar todas mis ideas desde nuestra primera conversación. Empezó a trabajar conmigo, con mucha paciencia, cuando apenas había escrito un párrafo; y a partir de ahí su curiosidad y sus comentarios constructivos transformaron ese párrafo en todo un libro. Estoy muy agradecido a Richard y a todos sus magníficos compañeros de InkWell Management, en especial a Eliza Rothstein.

Por otro lado, nunca hubiese empezado a escribir este libro si no fuera por tres personas: Jane Dutton, mi tutora de doctorado, me enseñó todo lo que sé de investigación y también sobre el ingenio. Tras pronunciar el discurso de apertura en la Conferencia de Organizaciones Positivas de 2013, se acercó a mí mientras bajaba del escenario y me dijo: «Ahora, pon todo eso que has dicho en un libro». Y eso hice. En cuanto a Adam Grant, invirtió muchas horas en enseñarme el proceso de publicación de un libro y en convencerme de que debía, y podía, trasladar mis investigaciones e ideas a un público más amplio; y de que, además, me lo pasaría en grande haciéndolo. Le estaré eternamente agradecido por su estímulo, su generosidad y sus consejos; eso por no hablar de que me presentó a Richard, mi agente. Por último, Marc Epstein, que trabajó conmigo en Rice, me dio sabios consejos y un apoyo constante una vez que decidí escribir el libro, y me mostró cómo hacerlo.

También el entusiasmo de Hollis Heimbouch por la idea del libro fue evidente desde el día que nos conocimos. Estoy en deuda con ella por haber luchado por *Stretch* a lo largo del proceso de edición, contribuyendo al mismo tiempo a hacerlo más completo y atractivo. También quiero dar las gracias al resto del equipo de HarperCollins, incluida Stephanie Hitchcock.

Así mismo, un grupo de asistentes de investigación de gran talento me ayudó a encontrar nuevos ejemplos para lograr mi propósito. Matt Stein se unió al proyecto cuando aún estaba diseñando la estructura inicial del libro. Tuve la gran fortuna de que estuviera dispuesto a aprender, y enseguida se transformó en un buen investigador. Matt dio con algunas de las historias más relevantes, me ofreció un *feedback* valiosísimo y me brindó su ayuda de mil maneras distintas. Es alguien que sabe aprovechar los recursos y, además, un gran amigo, porque invirtió toda su energía y sus conocimientos en este proyecto.

Por su parte, Jessica Yi tomó las riendas en el punto donde Matt lo dejó y me ayudó a finalizar el trabajo con habilidad y entusiasmo. En cuanto a Deyanira Verdejo, encontró algunos ejemplos excelentes antes de que yo supiese siquiera que iba a escribir el libro. También quiero dar las gracias a Kristen Nault y Asiya Kazi por su ayuda con algunos de mis estudios científicos usados para el libro, y a Pat Victor y Janelle Farabaugh por su apoyo en cuestiones administrativas.

Katy DeCelles y Utpal Dholakia son dos de los mejores colaboradores con los que cualquiera podría contar. He aprendido mucho de ellos y estoy muy agradecido por que se hayan leído cada página de este libro con tanto entusiasmo. En el momento en el que se dieron por satisfechos con él supe que estaba listo para ser publicado. Así mismo, mi colega Erik Dane me dio consejos muy útiles en un par de capítulos.

También me apoyé en los comentarios de algunas personas de otras disciplinas. Derren Barken se leyó el manuscrito de cabo a rabo, algunas partes más de una vez. Y también me facilitó algunos ejemplos estupendos. Gracias, además, a Claudia Kolker, Nelli Nikova y Setch Topel por su magnífico *feedback*.

Hace años que disfruto de los beneficios de debatir sobre el ingenio. En este sentido, mi mayor agradecimiento va para Ryan Quinn, Martha Feldman, Christian Mealey y Monica Worline, ya que sus investigaciones y sus comentarios han estimulado mis reflexiones al respecto. También he aprendido mucho de Karl Weick; su influencia puede palparse en todas las páginas del libro, sobre todo en el capítulo 5, donde desarrollo varios de los ejemplos que me proporcionó.

Por supuesto, imposible olvidar a mis colegas de la Universidad de Rice, que no podrían haberme ofrecido mayor apoyo con el libro. Mi facultad ha sido un escenario ideal para investigar, enseñar y escribir. También estoy en deuda con el equipo de Marketing de la Jones Graduate School of Business, en especial con Kathleen Clark, Claudia Kolker, Kevin Palmer y Liana Lopez, por ayudarme a difundir las ideas del libro.

Mis dos encantadoras hijas, Myaan y Noa, se interesaron con cariño por mi libro (y me ayudaron con muchas ganas a preparar el ejercicio de la Bella Durmiente del capítulo 9). La satisfacción de pasar tiempo con ellas ha sido un recordatorio constante de que el éxito puede alcanzarse de muchas formas distintas.

Por último, doy las gracias a mis padres, Jane y Ron, que me educaron para utilizar el ingenio y me dejaron claro que no debía preocuparme por lo que tuviesen los demás, sino solo sacar el máximo partido a mis propios recursos. Tardé un tiempo en darme cuenta de que tenían toda la razón.

AGRADECIMIENTOS

Nota para los lectores: vuestras ideas son bienvenidas. Estoy especialmente interesado en saber cómo habéis logrado detener esa carrera de acumulación de recursos y optar por estirar lo disponible. Me encantaría saber de cada uno de vosotros: envíadme un correo electrónico a Scott@ScottSonenshein.com o visitad www. ScottSonenshein.com.

NOTAS

INTRODUCCIÓN

ix   **The New New Thing**: Michael Lewis, *The New New Thing: A Silicon Valley Story* (New York: W. W. Norton, 1999).

xi   **se enfrentaron a los secuestradores con lo poco que tenían a mano:** Ryan W. Quinn y Monica C. Worline, «Enabling Courageous Collective Action: Conversations from United Airlines Flight 93», *Organization Science 19*, n.º 4 (2008): 497-516.

xi   **«Organizaciones Positivas»:** University of Michigan, the Center for Positive Organizations, 11 de abril de 2016, http://positiveorgs.bus.umich. edu; Kim S. Cameron, Jane E. Dutton y Robert E. Quinn (eds.), Positive Organizational Scholarship (San Francisco: Berrett-Koehler, 2003).

xii   **la economía nacional sufrió pérdidas por valor de 19,2 billones de dólares:** United States Department of Treasury, «The Financial Crisis Response in Charts», abril de 2012. Consultado el 5 de septiembre de 2015. http://www.treasury.gov/resource-center/data-chart center/ Documents/20120413_FinancialCrisisResponse.pdf.

CAPÍTULO UNO. LA HISTORIA DE DOS CERVECERAS

2   **que lo dejaran volver a casa:** Lone Geier, «Yuengling Marches to Different Drummer», *Republican Herald*, 2 de julio de 2012: http://republicanherald. com/news/yuengling-marches-to-different-drummer-1.1336503.

3   **emprendieron campañas para llevar la marca:** Rod Kurtz, «Knowing When to Say When», *Inc.* 26, n° 7 (julio 2004): 64-71.

3   **Solo el 3 % de las empresas familiares:** Adrian Wooldridge, «To Have and to Hold», *Economist*, 18 de abril de 2015: http://www.economist. com/news/special-report/21648171-far-declining-family-firms-will-re-main-important-feature-global-capitalism.

NOTAS

3   **D. G. Yuengling & Son**: Richard Yuengling Jr. (presidente de D. G. Yuengling & Son), en conversación con el autor, 1 de septiembre de 2015; Mark A. Noon, *Yuengling: A History of America's Oldest Brewery* (Jefferson, NC: McFarland, 2005); Robert A. Musson, *D.G. Yuengling & Son, Inc.* (Charleston, SC: Arcadia, 2013).

3   **en la mayor productora de cerveza de Estados Unidos**: Los consorcios internacionales Anheuser-Busch Inbev y MillerCoors son los que más cerveza fabrican en Estados Unidos, pero no se trata empresas estadounidenses. Pabst Brewing completa la lista de los tres principales distribuidores de cerveza, pero Pabst subcontrata su fabricación a otras empresas.

3   **Ser el mayor productor nacional de cerveza nunca fue mi meta; quería perdurar**: Spencer Soper, «Yuengling Becomes Biggest U.S.-Owned Brewery», *Morning Call*, 12 de enero de 2012. Consultado el 7 de marzo de 2016: http://articles.mcall.com/2012–01–12/business/mcallen-town-yuengling-sales-20120112_1_yuengling-boston-beer-beermarketer-s-insights.

3   **un patrimonio neto cercano a los 2000 millones de dólares**: «The World's Billionaires, Richard Yuengling Jr.», *Forbes*. Consultado el 7 de marzo de 2016: http://www.forbes.com/profile/richard-yuengling-jr/

4   **«Dicen que soy tacaño», me dijo, «pero yo creo que más bien soy ahorrador»**: Richard Yuengling Jr. (presidente de D. G. Yuengling & Son), en conversación con el autor, 1 de septiembre de 2015.

4   **para afrontar grandes cambios**: Scott Sonenshein y Utpal Dholakia, «Explaining Employee Engagement with Strategic Change Implementation: A Meaning-Making Approach», *Organization Science 23*, n.º 1 (enero de 2012): 1-23; Scott Sonenshein, «Treat Employees as Resources, Not Resisters», en J. Dutton y G. Spreitzer (eds.), *How to Be a Positive Leader: Insights from Leading Thinkers on Positive Organizations* (San Francisco: Berrett-Koehler, 2014), pp. 136-46.

4   **cumplir con tus rutinas**: Scott Sonenshein, «Routines and Creativity: From Dualism to Duality», *Organization Science 27*, n.º 3 (2016): 739-758.

4   **para labrarte una carrera profesional o dar sentido a tu vida**: Scott Sonenshein, Jane E. Dutton, Adam M. Grant, Gretchen M. Spreitzer y Kathleen M. Sutcliffe, «Growing at Work: Employees' Interpretations of Progressive Self-Change in Organizations», *Organization Science 24*, n.º 2 (2013): 552-70; Gretchen Spreitzer, Kathleen Sutcliffe, Jane Dutton, Scott Sonenshein y Adam M. Grant. «A Socially Embedded Model of Thriving at Work», *Organization Science 16*, n.º 5 (2005): 537-49.

6   **vivían como reyes**: Frances Stroh, *Beer Money: A Memoir of Privilege and Loss* (New York: Harper, 2016), p. 14.

6   **crecer o desaparecer**: ibíd., p. 45.

6   **crecer tanto como fuera posible**: ibíd., p. 44.

6   **era como ir a un tiroteo con un cuchillo**: Kerry A. Dolan, «How to Blow $9 Billion: The Fallen Stroh Family», *Forbes*, 21 de julio de 2014:   http://www.forbes.com/sites/kerryadolan/2014/07/08/ how-the-strohfamily-lost-the-largest-private-beer-fortune-in-the-u-s/.

7   **anticuada fábrica de Detroit**: Dustin Walsh, «For Stroh's, the Bell's Tolled: The Crumbling of a Detroit Institution Rang in the Era of Craft Breweries», *Crain's Detroit Business*, 11 de febrero de 1985.

7   **fortuna familiar valorada en 9000 millones de dólares**: Kerry A. Dolan, «How to Blow $9 Billion».

7   **tan grandes que no pudieron asimilarlo**: Brian Yaeger, *Red, White, y Brew: An American Beer Odyssey* (New York: St. Martin's Press, 2008), p. 21.

9   **una familia de seis miembros que había desaparecido hacía 42 años**: Mike Dash, «For 40 Years, This Russian Family Was Cut Off from All Human Contact, Unaware of World War II», *Smithsonian Magazine*, 28 de enero de 2013; Vasily Peskov, *Lost in the Taiga: One Russian Family's Fifty-Year Struggle for Survival and Religious Freedom in the Siberian Wilderness*, (New York: Doubleday, 1994).

10 **quienes superan sus limitaciones, ya que estas pueden estimular nuestro ingenio**: Scott Sonenshein, «How Organizations Foster the Creative Use of Resources», *Academy of Management Journal 57*, n.º 3 (junio de 2014): 814-48; Irene Scopelliti, Paola Cillo, Bruno Busacca y David Mazursky, «How Do Financial Constraints Affect Creativity?», *Journal of Product Innovation Management 31*, n.º 5 (2014): 880-93.

11 **la ingeniería y el bricolaje**: Claude Lévi-Strauss, *The Savage Mind* (Chicago: University of Chicago Press, 1966).

11 **sacar el mejor partido posible a las herramientas que ya se tienen**: Ted Baker y Reed E. Nelson, «Creating Something from Nothing: Resource Construction Through Entrepreneurial Bricolage», *Administrative Science Quarterly 50*, n.º 3 (2005): 329-66; Raghu Garud y Peter Karnøe, «Bricolage Versus Breakthrough: Distributed and Embedded Agency in Technology Entrepreneurship», *Research Policy 32*, n.º 2 (2003): 277-300.

12 **provoque cierto malestar psicológico [...] recurramos al bricolaje como última opción**: Karl Duncker, «On Problem-Solving», *Psychological Monographs 58*, n.º 5 (1945): i-113.

NOTAS

12   **lo repara con cinta adhesiva**: Eli Saslow, «The Man in the Van», ESPN. com. Consultado el 5 de marzo de 2015; Vice Sports, «The Millionaire Pitcher That Lives in a Van», video de YouTube, 5:46, consultado el 25 de marzo de 2015: https://www.youtube.com/watch?t=17&v=wKPa3uVd-dbU; John Lott, «Toronto Blue JaysProspect Daniel Norris Drives an Old Van in Search of Good Waves: "I've Been Different My Whole Life,"», *National Post*, 11 de marzo de 2014: http://news.nationalpost.com/sports/mlb/toronto-blue-jays-prospectdaniel-norris-drives-an-old-van-in-search-of-good-waves-ive-been-different-my-whole-life.

13   **«no te queda otra que apreciar lo que tienes»**: Daniel Norris, «More Than Just the Man in the Van», *Players' Tribune*, 7 de abril de 2016. Consultado el 28 de julio de 2016: http://www.theplayerstribune.com/daniel-norris-tigers-pitcher-baseball-van/

13   **«... la vida es como el mar»**: Sharleen Rydie, «Interview with an Outdoorsman: Daniel Norris + Johnson City, TN», *London Red*, 2014: http://www.newlondonred.com/INTERVIEWS/Interview-Daniel-Norris

14   **«Tener más dinero...»**: Saslow, «The Man in the Van».

14   **depositaran solo 800 dólares al mes en su cuenta corriente**: ibíd.

14   **«Nunca tuve todo lo que necesitaba»**: Lott, «Toronto Blue Jays Prospect Daniel Norris Drives an Old Van in Search of Good Waves».

14   **un segundo empleo**: Aniseh Hamour, «Those Who Know Daniel Norris Call Him Humble, Competitive, Extremely Talented», *WVTM-TV* Birmingham, AL, 8 de abril de 2015: http://wvtm.membercenter.worldnow.com/story/28756554/those-who-know-daniel-norris-call-him-humble-competitive-extremely-talented

15   **estrellas del deporte a la bancarrota y a estados depresivos**: Pablo S. Torre, «How (and Why) Athletes Go Broke», *Sports Illustrated*, 23 de marzo de 2009. Consultado el 18 de abril de 2016: http://www.huffingtonpost.com/bill-johnson-ii/beyondwinning-and-losing-athletes-and-depression_b_8174292.html

15   **pero sacó la pelota del estadio**: «MLB Notebook: Daniel Norris Is 19th Pitcher to Hit Home Run in First Major League at-Bat», *Associated Press*, 20 de agosto de 2015. Consultado el 5 de septiembre de 2015: http://www.ohio.com/sports/mlb/mlb-notebook-daniel-norris-is-19th-pitcher-to-hithome-run-in-first-major-league-at-bat-1.617833; «Tigers Pitcher Homers in First MLB at-Bat». SI.com. Consultado el 5 de septiembre de 2015: http://www.si.com/mlb/2015/08/19/daniel-norris-home-run-video-tigers-cubs

16   **Facit:** William H. Starbuck, «Organizations as Action Generators», *American Sociological Review 48* (febrero de 1983): 91-102.

18   **el éxito nos ciega y refuerza las fórmulas:** Barbara Levitt y James G. March, «Organizational Learning», *Annual Review of Sociology 14*, n.º 1 (1988): 319-40; Andrea E. Abele y Daniel Spurk, «The Longitudinal Impact of Self-Efficacy and Career Goals on Objective and Subjective Career Success», *Journal of Vocational Behavior 74*, n.º 1 (febrero de 2009): 53-62, doi:10.1016/j.jvb.2008.10.005

18   **la gente suele preferir mantener el *statu quo*:** William Samuelson y Richard Zeckhauser, «Status Quo Bias in Decision Making», *Journal of Risk and Uncertainty 1* (1988): 7-59.

CAPÍTULO DOS: TU JARDÍN SIEMPRE ES EL MÁS VERDE

22   **la terrible sequía que sufre California en la actualidad:** Lisa Krieger, «California Drought: Woodside, Fremont on Opposite Ends of Water-Saving Spectrum», *San Jose Mercury News*, 4 de abril de 2015.

22   **conflicto con el municipio por el uso desmedido:** Barney Brantingham, «Harold Simmons Dies: Dallas Money Man and Montecito Resident Was 82», *Santa Barbara Independent*, 30 de diciembre de 2013.

23   **la inversión de recursos para lograr un césped más verde:** Amanda R. Carrico, James Fraser y Joshua T. Bazuin, «Green with Envy: Psychological and Social Predictors of Lawn Fertilizer Application», *Environment and Behavior 45* (2013): 427-54.

24   **en Londres 2012:** «There Is No Silver Lining: The Hilarious Pouts of the Olympians Who Went for the Gold—But Wound Up in Second Place», *DailyMail.com*, consultado el 26 de agosto de 2015: http://www.dailymail. co.uk/news/article-2185554/London-OlympicsHilarious-pouts-athletes-took-silver-medals.html

24   **aunque los medallistas de bronce habían obtenido, de forma objetiva, peores resultados que los de plata, mostraban mucha más satisfacción que ellos:** Victoria H. Medvec, Scott F. Madey y Thomas Gilovich, «When Less Is More: Counterfactual Thinking Among Olympic Medalists», *Journal of Personality and Social Psychology 69*, n.º 4 (octubre de 1995): 603-10.

25   **observar a los demás, ver cómo son, para obtener una imagen completa de nosotros mismos:** Leon Festinger, «A Theory of Social Comparison Processes», *Human Relations 7* (1954): 117-40; Susan Fiske ofrece un enfoque más reciente en su libro *Envy Up, Scorn Down: How Status Divides Us* (New York: Russell Sage Foundation, 2011).

NOTAS

27 **«Aquí no eres nadie si tienes solo 10 millones de dólares»:** Gary Rivlin, «The Millionaires Who Don't Feel Rich», *New York Times*, 5 de agosto de 2007, p. A1.

28 **cuanto más tiempo invertían en Facebook, peor se sentían:** Ethan Kross, Philippe Verduyn, Emre Demiralp, Jiyoung Park, David Seungjae Lee, Natalie Lin, Holly Shablack, John Jonides y Oscar Ybarra, «Facebook Use Predicts Declines in Subjective Well-Being in Young Adults», *PLOS One*, 14 de agosto de 2013, doi: 10.1371/journal.pone.0069841; Sang Yup Lee, «How Do People Compare Themselves with Others on Social Network Sites?: The Case of Facebook», *Computers in Human Behavior 32* (marzo de 2014): 253-60, doi: 10.1016/j.chb.2013.12.009

30 **que cuenta el profesor y científico Alexander Calandra:** Alexander Calandra, «Angels on a Pin», *Saturday Review*, 21 de diciembre de 1968, p. 60.

31 **«fijación funcional»:** Karl Duncker, «On Problem-Solving», *Psychological Monographs 58*, n.º 5 (1945).

31 **lo ayudaran con los objetos que les habían proporcionado:** Tim P. German y Margaret Anne Defeyter, «Immunity to Functional Fixedness in Young Children», *Psychonomic Bulletin and Review 7*, n.º 4 (diciembre de 2000): 707-12.

33 **el director general de Borders, Greg Josefowicz:** Matt Townsend, «Borders' Bezos Champagne Toast Marked Start of Chain's Demise», *Bloomberg,* 19 de julio de 2011.

34 **acumulación de recursos sin sentido:** Christopher K. Hsee, Jiao Zhang, Cindy F. Cai y Shirley Zhang, «Overearning», *Psychological Science 24*, n.º 6 (2013): 852-59.

37 **«... tienes que estar dormido para creértelo»:** *Time,* «Top 10 George Carlin Quotes». Consultado el 26 de agosto de 2015: http://content.time.com/time/specials/packages/article/0,28804,1858074_1858085_1858083,00.html.

37 **sueño americano era en ese momento más difícil de alcanzar:** Center for a New American Dream, «New American Dream Survey 2014»: http://newdream.s3.amazonaws.com/19/d9/7/3866/NewDreamPollFinalAnalysis.pdf

37 **El ansia por acumular obligó a Joshua Millburn:** Millburn dio un giro radical a la situación y adoptó un estilo de vida minimalista en el que abandonó muchas de sus posesiones para llevar una vida más sencilla, pero con más sentido, algo sobre lo que ahora escribe en theminimalists.com y

que ha publicado en un libro: Joshua Fields Millburn y Ryan Nicodemus, *Minimalism: Live a Meaningful Life* (Missoula, MT: Asymmetrical Press, 2011).

38   **«Nunca pensaba en las cosas importantes de verdad»:** Michael Posner, «Does a Less Is More Life Bring Happiness?», *Globe and Mail*, 13 de diciembre de 2012.

38   **la necesidad de tener una carrera profesional de éxito se relacionaba con una menor satisfacción a largo plazo:** Andrea E. Abele y Daniel Spurk, «The Longitudinal Impact of Self-Efficacy and Career Goals on Objective and Subjective Career Success», *Journal of Vocational Behavior 74* (febrero de 2009): 53-62, doi:10.1016/j.jvb.2008.10.005

38   **una de las peores tragedias económicas de la historia:** Burton G. Malkiel, «Bubbles in Asset Prices», en Dennis C. Mueller, *The Oxford Handbook of Capitalism* (New York: Oxford University Press, 2012), pp. 405-25.

39   **12 millones de dólares en publicidad para generar la friolera de... 619.000 dólares en ventas:** Arun Rao y Piero Scaruffi, *A History of Silicon Valley: The Greatest Creation of Wealth in the History of the Planet* (Palo Alto, CA: Omniware, 2011).

39   **su web de ofertas:** consultado el 11 de abril de 2016: http://www.cnet. com/news/pets-com-latest-high-profile-dot-com-disaster/

40   **Digital Archive of the Birth of the Dot Com Era:** Leslie Berlin, «Lessons of Survival, from the Dot-Com Attic», *New York Times*, 23 de noviembre de 2008. El profesor Kirsch también tiene el artículo disponible en: http:// www.businessplanarchive.org/

41   **60 dólares por m²:** Evelyn M. Rusli, «Free Spending by Startups Stirs Memories of Dot-Com Era Excesses», *Wall Street Journal*, 5 de octubre de 2014.

41   **«es muy fácil tratar de resolver tus problemas gastando más»:** ibíd.

41   **«Los ingresos resuelven todos los problemas» y «una fuente inagotable de dinero»:** consultado el 10 de mayo de 2016: http://www.bloomberg. com/features/2016-yahoo/

41   **Bill Demas:** conversación con el autor, 24 de agosto de 2015.

42   **Fab.com:** FastCompany.com, «How Fab.com's Jason Goldberg Hustled His Way to $325 Million». Consultado el 25 de agosto de 2015: http://www.fastcodesign.com/3016913/ how-fabcoms-jason-goldberg-hustled-hisway-o-325-million

43   **un pasajero de primera clase se había negado a cederle el asiento a cambio de cien dólares:** Jim Edwards, «Fab.com Founder Baffled by

NOTAS

Passenger Who Declined $100 to Switch Seats with Him on Plane», *Business Insider*, 15 de julio de 2013. Consultado el 25 de agosto de 2015: http://www.businessinsider.com/fabcom-founder-baffled-by-passenger-whode-clined-100-to-switch-seats-with-him-on-plane-2013–7

44 **los departamentos que disponían de demasiados recursos tenían menos probabilidades de mejorar**: Nitin Nohria y Ranjay Gulati, «Is Slack Good or Bad for Innovation?», *Academy of Management Journal 39*, n.º 5 (1996): 1245-64.

44 **el aumento del compromiso**: Barry Staw, «Knee-Deep in the Big Muddy: A Study of Escalating Commitment to a Chosen Course of Action», *Organizational Behavior and Human Performance 16*, n.º 1 (1976): 27-44.

46 **la hierba siempre parece más verde en el jardín del vecino**: Ted Steinberg, *American Green: The Obsessive Quest for the Perfect Lawn* (New York: W. W. Norton, 2006).

CAPÍTULO TRES. TODO PUEDE APROVECHARSE

47 **BoutiqueCo**: en este ejemplo, utilizo seudónimos para los nombres de la empresa y sus empleados.

50 **«Cualquier aspecto que te puedas imaginar estaba regulado»**: Ethan Peters (seudónimo), en conversación con el autor, 20 de abril de 2010.

51 **«deshacerse de las ataduras»**: Scott Sonenshein, «How Organizations Foster the Creative Use of Resources», *Academy of Management Journal 57*, n.º 3 (2014): 814-48.

51 **«propiedad psicológica»**: Amitai Etzioni, «The Socio-Economics of Property», en F. W. Rudmin (ed.), «To Have Possessions: A Handbookon Ownership and Property», *Special Issue, Journal of Social Behavior and Personality 6*, n.º 6 (1991): 465-68.

51 **sentimientos de posesión**: Jon L. Pierce, Tatiana Kostova y Kurt T. Dirks, «Toward a Theory of Psychological Ownership in Organizations», *Academy of Management Review 26*, n.º 2 (2001): 288-310.

51 **«proceso de autopercepción»**: Daryl Bem, «Self-Perception: An Alternative Interpretation of Cognitive Dissonance Phenomena», *Psychological Review 74* (1967): 183-200.

52 **como me explicó el director general**: en conversación con el autor, 3 de junio de 2010.

52 **la propiedad psicológica era responsable de un 16 % de su satisfacción laboral**: Linn Van Dyne y Jon L. Pierce, «Psychological Ownership and Feelings of Possession:Three Field Studies Predicting Employee

Attitudes and Organizational Citizenship Behavior», *Journal of Organizational Behavior 25*, n.° 4 (2004): 439-59.

53   **un fuerte sentimiento de propiedad y unos comportamientos similares a los de los dueños mejoraban el rendimiento financiero de las tiendas**: Stephen H. Wagner, Christopher P. Parker y Neil D. Christiansen, «Employees That Think and Act Like Owners: Effects of Ownership Beliefs and Behaviors on Organizational Effectiveness», *Personnel Psychology 56*, n.° 4 (December 2003): 847-71.

54   **¿Sería más creativo si se centraba en sus limitaciones?**: Phil Hansen, «Embrace the Shake». TED vídeo (9:40), mayo de 2013. Consultado el 17 de diciembre de 2015: https://www.ted.com/talks/phil_hansen_embrace_the_shake/transcript?language=en#t-198180

55   **el arte de Monet se caracterizaba por una constante**: Patricia D. Stokes, *Creativity from Constraints* (New York: Springer, 2006); Patricia D. Stokes, «Variability, Constraints, and Creativity: Shedding Light on Claude Monet», *American Psychologist 56*, n.° 4 (2001): 355-59.

56   **los ratones debían accionar una palanca**: Patricia D. Stokes, «Learned Variability», *Animal Learning and Behavior 23*, n.° 2 (1995): 164-76.

56   **«creatividad con c minúscula»**: James C. Kaufman y Ronald A. Beghetto, «Beyond Big and Little: The Four C Model of Creativity», *Review of General Psychology 13*, n.° 1 (2009): 1-12.

56   **las limitaciones son un impedimento para utilizar los recursos de forma creativa**: Teresa M. Amabile, *Creativity in Context* (Boulder, CO: Westview Press, 996).

56   **suelen restar importancia a nuestro trabajo**: Teresa M. Amabile, Regina Conti, Heather Coon, Jeffrey Lazenby y Michael Herron, «Assessing the Work Environment for Creativity», *Academy of Management Journal 39*, n.° 5 (octubre de 1996): 1154-84.

58   **y sentirse libre de usar los objetos de maneras más creativas**: Ravi Mehta y Meng Zhu, «Creating When You Have Less: The Impact of Resource Scarcity on Product Use Creativity», *Journal of Consumer Research* (octubre de 2015).

58   **limitación, porque esta nos exige sacar lo mejor de nosotros mismos**: Christopher M. McDermott y Gina Colarelli O'Connor, «Managing Radical Innovation», *Journal of Product Innovation Management 19*, n.° 6 (2002): 424-38; Ronald Finke, *Creative Imagery: Discoveries and Inventions in Visualization* (Hillsdale, NJ: Lawrence Erlbaum Associates, 1990).

NOTAS

58   **«el camino más fácil»**: Thomas B. Ward, «Structured Imagination: The Role of Category Structure in Exemplar Generation», *Cognitive Psychology 27*, n.º 1 (1994): 1-40.

58   **invertir toda la energía posible**: Ronald A. Finke, Thomas B. Ward y Steven M. Smith, *Creative Cognition: Theory, Research and Applications* (Cambridge, MA: MIT Press, 1992).

58   **la existencia de un presupuesto cerrado incrementó su ingenio para hacer frente a los retos**: Irene Scopelliti, Paola Cillo, Bruno Busacca y David Mazursky, «How Do Financial Constraints Affect Creativity?», *Journal of Product Management Innovation 31*, n.º 5 (2014): 880-93.

59   **«... te acompaña toda la vida»**: Marc Ballon, «The Cheapest CEO in America», *Inc.*, 1 de octubre de 1997, p. 52.

59   **como el CEO más ahorrador de Estados Unidos**: ibíd.

59   **fue la segunda mejor**: información extraida de la base de datos de FactSet, 4 de junio de 2015.

60   **Kierlin ganaba cinco centavos al día**: Fastenal Company, «Our History». Consultado el 7 de octubre de 2015: https://www.fastenal.com/en/99/our-history; Harvey Meyer, «Cheap and Cheerful: Fastenal's Strategy Is to Pinch Every Penny Twice Before Letting It Go. So Far, It's Working», *Journal of Business Strategy 22*, n.º 5 (2001): 14-17.

62   **a aumentar la productividad en un 7 %**: United States Securities and Exchange Commission, Fastenal Company Prospectus. Archivado el 20 de agosto de 1987.

62   **«No tememos gastar»**: Meyer, «Cheap and Cheerful», 16.

62   **máquinas expendedoras [...] en las propias instalaciones de los clientes**: Dyan Machan, «Sweating the Small Stuff», *Barrons*, 10 de marzo de 2014, 38-39.

63   **Para entender esta perspectiva**: John L. Lastovicka, Lance A. Bettencourt, Renee Shaw Hughner y Ronald J. Kuntze, «Lifestyle of the Tight and Frugal: Theory and Measurement», *Journal of Consumer Research 26*, n.º 1 (1999): 85-98.

64   **Stanford Financial Group**: Jennifer Dawson, «Behind the Scenes at Stanford's Old Office», *Houston Business Journal*, 29 de diciembre de 2010.

65   **800 millones de personas carecen de alimentos**: World Food Programme, consultado el 10 de marzo de 2016: http://www.wfp.org/hunger/stats**la gente desperdiciaba 7,2 millones de toneladas de alimentos al año**: Susan Swift, «Jenny Dawson, Founder of Rubies in the Rubble»,

Business Feminism, 17 de julio de 2014; Tim Fox, «Global Food: Waste Not, Want Not», *Institution of Mechanical Engineers*, 2013.

66   **un abarrotado bazar cuyo aspecto contradecía la existencia de una crisis alimentaria mundial:** Jo Fairley, «Why Jenny Relishes Rubbish: How a Former Hedgefund Manager Got into a Pickle Over Discarded Fresh Produce», *Daily Mail*, 21 de septiembre de 2013.

66   **«¿Cómo podemos permitirnos semejante despilfarro?»:** Adam Pescod, «Rubies in the Rubble: The Chutney Company Taking the Fight to Food Waste», *Economist*, 4 de agosto de 2014.

66   **más de una cuarta parte de sus productos debido a su apariencia:** consultado el 28 de julio de 2016: http://www.huffingtonpost.com/entry/walmart-food-waste-petition_us_57768c61e4b0a629c1a-9bacd?

67   **lema de la empresa:** Johanna Derry, «First Person: Jenny Dawson», *Financial Times*, 4 de octubre de 2013.

67   **«... rechazar a una persona por su aspecto»:** Lydia Slater, «The High-Flying Banker Who Gave It All Up to Turn Throwaway Veg into Posh Pickles», *Daily Mail*, 19 de mayo de 2014. Consultado el 18 de octubre de 2014:   http://www.dailymail.co.uk/femail/article-2633364/The-high-flying-banker-gave-turnthrowaway-veg-posh-pickles.html

68   **pero que para satisfacerlo requieren alguna acción:** Martha S. Feldman, «Resources in Emerging Structures and Processes of Change», *Organization Science 15*, n.º 3 (2004): 295-309; Martha S. Feldman y Monica C. Worline, «Resources, Resourcing, and Ampliative Cyclesin Organizations», en Gretchen M. Spreitzer y Kim S. Cameron (eds.), *The Oxford Handbook of Positive Organizational Scholarship* (Oxford: Oxford University Press, 2011), pp. 629-41, doi: 10.1093/oxfordhb/9780199734610.013.0047

69   **también pueden hacerlo, y de muchas formas:** Jane E. Dutton, Monica C. Worline, Peter J. Frost y Jacoba Lilius, «Explaining Compassion Organizing», *Administrative Science Quarterly 51*, n.º 1 (2006): 59-96; M. A. Glynn y K. Wrobel, «My Family, My Firm: How Familial Relationships Function as Endogenous Organizational Resources», en J. E. Dutton y B. R. Ragins (eds.), *Positive Relationships at Work* (Mahwah, NJ: Erlbaum, 2006).

69   **trabajadores como una especie de resistencia:** Scott Sonenshein, «Treat Employees as Resources, Not Resisters», en Jane Dutton y Gretchen Spreitzer (eds.), *How to Be a Positive Leader: Insights from Leading Thinkers on Positive Organization* (San Francisco: Berrett-Koehler, 2014), pp. 136-46; Jeffrey D. Ford, Laurie W. Ford y Angelo D'Amelio, «Resistance to Change:

The Rest of the Story», *Academy of Management Review 33*, n.º 2 (2008): 362-77.

69   **una gran empresa (a la que llamaremos, de forma ficticia, EntertainCo)**: en este ejemplo, utilizo seudónimos para los nombres de la empresa y sus empleados. Está basado en el artículo de Scott Sonenshein y Utpal Dholakia «Explaining Employee Engagement with Strategic Change Implementation: A Meaning-Making Approach», *Organization Science 23*, n.º 1 (2012): 1-23.

CAPÍTULO CUATRO. SAL AHÍ FUERA

73   **Netflix recaba muchos datos de sus usuarios**: Gavin Potter, en conversación con el autor, 23 de octubre de 2015; Eliot Van Buskirk, «How the Netflix Prize WasWon», *Wired*, septiembre de 2009; Andreas Töscher, Michael Jahrer y Robert M. Bell, «The Big Chaos Solution to the Netflix Grand Prize», Commendo Research & Consulting GmbH: http://www. commendo.at/UserFiles/commendo/File/GrandPrize2009_BigChaos. pdf; Clive Thompson, «If You Liked This, You're Sure to Love That» *New York Times*, 23 de noviembre de 2008; Jordan Ellenberg, «This Psychologist Might Outsmart the Math Brains Competing for the Netflix Prize», *Wired*, 25 de febrero de 2008.

74   **el emperador ofreció una recompensa**: Angelika Cosima Bullinger y Kathrin Moeslein, «Innovation Contests—Where Are We?», *AMCIS 2010 Proceedings*, 2010, Paper 28: http://aisel.aisnet.org/amcis2010/28

76   **el efecto de anclaje**: Amos Tversky y Daniel Kahneman, «Judgment Under Uncertainty: Heuristics and Biases», *Science 185*, n.º 4157 (26 de septiembre de 1974): 1124-31.

77   **«... no haberme unido a uno de los equipos de matemáticos»**: Gavin Potter, en conversación con el autor, 23 de octubre de 2015.

77   **Una corriente de investigación psicológica**: Malcom Gladwell, *Outliers: The Story of Success* (New York: Little, Brown and Co., 2008).

77   **ser experto depende de la práctica**: Anders Ericsson y Robert Pool Peak, *Secrets from the New Science of Expertise* (New York: Eamon Dolan Books, 2016).

78   **experto en algo que siempre está cambiando**: Frans Johnson, *The Click Moment: Seizing Opportunity in an Unpredictable World* (New York: Portfolio, 2012).

78   **la relación entre el número de horas de práctica y el rendimiento**: Brooke N. Macnamara, David Z. Hambrick y Frederick L. Oswald,

«Deliberate Practice and Performance in Music, Games, Sports, Education, and Professions: A Meta-Analysis», *Psychological Science 25*, n.º 8 (2014): 1608-18.

80   **la confianza en los expertos a veces ejerce demasiada influencia**: Robert B. Cialdini, *Influence: The Psychology of Persuasion* (ed. rev.) (New York: Harper Business, 2006); Cialdini toma el ejemplo de Neil M. Davis y Michael Richard Cohen, *Medication Errors: Causes and Prevention* (Philadelphia: George F. Stickley, 1981).

80   **los expertos no son mejores que cualquier otra persona**: Philip E. Tetlock, *Expert Political Judgment: How Good Is It? How Can We Know?* (Princeton, NJ: Princeton University Press, 2006).

81   **si las personas con mayor *expertise* para afrontar un reto específico eran las que ofrecían la mejor solución**: Lars Bo Jeppesen y Karim R. Lakhani, «Marginality and Problem-Solving Effectiveness in Broadcast Search», *Organization Science 21*, n.º 5 (2010): 1016-33.

82   **los expertos presentan una desventaja clave**: Erik Dane, «Reconsidering the Trade-Off Between Expertise and Flexibility: A Cognitive Entrenchment Perspective», *Academy of Management Review 35*, n.º 4 (2010): 579-603.

82   **la psicóloga Cheves Perky llevó a cabo una serie de experimentos**: Cheves West Perky, «An Experimental Study of Imagination», *American Journal of Psychology 21*, n.º 3 (julio de 1910): 422-45.

83   **bioquímico británico Sir Tim Hunt escandalizaron**: Sarah Knapton, «Sexism Row: Scientist Sir Tim Hunt Quits over "Trouble with Girls" Speech», *Telegraph*, 11 de junio de 2015.

84   **el trato a las mujeres en el mundo de la ciencia**: Henry Etzkowitz, Carol Kemelgor y Brian Uzzi, *Athena Unbound: The Advancement of Women in Science and Technology* (Cambridge: Cambridge University Press, 2000).

85   ***The Difference***: Scott E. Page, *The Difference: How the Power of Diversity Creates Better Groups, Firms, Schools, and Societies* (Princeton, NJ: Princeton University Press, 2008).

86   **Story Musgrave**: obtuve la información sobre este ejemplo de distintas fuentes: Story Musgrave, «Lessons for Life», *STEAM Journal 2*, n.º 1 (2015); Claudia Dreifus, «A Conversation with F. Story Musgrave: Watching from Sidelines as NASA Regains Spotlight», *New York Times*, 20 de octubre de 1998; Gary Pinnell, «A Life Story, According to Story Musgrave from High School Dropout to NASA, One Step at a Time», *Highlands Today*,

18 de enero de 2015; Ann E. Lenehan, *Story: The Way of Water* (Westfield, Australia: Communications Agency, 2004).

88 **«Para poder operar al Hubble, por supuesto»:** David Shayler y Colin Burgess, *NASA's Scientist-Astronauts* (Berlin, New York: Springer, en asociación con Praxis, 2007), p. 464.

88 **La capacidad que demostró Musgrave para resolver:** Susan M. Barnett y Barbara Koslowski, «Adaptive Expertise: Effects of Type of Experience and the Level of Theoretical Understanding It Generates», *Thinking and Reasoning 8* (2002): 237-67; Erik Dane y Scott Sonenshein, «On the Role of Experience in Ethical Decision Making at Work: An Ethical Expertise Perspective», *Organizational Psychology Review 5*, n.° 1 (2015): 74-96.

89 **la división del trabajo:** Adam Smith, *An Inquiry into the Nature and Causes of the Wealth of Nations,* vol. 1 (Oxford: Oxford University Press, 1976).

90 **durante la Revolución Industrial marcaron el inicio de una época:** Robin Leidner, *Fast Food, Fast Talk: Service Work and the Routinization of Everyday Life* (Berkeley: University of California Press, 1993).

90 **la creciente especialización:** Gillian Tett, *The Silo Effect: The Peril of Expertise and the Promise of Breaking Down Barriers* (New York: Simon & Schuster, 2015).

90 **las personas con una amplia *expertise* obtienen grandes recompensas:** Cláudia Custódio, Miguel A. Ferreira y Pedro Matos, «Generalists Versus Specialists: Lifetime Work Experience and Chief Executive Officer Pay», *Journal of Financial Economics 108* (mayo de 2013): 471-92.

91 **Al igual que esos directivos multidisciplinares:** otras investigaciones han reproducido estos resultados con los directores financieros y han descubierto que, incluso entre los ejecutivos de un mismo departamento, los que siguen la regla de las competencias múltiples reciben un salario mayor. Sudip Datta y Mai Iskandar-Datta, «Upper-Echelon Executive Human Capital and Compensation: Generalist vs Specialist Skills», *Strategic Management Journal 35* (2014): 1853-66.

91 *A Whole New Mind:* Daniel H. Pink, *A Whole New Mind: Why Right-Brainers Will Rule the Future* (New York: Riverhead Books, 2005).

91 **se ven forzadas a especializarse en lugar de adquirir competencias múltiples:** desde el año 2000 hasta el 2010, el número de programas académicos que se han presentado al Departamento de Educación ha crecido más de un 30 %. La Universidad Estatal de Míchigan, donde hice mi doctorado, oferta más de 250 carreras. Cecilia Capuzzi Simon, «Major Decisions», *New York Times,* 2 de noviembre de 2012.

92   **El vertido del Exxon Valdez**: Scott Pegau, en correo electrónico al autor, 29 de octubre de 2015; Cornella Dean, «If You Have a Problem, Ask Everyone», *New York Times*, 28 de julio de 2008. Consultado el 21 de octubre de 2015: https://www.innocentive.com/johndavis; InnoCentive, «InnoCentive—Oil Spill Cleanup Part 1—Challenge Overview», YouTube, minuto 2:26, 21 de diciembre de 2007. Consultado el 13 de noviembre de 2015: https://www.youtube.com/watch?v=5_ucQKWmxdk

93   **«micromundos»**: Duncan J. Watts, *Small Worlds: The Dynamics of Networks Between Order and Randomness* (Princeton, NJ: Princeton University Press, 1999).

93   **IDEO**: Andrew Hargadon y Robert I. Sutton, «Building an Innovation Factory», *Harvard Business Review*, mayo/junio de 2000, 157-166; Andrew Hargadon, «Brokering Knowledge: Linking Learning and Innovation», *Research in Organizational Behavior 24*, n.º 41 (2002): 85.

94   **usar el razonamiento analógico**: Mary L. Gick y Keith J. Holyoak, «Analogical Problem Solving», *Cognitive Psychology 12* (1980): 306-55.

96   **muchos científicos que han ganado el Premio Nobel**: Robert Root-Bernstein *et al.*, «Arts Foster Scientific Success: Avocations of Nobel, National Academy, Royal Society and Sigma Xi Members», *Journal of Psychology of Science and Technology 1*, n.º 2 (2008): 51-63.

96   **El presidente de Google, Eric Schmidt**: James Robinson, «Eric Schmidt, Chairman of Google, Condemns British Education System», *Guardian*, 26 de agosto de 2011.

96   **los responsables de recursos humanos prefieren**: Hart Research Associates, «It Takes More Than a Major: Employer Priorities for College Learning and Student Success», Commissioned by the Association of American Colleges and Universities, 10 de abril de 2013. Consultado el 17 de noviembre de 2015: http://www.aacu.org/sites/default/files/files/LEAP/2013_EmployerSurvey.pdf

98   **cuanto más variadas [...] mayor rendimiento**: Kimberly S. Jaussi, Amy E. Randel y Shelley D. Dionne, «I Am, I Think I Can, and I Do: The Role of Personal Identity, Self-Efficacy, and Cross-Application of Experiences in Creativity at Work», *Creativity Research Journal 19* (2007): 247-58.

98   **Como lo natural es relacionarse con la gente que más se nos parece**: Miller McPherson, Lynn Smith-Lovin y James M. Cook, «Birds of a Feather: Homophily in Social Networks», *Annual Review of Sociology 27*, n.º 1 (2001): 415-44.

NOTAS

99   «... **no habríamos avanzado limitándonos a replicar mutuamente los métodos de uno y otro»**: Robert Bell, Yehuda Koren y Chris Volinsky, «Statistics Can Find You a Movie, Part 2», *AT&T Research*, 9 de mayo de 2010.

CAPÍTULO CINCO. EL MOMENTO DE PASAR A LA ACCIÓN

101   **Robert Rodriguez**: Robert Rodriguez, *Rebel Without a Crew: Or How a 23-Year-Old Filmmaker with $7,000 Became a Hollywood Player* (New York: Penguin Books, 1995); «Wizard of Hollywood, Robert Rodriguez», en Tim Ferriss, *The Tim Ferriss Experiment*, 23 de agosto de 2015: http://four-hourworkweek.com/2015/08/23/the-wizard-ofhollywood-robert-rodri-guez/; Will Hodgkinson, «Robert Rodriguez, Director of *From Dusk Till Dawn* and the Smash Hit *Spy Kids*», *Guardian*, 11 de abril de 2001.

102   **«si realmente sangras para ganarlo»**: Robert Rodriguez, *Rebel Without a Crew*, p. 11.

103   **«... tienes que pasar a la acción antes de que llegue la inspiración. Porque, si esperas a que llegue, nunca te pondrás en marcha»**: «Wizard of Hollywood, Robert Rodriguez», *The Tim Ferriss Experiment*, citado en 43:15.

103   **«... si hubiera dispuesto de todo el tiempo y el dinero del mundo»**: ibíd., citado en 19:24.

103   **«acabas trabajando con lo que tienes»**: ibíd., citado en 35:35.

105   **«Una persona creativa, con mucha imaginación y sin dinero»**: Robert Rodriguez, *Rebel Without a Crew*, 203-4.

106   **«La monté en mi garaje»**: Will Hodgkinson, «I'm Probably the Only Guy Who Really Enjoys Being in the Movies», *Guardian*, 11 de abril de 2001. Consultado el 19 de abril de 2016: http://www.theguardian.com/culture/2001/apr/11/artsfeatures1

106   **«... en realidad disfruta en este negocio»**: ibíd.

107   **La batalla de Antietam**: Rick Beard, «A Terminal Case of the 'Slows», *New York Times*, 5 de noviembre de 2012; *Freedom: A History of US*, Webisode 6: «A War to End Slavery», en «Biography George B. McClellan», PBS.org. Consultado el 6 de enero de 2016: http://www.pbs.org/wnet/historyofus/web06/features/bio/B06.html; «George McClellan», History.com, 2009: http://www.history.com/topics/american-civil-war/george-b-mcclellan

108   **«... no quiere hacer uso del ejército»**: PBS.org. Consultado el 15 de abril de 2016: http://www.pbs.org/wnet/historyofus/web06/features/bio/B06.html

108   **escribió en broma a su esposa**: J. Matthew Gallman, «Three Roads to Antietam: George McClellan, Abraham Lincoln, and Alexander Gardner», *Lens of War: Exploring Iconic Photographs of the Civil War*, en J. Matthew Gallman y Gary W. Gallagher (eds.) (Athens: University of Georgia Press, 2015), pp. 41-50.

108   **Lincoln se dedicó a cuestionar con ironía**: Christopher Heam, *Lincoln and McClellan at War* (Baton Rouge: Louisiana State University Press, 2012), p. 199.

110   **Pero ese deseo de control solo provoca un mayor retraso en la acción**: James W. Fredrickson y Terence R. Mitchell, «Strategic Decision Processes: Comprehensiveness and Performance in an Industry with an Unstable Environment», *Academy of Management Journal* 27 (1984): 399-423; Henry Mintzberg, Duru Raisinghani y André Théorêt, «The Structure of 'Unstructured' Decision Processes», *Administrative Science Quarterly 21*, n.º 2 (junio de 1976): 246-75.

110   **la correlación entre la planificación exhaustiva y el rendimiento era muy baja**: Brian K. Boyd, «Strategic Planning and Financial Performance: A Meta-Analytic Review», *Journal of Management Studies 28*, n.º 4 (1991): 353-74.

111   **cómo afrontaban este tipo de disyuntivas**: Kathleen M. Eisenhardt, «Making Fast Strategic Decisions in High-Velocity Environments», *Academy of Management Journal 32*, n.º 3 (septiembre de 1989): 543-76.

112   **se perdió en los Alpes**: Miroslav Holub, «Brief Thoughts on Maps», *Times Literary Supplement*, 4 de febrero de 1977.

113   **«cualquier guía es útil»**: Karl E. Weick, *Sensemaking in Organizations* (Thousand Oaks, CA: Sage, 1995), p. 54.

113   **salvó con éxito la tendencia**: Warren Berger, «Dan Wieden, Wieden + Kennedy», Inc.com. Consultado el 6 de enero de 2016: http://www.inc.com/magazine/20040401/25wieden.html

113   **Dan Wieden**: ibíd.

114   **le dijo al gobernador que sería un «cobarde moral»**: consultado el 15 de abril de 2016: http://content.time.com/time/subscriber/article/0,33009,918554-1,00.html

114   **«Let's do it»**: Lily Rothman, «The Strange Story of the Man Who Chose Execution by Firing Squad», *Time*, 12 de marzo de 2015; «Gary Gilmore Biography», Biography.com. Consultado el 24 de diciembre de 2015: http://www.biography.com/people/gary-gilmore-11730320; «The Law: Much Ado About Gary», *Time*, 13 de diciembre de 1976, p. 87.

NOTAS

114 **al día siguiente hizo una propuesta al socio de su cliente**: «Nike's "Just Do It" Slogan Is Based on a Murderer's Last Words, Says Dan Wieden», dezeen.com. Consultado el 6 de enero de 2016: http://www.dezeen.com/2015/03/14/nike-just-do-itslogan-last-words-murderer-gary-gilmore-dan-wieden-kennedy/

114 **el enfoque regulatorio**: A. W. Kruglanski, E. P. Thompson, E. T. Higgins, M. N. Atash, A. Pierro, J. Y. Shah y S. Spiegel, «To "Do the Right Thing" or to "Just Do It": Locomotion and Assessment as Distinct Self-Regulatory Imperatives», *Journal of Personality and Social Psychology 79*, n.º 5 (2000), 793-815; A. W. Kruglanski, E. Orehek, E. T. Higgins, A. Pierro y I. Shalev, «Modes of Self-Regulation: Assessment and Locomotion as Independent Determinants in Goal-Pursuit», en R. Hoyle (ed.), *Handbook of Personality and Self-Regulation* (Boston: Blackwell, 2010), pp. 374-402.

115 **En un estudio donde participaron 70 trabajadores**: Antonio Pierro, Arie Kruglanski y Tory Higgins, «Regulatory Mode and the Joys of Doing: Effects of "Locomotion" and "Assessment" on Intrinsic and Extrinsic Task Motivation», *European Journal of Personality 20*, n.º 5 (2006): 355-75.

117 **pueblo que habita la isla de Chuuk**: *Explorations in Cultural Anthropology: Essays in Honor of George Peter Murdock*, Ward H. Goodenough (ed.) (New York: McGraw-Hill, 1964).

118 **unos investigadores cambiaron el enfoque regulatorio**: Tamar Avnet y E. Tory Higgins, «Locomotion, Assessment, and Regulatory Fit: Value Transfer from "How" to "What"», *Journal of Experimental Social Psychology 39*, n.º 5 (2003): 525-30.

120 **fijaba un orden de intervención**: Malcolm Brenner, «The Next-in-Line Effect», *Journal of Verbal Learning and Verbal Behavior 12*, n.º 3 (1973): 320-23.

121 **Viola Spolin**: Viola Spolin, *Improvisation for the Theater: A Handbook of Teaching and Directing Techniques* (Evanston, IL: Northwestern University Press, 1972).

122 **Del Close**: Lyle Deixler, «Theater; Honoring a Mentor with Laughter», *New York Times*, 19 de agosto de 2001.

122 **«sí, y…»**: Kelly Leonard y Tom Yorton, *Yes, And: How Improvisation Reverses «No, But» Thinking and Improves Creativity and Collaboration—Lessons from the Second City* (New York: Harper Business, 2015).

124 **Paula Dickson**: W. Angus Wallace, T. Wong, A. O'Bichere y B. W. Ellis, «Managing in Flight Emergencies: A Personal Account», *British Medical Journal 311*, n.º 7001 (5 de agosto de 1995): 374-75.

126   **la música sinfónica y el jazz**: Frank J. Barrett, «Creativity and Improvisation in Jazz and Organizations: Implications for Organizational Learning», *Organization Science 9*, n.º 5 (1998): 605-22.

CAPÍTULO SEIS. ¿CUÁLES SON NUESTRAS EXPECTATIVAS?

129   **un caballo llamado Hans**: Edward T. Heyn, «Berlin's Wonderful Horse: He Can Do Almost Everything But Talk—How He Was Taught», *New York Times*, 4 de septiembre de 1904; Robert Rosenthal y Christine M. Rubie-Davies, «How I Spent My Last 50-Year Vacation: Bob Rosenthal's Lifetime of Research into Interpersonal Expectancy Effects», en Christine M. Rubie-Davies, Jason M. Stephens y Penelope Watson (eds.), *The Routledge International Handbook of Social Psychology of the Classroom* (New York: Routledge, 2015), pp. 285-95; Benjamin Radford, «The Curious Case of Clever Hans», Discovery.com, 7 de enero de 2012. Consultado el 26 de enero de 2016: http://news.discovery.com/history/smartest-horse-hans-120107.html

130   **se creó una comisión**: Edward T. Heyn, «Berlin's Wonderful Horse.

132   **En plena caída del mercado de valores**: «False Rumor Leads to Trouble at Bank», *New York Times*, 11 de diciembre de 1930, p. 5; Christopher Gray, «Streetscapes: The Bank of the United States in the Bronx: The First Domino in the Depression», *New York Times*, 18 de agosto de 1991: http://www.nytimes.com/1991/08/18/realestate/streetscapes-bank-united-states-bronx-first-domino-depression.html

132   **Bank of the United States**: Robert K. Merton, «The Self-Fulfilling Prophecy», *Antioch Review 8*, n.º 2 (verano de 1948): 193-210.

134   **editar sus resultados para el público general**: Robert Rosenthal, «On the Social Psychology of the Psychological Experiment: 1, 2 the Experimenter's Hypothesis as Unintended Determinant of Experimental Results», *American Scientist 51*, n.º 2 (junio de 1963): 268-83.

135   **los alumnos que Rosenthal y Jacobson habían identificado como con mayor potencial habían sido elegidos al azar**: Robert Rosenthal and Lenore Jacobson, *Pygmalion in the Classroom: Teacher Expectation and Pupils'Intellectual Development* (New York: Holt, Rinehart, and Winston, 1968).

136   **las expectativas de un directivo**: Jean-François Manzoni y Jean-Louis Barsoux, «Inside the Golem Effect: How Bosses Can Kill Their Subordinates' Motivation», INSEAD Working Paper, 1998.

136   **el «efecto Pigmalión»**: Dov Eden, «Self-Fulfilling Prophecy and the Pygmalion Effect in Management», *Oxford Bibliographies*, 2014; Dov Eden,

«Self-Fulfilling Prophecies in Organizations», en Jerald Greenberg (ed.), *Organizational Behavior: The State of the Science,* segunda edición (Mahwah, NJ: Lawrence Erlbaum Associates, 2003), pp. 91-122.

136   **fueron clasificados como soldados de «alto rendimiento»**: Dov Eden y Abraham B. Shani, «Pygmalion Goes to Boot Camp: Expectancy, Leadership, and Trainee Performance», *Journal of Applied Psychology 67*, n.º 2 (abril de 1982): 194.

137   **las expectativas de un responsable de equipo condicionan el rendimiento de este porque modifican, a su vez, las expectativas de sus miembros**: Nicole M. Kierein y Michael A. Gold, «Pygmalion in Work Organizations: A Meta-Analysis», *Journal of Organizational Behavior 21*, n.º 8 (diciembre de 2000): 913-28.

137   **fomentan, respectivamente, lazos conyugales más fuertes**: James K. McNulty y Benjamin R. Karney, «Positive Expectations in the Early Years of Marriage: Should Couples Expect the Best or Brace for the Worst?», *Journal of Personality and Social Psychology 86*, n.º 5 (mayo de 2004): 729-43.

137   **y mejores resultados académicos de la prole**: U.S. Department of Education, «Tested Achievement of the National Education Longitudinal Study of 1998 Eighth Grade Class», (NCES 91–460). Washington, DC: Office of Educational Research and Improvement, 1991.

138   **qué papel jugaban las expectativas al inicio de una relación**: M. Snyder, E. D. Tanke y E. Berscheid, «Social Perception and Interpersonal Behavior: On the Self-Fulfilling Nature of Social Stereotypes», *Journal of Personality and Social Psychology 35*, n.º 9 (septiembre de 1977): 656.

140   **las expectativas creadas [...] fueron clave para el futuro de este**: Thomas W. Dougherty, Daniel B. Turban y John C. Callender, «Confirming First Impressions in "The Employment Interview: A Field Study of Interviewer Behavior"», *Journal of Applied Psychology 79*, n.º 5 (1994): 659-65.

141   **también son fundamentales las expectativas que estableces para ti**: D. Brian McNatt y Timothy A. Judge, «Boundary Conditions of the Galatea Effect: A Field Experiment and Constructive Replication», *Academy of Management Journal 47*, n.º 4 (agosto de 2004): 550-65.

141   **Sarah Breedlove Walker**: Bundles, *On Her Own Ground: The Life and Times of Madame C. J. Walker* (New York: Scribner, 2001); A'Lelia Bundles, *Madam C. J. Walker: Entrepreneur, Philanthropist, Social Activist*: http://www.madamcjwalker.com; Obituary, «Wealthiest Negress Dead», *New York Times,* 26 de mayo de 1919, p. 15; National Park Service, «Two American Entrepreneurs:

Madam C. J. Walker and J. C. Penney». Consultado el 14 de marzo de 2016: http://www.nps.gov/subjects/teachingwithhistoricplaces/index.html

141 **«No podía ni imaginar cómo una pobre lavandera»**: Lelia Bundles, *On Her Own Ground*, p. 48.

143 **«... descubrió el enorme potencial de la economía afroamericana»**: Henry Louis Gates Jr., «Madam C. J. Walker: Her Crusade», *Time*, 7 de diciembre de 1998, p. 165.

143 **Mucha gente que quiere hallar nuevas oportunidades**: Sharon A. Alvarez y Jay B. Barney, «Discovery and Creation: Alternative Theories of Entrepreneurial Action», *Strategic Entrepreneurship Journal 1*, n.º 1-2 (noviembre de 2007): 11-26.

143 **«pasar a la acción y generarlas por su cuenta»**: National Park Service, «Two American Entrepreneurs: Madam C. J. Walker and J. C. Penney»; A'Lelia Bundles, *Madam C. J. Walker: Entrepreneur* (New York: Chelsea House Publishers, 1991), p. 105.

143 **eran producto de las limitaciones a las que se enfrentó**: Martha Lagace, «HBS Cases: Beauty Entrepreneur Madam Walker», *HBS Working Knowledge*, 25 de junio de 2007.

143 **«efecto de rigidez por amenaza»**: Barry M. Staw, Lance E. Sandelands y Jane E. Dutton, «Threat Rigidity Effects in Organizational Behavior: A Multilevel Analysis», *Administrative Science Quarterly 26*, n.º 4 (diciembre de 1981): 501-24.

145 **Alex Turnbull descolgó el teléfono**: Alex Turnbull (fundador y CEO de Groove), en correo electrónico al autor, 9 de octubre de 2015; Alex Turnbull, Groove: https://www.groovehq.com/blog

146 **lo que Simon Sinek llama un «porqué»**: Simon Sinek, *Start with Why: How Great Leaders Inspire Everyone to Take Action* (New York: Portfolio, 2009).

147 **«... nadie me pida explicaciones»**: Alex Turnbull, en correo electrónico al autor, 10 de mayo de 2016.

148 **Los magos llevaban sombreros de ese tipo**: Cecil Adams, «What's the Origin of the Dunce Cap?», *Straight Dope*. Consultado el 17 de enero de 2016: http://www.straightdope.com/columns/read/1793/whats-the-originof-the-dunce-cap; Eric Grundhauser, «The Dunce Cap Wasn't Always So Stupid», *Atlas Obscura*. Consultado el 17 de enero de 2016: http://www.atlasobscura.com/articles/the-dunce-cap-wasnt-always-so-stupid

148 **Forest Fields**: Telegraph reporters, «School Shames My Son by Making Him Wear Fluorescent Jacket Like the Old Dunce's Cap», *Telegraph*, 20 de noviembre de 2012.

NOTAS

149   **la tendencia a atribuir el fracaso ajeno a factores controlables**: Lee Ross, «The Intuitive Psychologist and His Shortcomings: Distortions in the Attribution Process», *Advances in Experimental Social Psychology 10* (1977): 173-220.

150   **cifra en casi un 70% el índice de fracaso de las iniciativas de cambio organizacional**: Carolyn Aiken y Scott Keller, «The Irrational Side of Change Management», *McKinsey Quarterly*, abril de 2009. Consultado el 6 de febrero de 2016: http://www.mckinsey.com/insights/organization/the_irrational_side_of_change_management

150   **en la mayoría de ellos se asumía que los trabajadores se resistirían a los cambios**: Eric B. Dent y Susan Galloway Goldberg, «Challenging "Resistance to Change"», *Journal of Applied Behavioral Science 35*, n.º 1 (marzo de 1999): 25-41.

150   **cuando desde la dirección existe la expectativa de que su propuesta de cambio se enfrentará a alguna resistencia actuará de acuerdo con tal premisa**: Jeffrey D. Ford y Laurie W. Ford, «Decoding Resistance to Change», *Harvard Business Review 87*, n.º 4 (abril de 2009): 99-103: https://goo.gl/lqqviG

152   **dudaban de que su lucha fuera suficiente**: Scott Sonenshein, Katy DeCelles y Jane Dutton, «It's Not Easy Being Green: The Role of Self-Evaluations in Explaining Support of Environmental Issues», *Academy of Management Journal 57*, n.º 1 (febrero de 2014): 7-37.

CAPÍTULO SIETE. HALLA TU MEZCLA PERSONAL

155   **El sueño de Roy era ser chef**: Katy McLaughlin, «The King of the Streets Moves Indoors», *Wall Street Journal*, 15 de enero de 2015; Biography, «Community Award Winner Chef Roy Choi», StarChefs.com. Consultado el 21 de marzo de 2016: http://www.starchefs.com/chefs/rising_stars/2010/los-angeles-san-diego/chef-roy-choi.shtml; Jonathan Gold, «How America Became a Food Truck Nation», SmithsonianMag.com, marzo de 2012. Consultado el 8 de enero de 2016: http://www.smithsonianmag.com/travel/how-america-became-a-food-truck-nation-99979799/; Nicole LaPorte, «How Roy Choi Built an Empire from One Beat-Up Taco Truck», *Fast Company*, consultado el 20 de enero de 2016: http://mobilecuisine.com/business/historyofamericanfoodtrucks/

156   **el ganadero texano**: «Invention of the Chuck Wagon», *American Chuck Wagon Association*. Consultado el 29 de febrero de 2016: http://www.americanchuckwagon.org/chuck-wagon-invention.html

157 **Oscar Mayer Wienermobile**: «Smile, It's the Wienermobile», Oscar Mayer. Consultado el 29 de febrero de 2016: http://www.oscarmayer.com/wienermobile

159 **combinar la competencia y la amistad**: Scott Sonenshein, Kristen Nault y Otilia Obdaru, «Competition of a Different Flavor: How a Strategic Group Identity Shapes Competition and Cooperation» (estudio en curso en la Jones Graduate School of Business, Rice University, 2016).

159 **«Sal ahí fuera y compra o cárgate a la competencia»**: Mike Hogan, «Jack Welch Gives 'Em Hell at VF/Bloomberg Panel», *Vanity Fair,* 29 de mayo de 2009. Consultado el 21 de marzo de 2016: www.vanityfair.com/news/2009/05/jack-welch-givesem-hell-at-vfbloomberg-panel

159 **Cuando un recurso parece escaso**: Robert B. Cialdini, *Influence: The Psychology of Persuasion*, edición revisada (New York: Harper Business, 2006).

160 **una mentalidad competitiva limita la capacidad para aprovechar los recursos**: P. J. Carnevale y T. M. Probst, «Social Values and Social Conflict in Creative Problem Solving and Categorization», *Journal of Personality and Social Psychology 74*, n.º 5 (mayo de 1998): 1300-9.

160 **William Ortiz**: es un seudónimo para ocultar la identidad de un sujeto de mi estudio que participó en él a cambio de garantizar su anonimato.

162 **contacto social**: G. W. Allport, *The Nature of Prejudice* (Cambridge, MA: Perseus Books, 1954).

162 **En un metaanálisis de 515 estudios sobre esta cuestión**: Thomas F. Pettigrew y Linda R. Tropp, «A Meta-Analytic Test of Intergroup Contact Theory», *Journal of Personality and Social Psychology 90*, n.º 5 (mayo de 2006): 751-83.

162 **mera exposición**: Robert B. Zajonc, «Attitudinal Effects of Mere Exposure», *Journal of Personality and Social Psychology 9*, n.º 2, parte 2 (junio de 1968): 1-27.

164 **la inesperada amistad entre quienes competían por los mismos clientes**: Paul Ingram and Peter W. Roberts, «Friendships Among Competitors in the Sydney Hotel Industry», *American Journal of Sociology 106*, n.º 2 (septiembre de 2000): 387-423.

165 **hábito**: Richard R. Nelson y Sidney G. Winter, *An Evolutionary Theory of Economic Change* (Cambridge, MA: Harvard University Press, 1982); E. Stene, «An Approach to the Science of Administration», *American Political Science Review 34*, n.º 6 (diciembre de 1940): 1124-37.

165 **igual que un hábito o el funcionamiento de un software**: James G. March y Herbert A. Simon, *Organizations* (New York: Wiley, 1958).

165   **se propusieron cambiar el concepto de rutina**: Martha S. Feldman y Brian T. Pentland, «Reconceptualizing Organizational Routines as a Source of Flexibility and Change», *Administrative Science Quarterly 48*, n.º 1 (marzo de 2003): 94-118.

166   **las rutinas cobran vida**: S. Sonenshein, «Routines and Creativity: From Dualism to Duality», *Organization Science 27*, n.º 3 (mayo y junio de 2016): 739-58.

167   **saber de verdad qué es necesario para recoger la basura**: Scott F. Turner y Violina Rindova, «A Balancing Act: How Organizations Pursue Consistency in Routine Functioning in the Face of Ongoing Change», *Organization Science 23*, n.º 1 (enero de 2012): 24-46.

167   **Los equipos de limpieza municipales**: ibíd., 38.

168   **Bette Nesmith Graham**: «About Us». Consultado el 28 de febrero de 2016: http://www.liquidpaper.com/about_us.html; Jessica Gross, «Liquid Paper», *New York Times Magazine*, Innovations Issue, 7 de junio de 2013. Consultado el 21 de marzo de 2016: http://www.nytimes.com/packages/html/magazine/2013/innovations-issue/#/?part=liquidpaper

170   **cada cual se queda atrincherado en su área**: Gillian Tett, *The Silo Effect: The Peril of Expertise and the Promise of Breaking Down Barriers* (New York: Simon & Schuster, 2015).

170   **mezclar nuestras identidades**: Stephanie Creary, «Making the Most of Multiple Worlds: Multiple Identity Resourcing in the Creation of a Coordinated System of Care» (artículo en proceso, 2016); Stephanie J. Creary, «Resourcefulness in Action: The Case for Global Diversity Management», en L. M. Roberts, L. Wooten y M. Davidson (eds.), *Positive Organizing in a Global Society: Understanding and Engaging Differences for Capacity-Building and Inclusion*, (Routledge: New York, 2015), pp. 24-30; Jeffrey Sanchez-Burks, Matthew J. Karlesky y Fiona Lee, «Psychological Bricolage: Integrating Social Identities to Produce Creative Solutions», en Christina Shalley, Michael Hitt y Jing Zhou (eds.), *The Oxford Handbook of Creativity, Innovation, and Entrepreneurship* (Oxford: Oxford University Press, 2015), pp. 93-102.

170   **«La maternidad (o la paternidad) no es un tema de discusión habitual»**: Andrew Dowling, «Why Parents Make Better Entrepreneurs», VentureBeat.com, 29 de junio de 2013. Consultado el 27 de febrero de 2016: http://venturebeat.com/2013/06/19/whybeing-a-parent-can-make-you-a-better-entrepreneur/

171   **de separar nuestra vida personal de la profesional**: Tracy Dumas
y Jeffrey Sanchez-Burks, «The Professional, the Personal and the Ideal
Worker: Pressures and Objectives Shaping the Boundary Between Life
Domains», *Academy of Management Annals 9*, n.º 1 (marzo de 2015): 803-
43; Lakshmi Ramatajan, «Past, Present, and Future Research on Multiple
Identities: Toward an Interpersonal Approach», *Academy of Management
Annals 8*, n.º 1 (2014): 589-659.

171   **trabajar al mismo tiempo con aspectos muy distintos de su vida**:
Jeffrey H. Greenhaus y Nicholas J. Beutell, «Sources of Conflict Between
Work and Family Roles», *Academy of Management Review 10*, n.º 1 (1985):
76-88.

171   **si somos buenos padres**: tampoco ayuda el hecho de que las empresas
tiendan a clasificar a las mujeres como madres cariñosas, pero incompe-
tentes en el trabajo, o bien como profesionales competentes, pero frías con
sus retoños. Véase Amy J. C. Cuddy, Susan T. Fiske y Peter Glick, «When
Professionals Become Mothers, Warmth Doesn't Cut the Ice», *Journal of
Social Issues 60*, n.º 4 (2004): 701-18.

171   **ciertos recursos psicológicos [...] mejoraban de forma notable**: Marian
N. Ruderman, Patricia J. Ohlott, Kate Panzer y Sara N. King, «Benefits of
Multiple Roles for Managerial Women», *Academy of Management Journal 45*,
n.º 2 (2002): 369-86.

172   **lo que aprendemos en el trabajo**: James V. Cordova, C. J. Fleming,
Melinda Ippolito Morrill, Matt Hawrilenko, Julia W. Sollenberger, Amanda
G. Harp, Tatiana D. Gray *et al.*, «The Marriage Checkup: A Randomized
Controlled Trial of Annual Relationship Health Checkups», *Journal of
Consulting and Clinical Psychology 82*, n.º 4 (junio de 2014): 592.

175   **a analizar este tipo de aparentes «disyuntivas»**: Wendy K. Smith y
Marianne W. Lewis, «Toward a Theory of Paradox: A Dynamic Equilibrium
Model of Organizing», *Academy of Management Review 36*, n.º 2 (marzo de
2011): 381-403.

176   **las distintas facetas de nuestra vida funcionen en armonía**: Michael
L. Tushman y Charles A. O'Reilly, «The Ambidextrous Organizations:
Managing Evolutionary and Revolutionary Change», *California Management
Review 38*, n.º 4 (verano de 1996): 8-30.

176   **nuevo material: el caucho**: «Our Company, History: The Charles
Goodyear Story», Goodyear.com. Consultado el 14 de febrero de 2016:
https://corporate.goodyear.com/en-US/about/history/charles-good-
year-story.html; Charles Slack, *Noble Obsession: Charles Goodyear, Thomas*

NOTAS

Hancock, and the Race to Unlock the Greatest Industrial Secret of the Nineteenth Century (New York: Hyperion, 2002); Cai Guise-Richardson, «Redefining Vulcanization: Charles Goodyear, Patents, and Industrial Control, 1834– 1865», *Technology and Culture 51*, n.º 2 (marzo de 2010): 357-87; Bradford K. Peirce, *Trials of an Inventor: Life and Discoveries of Charles Goodyear* (New York: Phillips & Hunt, 1866).

179   **por qué las mejores ideas surgen de las personas con más ideas**: Adam Grant, *Originals: How Non-Conformists Move the World* (New York: Viking Press, 2016).

179   **el agua y el aceite**: Sarah Zielinski, «Oil and Water Do Mix», SmithsonianMag.com, 17 de noviembre de 2010. Consultado el 21 de marzo de 2016: http://www.smithsonianmag.com/science-nature/oil-and-water-domix-38726068/

CAPÍTULO OCHO. EVITA LOS DAÑOS

182   **abusar de lo bueno**: Adam M. Grant y Barry Schwartz, «Too Much of a Good Thing: The Challenge and Opportunity of the In U», *Perspectives on Psychological Science 6*, n.º 1 (enero de 2011): 61-76.

182   **En un barrio acomodado de Los Ángeles**: Walter Hamilton, «Edward Wedbush's Roof Leaks, But His Wallet Doesn't», *Los Angeles Times*, 16 de noviembre de 2010.

183   **su obsesión por controlar los gastos**: Walter Hamilton, «Wedbush Inc. Ordered to Pay Former Trader $3.5 Million», *Los Angeles Times*, 29 de junio de 2011.

183   **Las autoridades reguladoras también multaron a la empresa**: Suzanne Barlyn, «Wall Street Watchdog Suspends Wedbush Securities President», *Reuters*, 7 de agosto de 2012.

184   **Existen diferencias muy pronunciadas entre la austeridad y la tacañería**: Scott I. Rick, Cynthia E. Cryder y George Loewenstein, «Tightwads and Spendthrifts», *Journal of Consumer Research 34*, n.º 6 (2008): 767-82.

185   **Las personas que aprovechan los recursos no sufren cuando gastan su dinero**: John L. Lastovicka, Lance A. Bettencourt, Renée S. Hughner y Ronald J. Kuntze, «Lifestyle of the Tight and Frugal: Theory and Measurement», *Journal of Consumer Research 26* (junio de 1999): 85-98.

185   **actuar de forma austera era en sí satisfactorio**: Raymond De Young, «Some Psychological Aspects of Reduced Consumption Behavior: The Role of Intrinsic Satisfaction and Competence Motivation», *Environment and Behavior 28*, n.º 3 (mayo de 1996): 358-409.

186   **Ronald Wayne**: Ronald G. Wayne, *Adventures of an Apple Founder: Atari, Apple, Aerospace & Beyond* (Valencia, CA: 512K Entertainment, LLC, 2010); Benny Luo, «Ronald Wayne: On Co-Founding Apple and Working with Steve Jobs», NextShark.com, 12 de septiembre de 2013. Consultado el 16 de junio de 2015: http://nextshark.com/ronald-wayne-interview; Dan Simon, «The Gambling Man Who Cofounded Apple and Left for $800», CNN.com, 23 de junio de 2010. Consultado el 16 de junio de 2015: http://www.cnn.com/2010/TECH/web/06/24/apple.forgotten.founder; Brian Heater, «Two Days in the Desert with Apple's Lost Founder, Ron Wayne», Engadget.com, 19 de diciembre de 2011. Consultado el 16 de junio de 2015: http://www.engadget.com/2011/12/19/two-days-in-the-desert-withapples-lost-founder-ron-wayne

186   **su principal legado**: Ronald G. Wayne, *Insolence of Office: SocioPolitics, Socio-Economics and the American Republic* (Valencia, CA: 512k Entertainment, LLC, 2010).

189   **los intentos fallidos de Sylvester Stallone por salirse del cine de acción**: Mike Thompson, «Sylvester Stallone: All Films Considered», metacritic.com, 9 de agosto de 2010. Consultado el 30 de marzo de 2016: http://www.metacritic.com/feature/sylvester-stallone-best-and-worst-movies

189   **diversificar la experiencia sin alejarse demasiado de la disciplina principal**: Ming D. Leung, «Dilettante or Renaissance Person? How the Order of Job Experiences Affects Hiring in an External Labor Market», *American Sociological Review 79*, n.º 1 (2014): 136-58.

189   **permite tener una mayor creatividad y ascender más rápido**: Lee Flemming, Santiago Mingo y David Chen, «Collaborative Brokerage, Generative Creativity, and Creative Success», *Administrative Science Quarterly 52*, n.º 3 (septiembre de 2007): 443-75; Daniel J. Brass, «Being in the Right Place: A Structural Analysis of Individual Influence in an Organization», *Administrative Science Quarterly 29*, n.º 4 (diciembre de 1984): 518-39.

190   **cuando las personas se mudan con frecuencia se acaban desarraigando**: Shigehiro Oishi y Ulrich Schimmack, «Residential Mobility, Well-Being, and Mortality», *Journal of Personality and Social Psychology 98*, n.º 6 (2010): 980-94.

191   **correlaciones positivas entre el cambio frecuente de residencia y ciertos efectos adversos para la salud**: C. Metcalfe, G. D. Smith, J. A. Sterne, P. Heslop, J. Macleod y C. Hart, «Frequent Job Change and Associated Health», *Social Science and Medicine 56*, n.º 1 (enero de 2003): 1-15.

193 **«Me fui para dedicarme a lo mío»**: Matt Brian, «Apple's Co-Founder Ron Wayne on Its Genesis, His Exit and the Company's Future», TheNextWeb. com, 11 de septiembre de 2011. Consultado el 31 de marzo de 2016: http:// thenextweb.com/apple/2011/09/11/apples-co-founder-ron-wayne-on-its-genesis-his-exit-and-the-companys-future/#gref

193 **«Siempre he llegado un día tarde y con un dólar de menos»**: Bruce Newman, «Apple's Third Founder Refuses to Submit to Regrets», *Los Angeles Times*, 9 de junio de 2010.

193 **Por el que obtuvo 25.000 dólares**: Christie's Auction, «Apple Computer Company (founded April 1, 1976), the Personal Archive of Apple Co-Founder Ronald Wayne», Christies.com, 11 de diciembre de 2014, Sale 3459, Lot 35. Consultado el 31 de marzo de 2016: http://www.christies.com/lotfinder/lot/apple-computer-company-the-personal-archive-5855176-details.aspx

193 **6000 dólares por m^2 de tienda**: Seth Fiegerman, «Apple Has Twice the Sales per Square Foot of Any Other U.S. Retailer», Mashable.com, 13 de noviembre de 2012. Consultado el 30 de marzo de 2016: http://mashable.com/2012/11/13/apple-stores-top-sales-per-square-foot//#4JXmmQMTmuq1

194 **nueva estrategia de precios a la que llamó «*Fair and Square*»**: Brad Tuttle, «The 5 Big Mistakes That Led to Ron Johnson's Ouster at JC Penney», Time.com, 9 de abril de 2013. Consultado el 20 de marzo de 2016: http://business.time.com/2013/04/09/the-5-big-mistakes-that-led-to-ron-johnsons-ouster-at-jc-penney

194 **eliminó también las reuniones de seguimiento y rendimiento**: Dana Mattioli, «For Penney's Heralded Boss, the Shine Is Off the Apple», *Wall Street Journal*, 24 de febrero de 2013.

194 **«No puedes echarte atrás»**: Jennifer Reingold, «Ron Johnson: Retail's New Radical», Fortune.com, 7 de marzo de 2012. Consultado el 30 de marzo de 2016: http://fortune.com/2012/03/07/ron-johnson-retails-new-radical

194 **«En Apple no se probaban todas las ideas»**: Mattioli, «For Penney's Heralded Boss, the Shine Is Off the Apple».

194 **«... solo hay que tener cierto instinto»**: Danielle Sacks, «Ron Johnson's 5 Key Mistakes at JC Penney, in His Own Words», FastCompany.com, 10 de abril de 2013; consultado el 30 de marzo de 2016: http://www.fastcompany.com/3008059/ron-johnsons-5-key-mistakes-jc-penney-his-own-words

195 **«los consumidores están encantados con lo que encuentran en nuestras tiendas»**: Brad Tuttle, «Why JCPenney's "No More Coupons" Experiment Is Failing», *Time*, 17 de mayo de 2012.

195 **«quizá uno de los peores errores»**: Steve Denning, «JC Penney: Was Ron Johnson's Strategy Wrong?», *Forbes*, 9 de abril de 2013.

196 **para emprender con éxito un nuevo proyecto**: Daniel Kahneman y Gary Klein, «Conditions for Intuitive Expertise: A Failure to Disagree», *American Psychologist 64*, n.º 6 (septiembre de 2009): 515-26.

196 **si habría cambiado su forma de actuar**: Joann S. Lublin y Dana Mattioli, «Penney CEO Out, Old Boss Back In», *Wall Street Journal*, 8 de abril de 2013.

196 **el feedback rápido y el aprendizaje lento**: C. Chet Miller y R. Duane Ireland, «Intuition in Strategic Decision Making: Friend or Foe in the Fast-Paced 21st Century?», *Academy of Management Executive 19*, n.º 1 (febrero de 2005): 19-30.

197 **dos de los mejores *quarterbacks***: Clyde Haberman, «Manning or Leaf? A Lesson in Intangibles», *New York Times*, 4 de mayo de 2014.

198 **«No sé por qué hay tanto alboroto en torno a los defensas de la NFL»**: Wonko, «NFL Draft History: Why Ryan Leaf Didn't Work Out», *SB Nation*, 23 de abril de 2012. Consultado el 15 de marzo de 2016: http://www.boltsfromtheblue.com/2012/4/23/2965217/nfl-draft-history-chargers-why-ryan-leafdidnt-work-out

198 **no logró cuajar una buena actuación ante un público**: Bernie Wilson, «Leaf Survives Big Mistakes in NFL Debut», *Associated Press*, 8 de septiembre de 1998.

198 **«Nunca había perdido»**: Michael Bean, «Ryan Leaf 's Quest for Personal Redemption Is Well Underway», SportsRadioInterviews.com, 15 de abril de 2010. Consultado el 31 de marzo de 2016: http://sportsradiointerviews.com/2010/04/15/the-first-chapter-of-the-ryan-leaf-redemption-storyis-complete-and-impressive

199 **«si analizas las tácticas y el plan de juego, nunca sientes esa presión»**: consultado el 14 de mayo de 2016: http://www.achievement.org/autodoc/steps/prp?target=mar0–004

199 **«mentalidad de crecimiento»**: Carol Dweck, *Mindset: The New Psychology of Success* (New York: Random House, 2006).

199 **«... la forma que tuve de defraudar al público»**: Michael David Smith, «Ryan Leaf Looks Back on the Draft: I Should Have Stayed in School», NBCSports.com, 9 de septiembre de 2014. Consultado el 15

de mayo de 2016: http://profootballtalk.nbcsports.com/2011/04/28/ryan-leaf-looks-back-on-the-draft-i-should-havestayed-in-school/

199 **«Rehuía a la gente»**: Bean, «Ryan Leaf 's Quest for Personal Redemption Is Well Underway».

199 **Leaf se declaró culpable de ocho cargos**: Betsy Blaney, «Ex-NFL QB Ryan Leaf Sentenced to 5 Years», GreatFallsTribune.com, 9 de septiembre de 2009. Consultado el 31 de marzo de 2016: http://www.greatfallstribune.com/story/news/local/2014/09/09/ex-nfl-qb-ryan-leaf-sentenced-years/15350625/

199 **«Yo era bueno en dos cosas»**: Ryan Leaf, *596 Switch: The Improbable Journey from the Palouse to Pasadena* (Pullman, WA: Crimson Oak Publishing, 2011), p. 25.

200 **presión en el rendimiento**: Roy F. Baumeister, James C. Hamilton y Dianne M. Tice, «Public Versus Private Expectancy of Success: Confidence Booster or Performance Pressure?», *Journal of Personality and Social Psychology 48*, n.º 6 (junio de 1985): 1447-57.

202 **quienes jugaban en casa solían perder los partidos decisivos**: Roy F. Baumeister and Andrew Steinhilber, «Paradoxical Effects of Supportive Audiences on Performance Under Pres sure: The Home Field Disadvantage in Sports Championships», *Journal of Personality and Social Psychology 47*, n.º 1 (1984): 85-93.

203 **«pequeñas victorias»**: Karl E. Weick, «Small Wins: Redefining the Scale of Social Problems», *American Psychologist 39*, n.º 1 (enero de 1984): 40-49.

204 **Gerber Singles**: Maxwell Wessel, «Why Big Companies Can't Innovate», *Harvard Business Review*, 27 de septiembre de 2012. Consultado el 21 de marzo de 2016: https://hbr.org/2012/09/why-big-companies-cant-innovate

205 **«Vivo solo y todavía como papillas»**: Susan Casey, «Everything I Ever Needed to Know About Business I Learned in the Frozen-Food Aisle», *eCompany Now*, octubre de 2000, p. 96.

205 **Museo de los Productos Fracasados**: Robert M. McMath, *What Were They Thinking: Marketing Lessons You Can Learn from Products That Flopped* (New York: Times Books, 2011).

205 **cuando la motivación es intrínseca**: Teresa M. Amabile, «Motivating Creativity in Organizations: On Doing What You Love and Loving What You Do», *California Management Review 40*, n.º 1 (otoño de 1997): 39-58.

205 **la gente disfruta aprendiendo y experimentando**: G. Hirst, D. V. Van Knippenberg y J. Zhou, «A Cross-Level Perspective on Employee

Creativity: Goal Orientation, Team Learning Behavior, and Individual Creativity», *Academy of Management Journal 52*, n.º 2 (abril de 2009): 280-93.

206 **se basa en ideas más familiares**: O. Janssen y N. W. Van Yperen, «Employees' Goal Orientation, the Quality of Leader-Member Exchange and the Outcomes of Job Performance and Job Satisfaction», *Academy of Management Journal 47*, n.º 3 (junio de 2004): 368-84.

207 **diseñar un artículo novedoso y útil**: Ella Miron-Spektor y Gerard Beenen, «Motivating Creativity: The Effects of Sequential and Simultaneous Learning and Performance Achievement Goals on Product Novelty and Usefulness», *Organizational Behavior and Human Decision Processes 127* (2015): 53-65.

207 **en vez de separar cada enfoque, lo verdaderamente interesante es mezclar ambos a lo largo de la tarea**: ibíd.

CAPÍTULO NUEVE. EJERCICIOS

209 **Esta enfermedad, generada por una bacteria**: «Diseases and Conditions: Tetanus», MayoClinic.org. Consultado el 5 de abril de 2016: http://www.mayoclinic.org/diseases-conditions/tetanus/basics/definition/con-20021956

211 **los estudiantes a los que se había facilitado un mapa**: Howard Leventhal, Robert Singer y Susan Jones, «Effects of Fear and Specificity of Recommendation upon Attitudes and Behavior», *Journal of Personality and Social Psychology 2*, n.º 1 (julio de 1965): 20-29.

212 **«Solo tienes que decir que no»**: «Just Say No», Ronald Reagan Presidential Foundation & Library. Consultado el 6 de abril de 2016: http://www.reaganfoundation.org/details_f.aspx?p=RR1008NRHC&tx=6.

212 **escribir un libro utilizando solo 50 palabras distintas**: Stacy Conradt, «10 Stories Behind Dr. Seuss Stories», CNN.com, 23 de enero de 2009. Consultado el 31 de marzo de 2016: http://edition.cnn.com/2009/LIVING/wayoflife/01/23/mf.seuss.stories.behind; Daven Hiskey, «Dr. Seuss Wrote "Green Eggs and Ham" on a Bet That He Couldn't Write a Book with 50 or Fewer Words», TodayIFoundOut.com. Consultado el 31 de marzo de 2016: http://www.todayifoundout.com/index.php/2011/05/dr-seuss-wrote-green-eggsand-ham-on-a-bet-that-he-couldnt-write-a-book-with-50-or-fewerwords

214 **la inmensa mayoría de los cambios organizacionales [...] surgen de activos ocultos que no utilizaban**: Chris Zook, *Unstoppable: Finding Hidden*

Assets to Renew the Core and Fuel Profitable Growth (Cambridge, MA: Harvard Business Review Press, 2007).

214 **«bellas durmientes»**: Qing Ke, Emilio Ferrara, Filippo Radicchi y Alessandro Flammini, «Defining and Identifying Sleeping Beauties in Science», *Proceedings of the National Academy of Sciences 112*, n.º 24 (2015): 7426-31. Consultado el 31 de marzo de 2016: http://news.indiana.edu/releases/iu/2015/05/sleeping-beauties.shtml

215 **un hueco en las estanterías de las perfumerías Sephora**: Allison Keyes, «Sephora Teams Up with Iconic Black Hair Brand», Marketplace. org. Consultado el 1 de abril de 2016: http://www.marketplace. org/2016/03/15/world/sephora-teamsiconic-black-hair-brand

215 **la cantidad de experiencias**: Steve Jobs, Academy of Achievement, conferencia Genius.com, 1982. Consultado el 10 de abril de 2016: http://genius.com/Steve-jobsacademy-of-achievement-speech-1982-annotated

217 **más de la mitad del tiempo pensando en algo distinto de lo que hacemos**: Matthew A. Killingsworth y Daniel T. Gilbert, «A Wandering Mind Is an Unhappy Mind», *Science 330*, n.º 6006 (12 de noviembre de 2010): 932.

217 **nos causa un gran malestar**: ibíd.

217 **la falta de atención puede provocar accidentes graves, como los de tráfico**: Cédric Galéra, Ludivine Orriols, Katia M'Bailara, Magali Laborey, Benjamin Contrand, Régis Ribéreau-Gayon, Françoise Masson *et al.*, «Mind Wandering and Driving: Responsibility Case-Control Study», *British Medical Journal 345* (13 de diciembre de 2012): e8105.

217 **la distracción en cierto modo la potencia**: Ap Dijksterhuis y Teun Meurs, «Where Creativity Resides: The Generative Power of Unconscious Thought», *Consciousness and Cognition 15*, n.º 1 (marzo de 2006): 135-46.

217 **(TDAH) tienden a sacar mejores puntuaciones**: G. A. Shaw y L. M. Giambra, «Task Unrelated Thoughts of College Students Diagnosed as Hyperactive in Childhood», *Developmental Neuropsychology 9*, n.º 1 (1993): 17-30; H. A. White y P. Shah, «Creative Style and Achievement in Adults with Attention-Deficit/Hyperactivity Disorder», *Personality and Individual Differences 50*, n.º 5 (abril de 2011): 673-77.

218 **mostraron una mejora del 40% a la hora de encontrar nuevos usos**: Benjamin Baird, Jonathan Smallwood, Michael D. Mrazek, Julia W. Y. Kam, Michael S. Franklin y Jonathan W. Schooler, «Inspired by Distraction, Mind Wandering Facilitates Creative Incubation», *Psychological Science* (31 de agosto de 2012): 1117–22.

219   **dar tareas sencillas a las personas que tienen demasiado trabajo**:
        Kimberly D. Elsbach y Andrew B. Hargadon, «Enhancing Creativity
        Through "Mindless" Work: A Framework of Workday Design», *Organization
        Science 17*, n.º 4 (1 de agosto de 2006): 470-83.

219   **diseñar trabajos estimulantes**: J. Richard Hackman y Greg R. Oldham,
        «Motivation Through the Design of Work: Test of a Theory», *Organizational
        Behavior and Human Performance 16*, n.º 2, (1976): 250-79.

220   **caminar, razonan los científicos, libera la mente para que pueda
        divagar**: Marily Oppezzo y Daniel L. Schwartz, «Give Your Ideas Some
        Legs: The Positive Effect of Walking on Creative Thinking», *Journal of
        Experimental Psychology: Learning, Memory, and Cognition 40*, n.º 4 (2014): 1142.

220   **pasamos de una tarea urgente a otra sin descansar**: Joanne B. Ciulla,
        The Working Life: The Promise and Betrayal of Modern Work (New York: Crown,
        2001).

220   **tengas la tentación de no soltar el teléfono móvil**: Leslie A. Perlow,
        *Sleeping with Your Smartphone: How to Break the 24/7 Habit and Change the Way
        You Work* (Boston: Harvard Business Press, 2012).

220   ***La semana laboral de 4 horas***: Timothy Ferriss, *The 4-Hour Workweek: Escape
        9-5, Live Anywhere, and Join the New Rich* (New York: Crown, 2007).

221   **la desigualdad económica incrementa el deseo de bienes posiciona-
        les**: Lukasz Walasek y Gordon D. A. Brown, «Income Inequality and Status
        Seeking: Searching for Positional Goods in Unequal US States», *Psychological
        Science 26*, n.º 4 (abril de 2015): 527-533.

222   **se mantiene alejada de Hollywood**: Jordan Zakarin, «Brie Larson Might
        Be the Geekiest It Girl Ever», BuzzFeed.com. Consultado el 5 de abril de
        2016: http://www.buzzfeed.com/jordanzakarin/brielarson-the-geekiest-it-
        girl-ever#.bnoVV63lW6

222   **me dijo Turnbull**: Alex Turnbull (fundador y CEO de Groove), en correo
        electrónico al autor, 9 de octubre de 2015.

223   **cuando las personas muestran agradecimiento**: Barbara L. Fredrickson,
        «Gratitude, Like Other Positive Emotions, Broadens and Builds», en (eds.),
        The Psychology of Gratitude (Oxford: Oxford University Press, 2004).

223   **El blog de Turnbull**: Alex Turnbull, *Groove*. Consultado el 6 de abril de
        2016: https://www.groovehq.com/blog/startup-journey

224   **Proyecto 333**: Courtney Carver, «Project 333: Simple Is the New Black»,
        Bemorewithless.com (blog). Consultado el 6 de abril de 2016: http://bemo-
        rewithless.com

NOTAS

225 **Lauri Ward**: Lauri Ward, «Design & Decor Tips for Smaller Homes, Chat with Lauri Ward», LogHome.com. Consultado el 6 de abril de 2016: http://www.loghome.com/chat-with-lauri-ward

225 **el particular «arte» japonés del desorden y la organización**: Marie Kondo, *The Life-Changing Magic of Tidying Up: The Japanese Art of Decluttering and Organizing* (Berkeley, CA: Ten Speed Press, 2014).

225 **una alfombrilla de ratón se puede reutilizar como salvamanteles**: «50 All-Time Favorite New Uses for Old Things», RealSimple.com. Consultado el 10 de abril de 2016: http://www.realsimple.com/home-organizing/home-organizing-new-usesfor-old-things/favorite-new-uses/mousepad-trivet

225 **un tenedor doblado**: «20 Clever Uses for Everyday Items», RealSimple.com. Consultado el 10 de abril de 2016: http://www.myhomeideas.com/how-to/household-basics/10-new-uses-old-things/mismatched-silverware

225 **Play-Doh era un compuesto para limpiar el papel pintado de pared**: «Wonder of the Day #582: Who Invented Play Dough?», Wonderopolis.org. Consultado el 10 de abril de 2016: http://wonderopolis.org/wonder/who-invented-play-dough.

226 **sacacorchos**: Daniel Crow, «The 5 Most Insane Original Uses of Famous Products», Cracked.com, 12 de enero de 2012. Consultado el 10 de abril de 2016: http://www.cracked.com/article_19644_the-5-most-insane-originaluses-famous-products_p2.html

226 **Pyrex**: «It Was All Her Idea», ClassicKitchensAndMore.com, Consultado el 10 de abril de 2016: http://www.classickitchensandmore.com/page_4.html

226 **las zanahorias *baby***: «The Invention of the Baby Carrot», Priceonomics.com. Consultado el 10 de abril de 2016: http://priceonomics.com/the-invention-ofthe-baby-carrot

227 **Miles Davis**: F. Barratt, «Creativity and Improvisation in Jazz and Organizations: Implications for Organizational Learning», *Organization Science 9*, n.º 5 (1998): 605-22.

227 **Weick nos plantea una curiosa pregunta**: Karl E. Weick, *The Social Psychology of Organizing*, segunda edición (New York: McGraw-Hill, 1979), p. 133.

228 **«ajedrez 960»**: Eric van Reem, «The Birth of Fischer Random Chess», ChessVariants.com. Consultado el 7 de abril de 2016: http://www.chessvariants.com/diffsetup.dir/fischerh.html

NOTAS

229 **los babilonios**: Sarah Pruitt, «The History of New Year's Resolutions», History.com. Consultado el 5 de abril de 2016: http://www.history.com/news/the-history-of-new-years-resolutions

229 **multiplica por diez las posibilidades de éxito de los cambios positivos**: John C. Norcross, Marci S. Mrykalo y Matthew D. Blagys, «Auld Lang Syne: Success Predictors, Change Processes, and Self-Reported Outcomes of New Year's Resolvers and Nonresolvers», *Journal of Clinical Psychology 58*, n.º 4 (abril de 2002): 397-405.

229 **prefiere hacerlos el 4 de julio**: Linda Wasmer Andrews, «Midyear Resolutions You'll Actually Keep», PsychologyToday.com. Consultado el 5 de abril de 2016: https://www.psychologytoday.com/blog/minding-the-body/201006/midyear-resolutions-youll-actually-keep

230 **botella de plástico de dos litros llena de agua**: consultado el 12 de abril de 2016: http://www.psychologicalscience.org/index.php/news/releases/stumped-by-a-problem-this-technique-unsticks-you.html

231 **los divide en componentes más pequeños**: Tony McCaffrey, «Innovation Relies on the Obscure: A Key to Overcoming the Classic Problem of Functional Fixedness», *Psychological Science 23*, n.º 3 (febrero de 2012): 215-18.

231 **una técnica muy eficaz**: ibíd.

232 **excrementos de gusano que envasa en botellas recicladas de Coca-Cola**: Kim Bhasin, «The Incredible Story of How TerraCycle CEO Tom Szaky Became a Garbage Mogul», BusinessInsider.com, 29 de agosto de 2011. Consultado el 5 de abril de 2016: http://www.businessinsider.com/exclusive-tom-szaky-terracycle-interview-2011–8

232 **programa de reciclaje de General Motors**: «GM's MacGyver Devises Unconventional Uses for Everyday Waste», GeneralMotors.Green.com. Consultado el 6 de abril de 2016: http://www.generalmotors.green/product/public/us/en/GMGreen/home.detail.html/content/Pages/news/us/en/gm_green/2014/0122-bradburn.html

232 **consiguió rehabilitar el hotel mucho más rápido**: Mauricio Martínez (director general del Luxury Resort en Los Cabos, México), en conversación con el autor, 30 de diciembre de 2014.

CONCLUSIÓN

236 **al menos uno de los siguientes problemas financieros**: Pew Charitable Trusts, «The Precarious State of Family Balance Sheets», enero de 2015.

NOTAS

236   **tiempo libre**: Mark Aguiar and Erik Hurst, «A Summary of Trends in American Time Allocation: 1965-2005», *Social Indicators Research 93*, n.º 1 (agosto de 2009): 57-64.

236   **donde trabajan ambos progenitores**: Bureau of Labor Statistics, «Employment Characteristics of Families Summary», 25 de abril de 2014.

236   **no había recibido ninguna formación en el trabajo**: Mindflash. Consultado el 25 de abril de 2016: https://www.mindflash.com/ blog/press-release/americans-citelack-of-corporate-training-as-1-dri-ver-of-the-skills-gap-today-according-to-national-survey-from-mindflash/

ÍNDICE

ÍNDICE

ÍNDICE

ÍNDICE

ÍNDICE

ÍNDICE

SOBRE EL AUTOR

Scott Sonenshein es profesor de Gestión en la cátedra Henry Gardiner Symonds de la Universidad de Rice. Su investigación, su docencia y su actividad como consultor han ayudado a directivos de la lista Fortune 500, a empresarios y profesionales de la sanidad, el comercio, la educación, la banca, la industria y a organizaciones sin ánimo de lucro. Tiene un doctorado en gestión y dirección de empresas por la Universidad de Michigan, un máster en filosofía en la Universidad de Cambridge y una licenciatura de la Universidad de Virginia. También ha trabajado como consultor de estrategia para empresas como AT&T y Microsoft, y vivió el auge y caída del boom de las puntocom mientras trabajaba en una empresa emergente de Silicon Valley.